遍路と巡礼の社会学

佐藤久光

人文書院

上：西ネパール・聖地ムクチュナートに向かうインドの巡礼者
下：西国第26番札所・一乗寺の天井に打ち付けられた木の納札

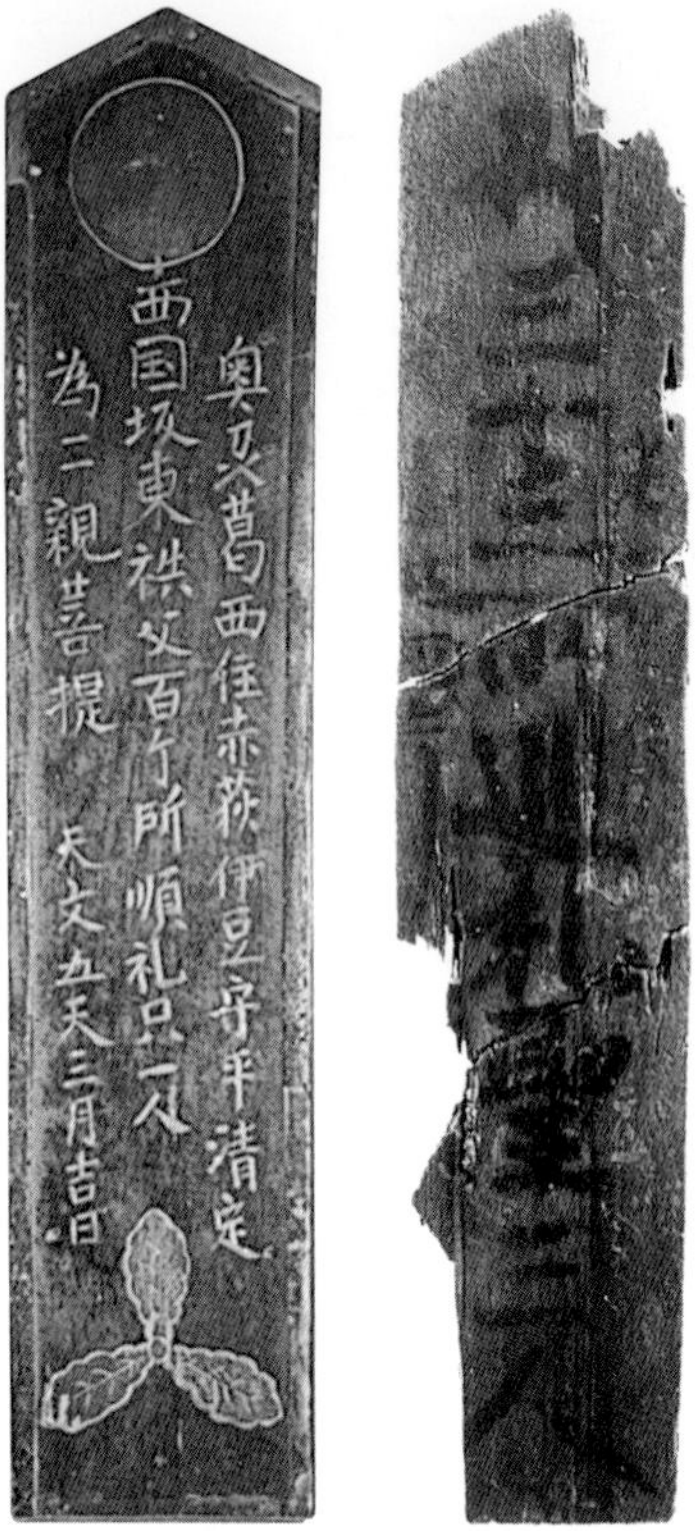

右：滋賀県長浜市の鴨田遺跡から
　　見つかった二番目に古い納札
　　（宝徳4年　1452年）
左：法雲寺の「百ヶ所順礼」の納札

西国巡礼の順礼塔（岩手県・宮古市内）

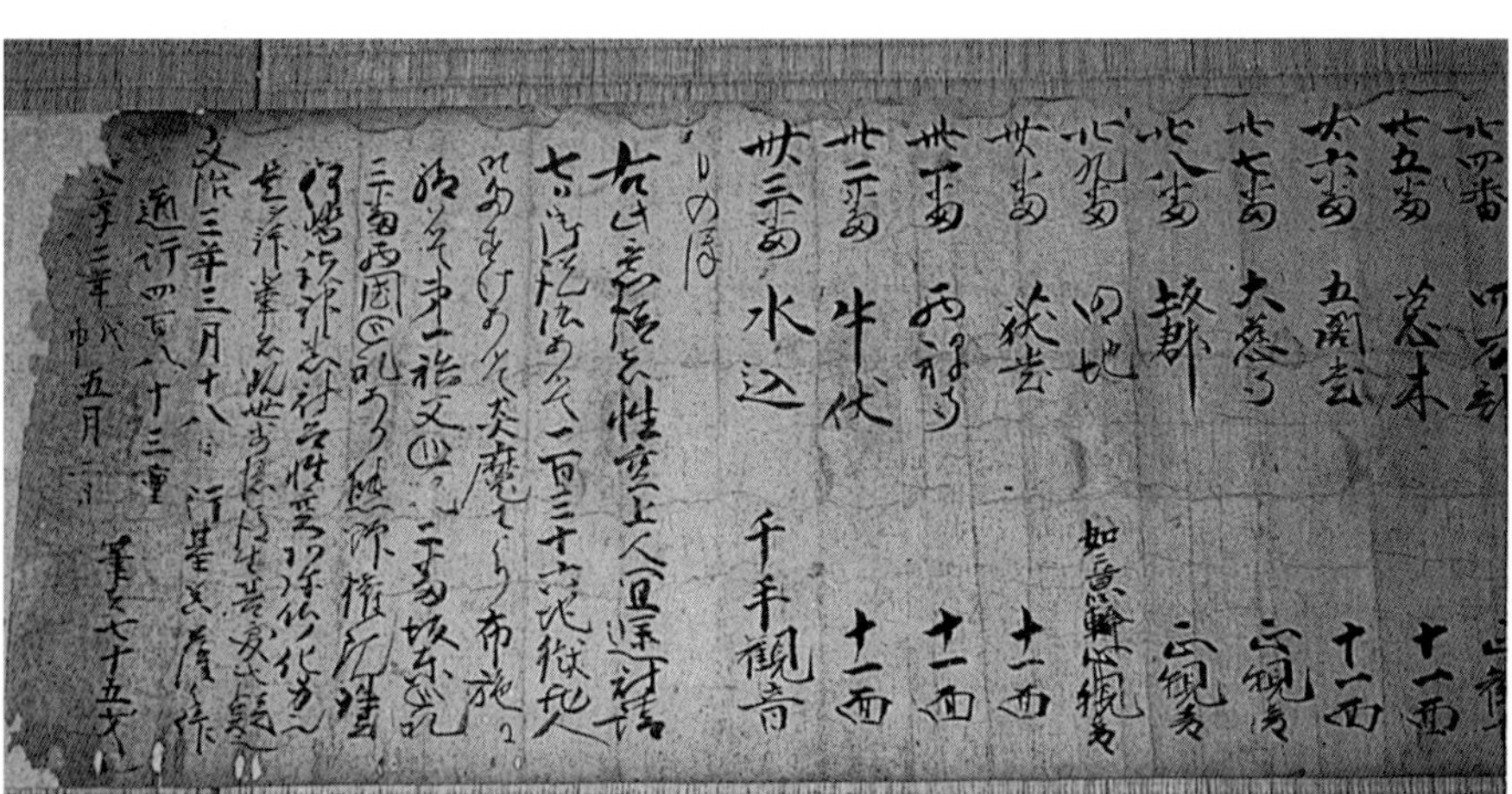

法性寺の『長享番付』

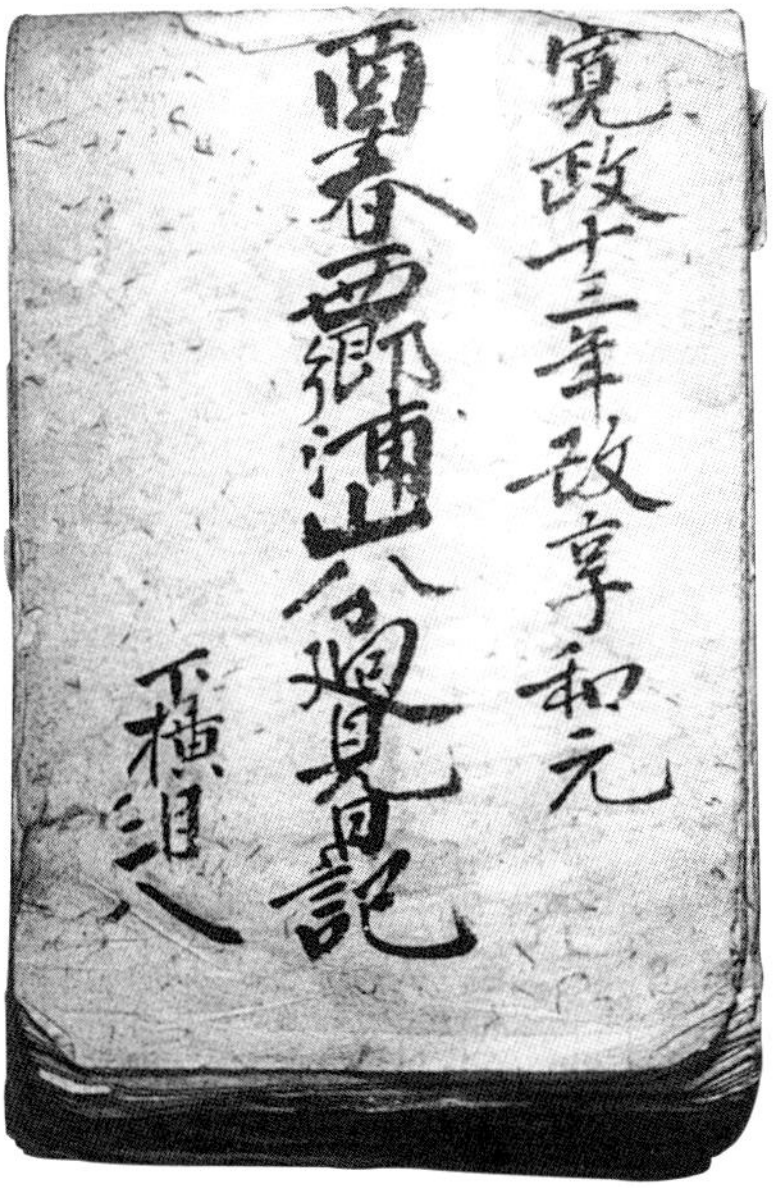

『酉春西郷浦山分廻見日記』
（明治大学警事図書館蔵）

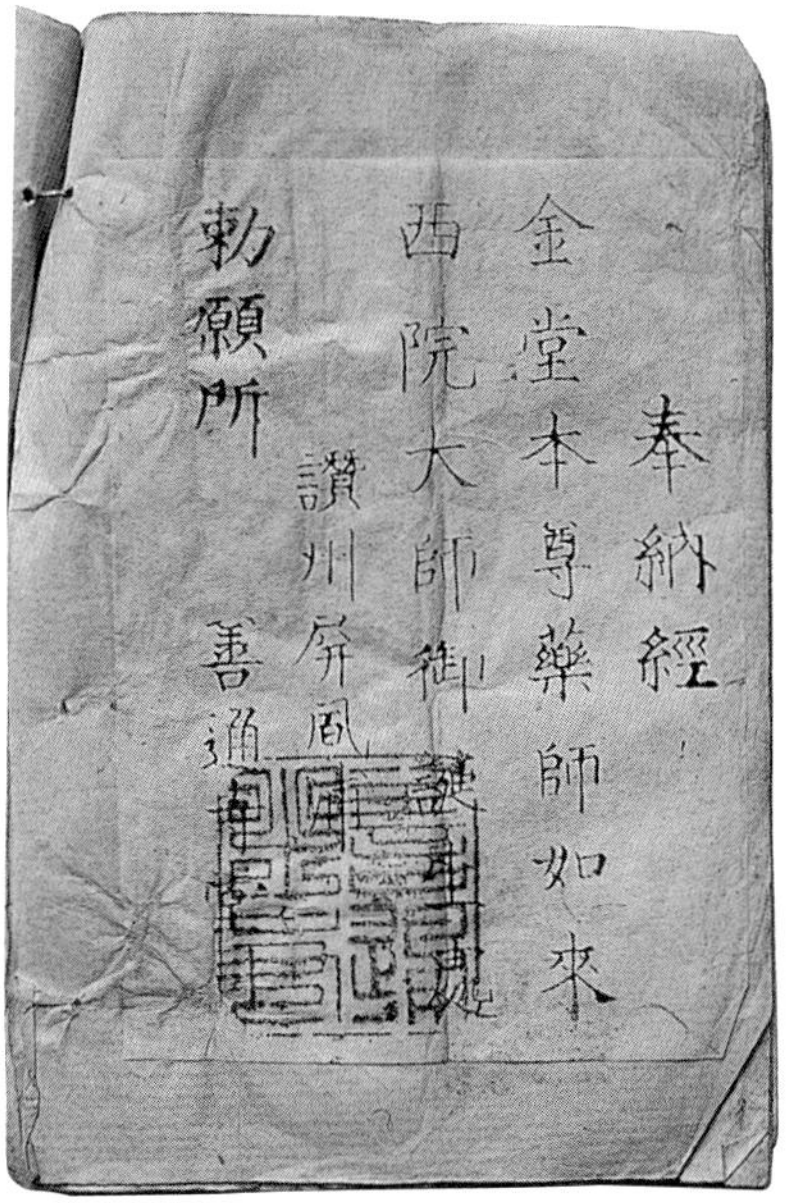

納経帳
（版木では日付が書かれていない）

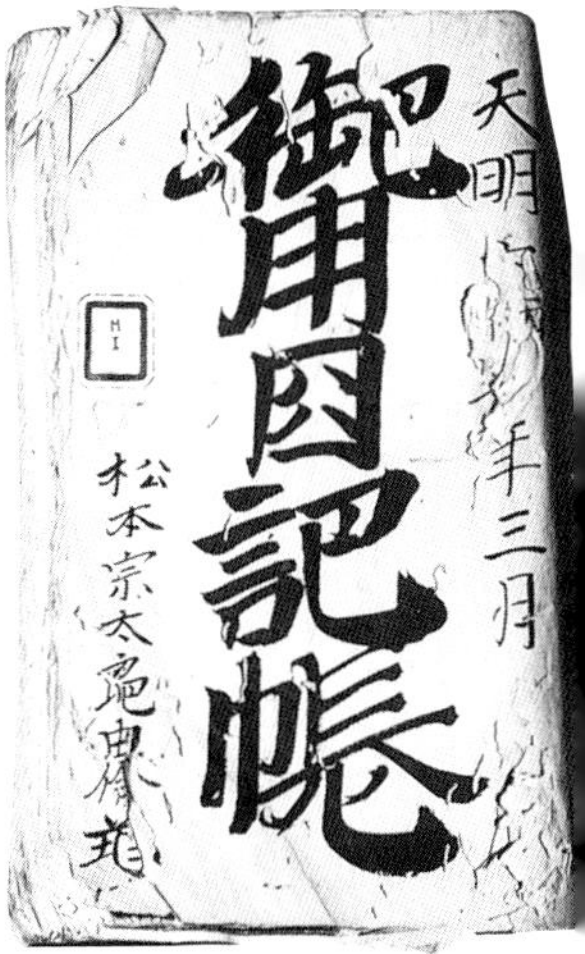

松本家の『御用日記帳』
（秩父市立秩父図書館蔵）

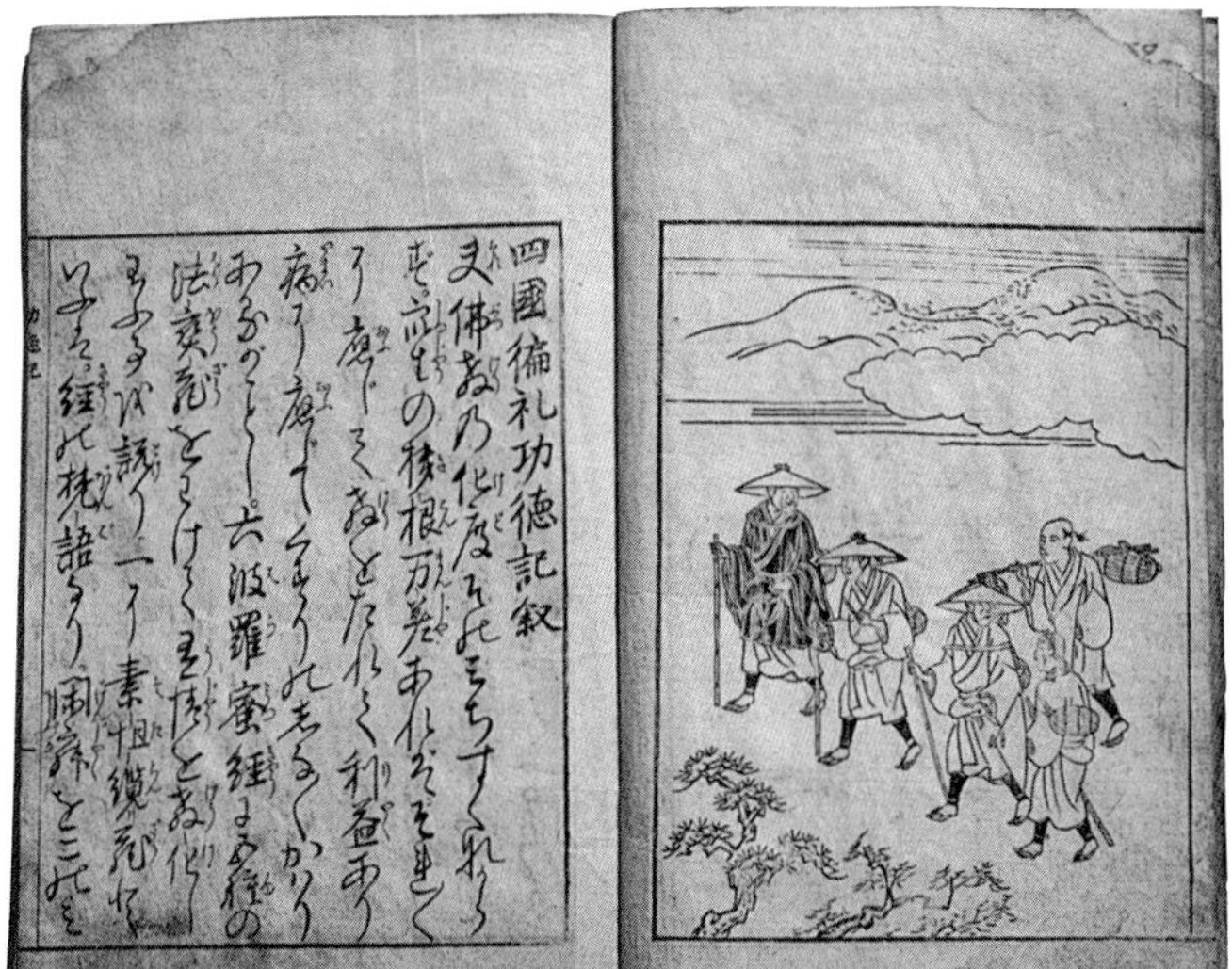

『四国徧礼功徳記』（関西大学図書館蔵）

右：西国霊場結願の華厳寺の「おいずる」堂
下：職業遍路
（集印した納経帳に触ると御利益があると言われる）

はしがき

昭和期の終りから平成期にかけて我が国の国際化は急速に進み、国内外の人の往来が活発になった。平成二年には海外渡航者は一千万人を超えた。その一因は、高度経済成長による豊かさを背景に異国の見聞や旅の楽しみを味わう人々が増えたことにあった。その中にあって、社寺参詣の盛況は今に始まったことではなく、古くから見られた。江戸時代の中期からは経済的に豊かになった庶民は、上方への旅や伊勢参宮、熊野詣などに行楽がてらに出かけた。当時、遠隔地に出かけるには通行手形を必要とし、費用も高額で日数も二、三ヵ月を要した。江戸時代の旅は、現代人がパスポートを所持して海外旅行に出かける以上の困難があった。巡礼・遍路は本来は聖地、霊場を巡拝する宗教的行為であるが、江戸時代になると旅の楽しみとしての行楽の要素が加わり、庶民の憧れでもあった。

その巡礼・遍路が静かなるブームになっている。とりわけ中高年の人々に人気があり、行楽シーズンにはリュックサックを背にした巡礼者が多く見られる。人気の理由の一つには、都市化が進む中で人々が喧騒から離れ、自然に接することによって心をリフレッシュし、健康面を兼ねて巡礼をする人が増えたことである。いわば巡礼は「癒し」の文化でもある。交通手段が発達していなかった時代には、自らの足を頼りに山を越え河を渡っての巡礼であったので、巡礼・遍路は僧侶の修行であった。今でもヒマラヤ山中の聖地を巡礼するラマ教徒たちは、経文を唱え、大地に身を投げ出す「五体投地」の作法で一歩一歩進んで行く。その進み具合は微々たるもので、気の遠くなるほどの苦行であるが、来世における救済を願う一念の行為である。

筆者は学生時代に前田卓博士の西国第二十六番札所・一乗寺の納札調査などに参加し、小論を書き記したが、他の分野の研究に従事していたことから本格的な取り組みは遅れた。ところが、その間に西チベット・ラダックやネパールでの調査に従事した折り、ヒマラヤ山中の聖地に巡礼する人々に出会った。その一つは、ムスタン王国の手前のネパール山中で、唯一人で身支度を頭に載せて三千メートルを超える山岳地を歩くヒンドゥー教徒に出会ったことだった。話を聞くとインドから一ヵ月以上もかけて歩いて西ネパールの聖地・ムクチュナートに詣るもので、これが初めてではなく二度目であるという。その真摯な姿に強く胸を打たれた。今一つは若い女性を含む五、六人の家族連れの巡礼の一行との出会いであった。このグループ巡礼は先の唯一人のヒンドゥー教徒とは趣を異にして、旅の楽しみを味わっているようであった。ヒマラヤ山中を徒歩で巡礼することは、自動車を利用した今の日本の巡礼とは隔絶の思いでもある。

それを機会に、昭和六十二年から西国巡礼の実態調査を始めた。その研究視点は巡礼・遍路の動きに主眼を置き、年間の巡礼者がどのくらいあるのか、その量的な把握であった。また巡礼者の年齢、性別、出身地などの属性や巡礼の目的などの主観的な把握であった。その後、四国遍路の実態調査を行ない、西国巡礼と四国遍路とを比較すると、そこには相異点が浮かび上がった。平成二年からは関東地方の坂東、秩父巡礼にも調査対象を広げ、その実態を捉えることにした。関東地方の巡礼の実態はそれまでは殆どわからなかったが、この調査によって動向・実態が少しずつわかってきた。その結果、各巡礼、遍路に違いが見られることが判明した。

本書で対象とする巡礼・遍路は観音巡礼としての西国巡礼と秩父巡礼、大師信仰に基づく四国遍路を取り上げている。これらの三つの巡礼・遍路は日本を代表するものであり、各々はその歴史や特徴をもっている。各霊場に巡拝する人々の動向と実態を考察することを本書の目的としている。

ここに至るまでの研究には多くの人々のご協力、援助を賜った。関西大学名誉教授前田卓博士には学生時代から巡礼の研究の発端を教示され、終始研究への支援・鞭撻を賜り、本書の出版にも貴重な写真の提供（図版※印）を戴いた。関西大学経済・政治研究所には坂東、秩父巡礼の調査・研究で多大な援助を賜った。また調査においては各札所寺院のご協力が不可欠で、西国札所では石山寺の鷲尾隆輝住職、総持寺住職・中西隆英師、四国霊場では泰山寺・故大本祐章師、住職・大本弘章師、秩父札所では札所連合会前会長・柴原保教師、第二番納経所・光明寺住職・中井伸爾師、観音院奉賛会会長・故近藤昌一氏、近藤安正氏、坂東札所では浅草寺の清水谷孝尚師などに一方ならぬご協力を賜った。写真撮影にも多くの寺院、関係機関から協力を賜った。これらのご協力、ご援助に対して厚く感謝を申し上げます。

本書は巡礼・遍路に関する動向、実態に主眼を置いたものである。研究途上のささやかな成果である。先学諸氏からは著作を通じて多くのご教示を承った。ここに感謝を申し上げます。研究者や読者からのいろいろな批判、ご叱正を賜れば幸せである。

平成十六年七月

佐藤久光

目次

遍路と巡礼の社会学

第一章　研究の課題と各霊場の成立

第一節　巡礼・遍路研究の視点

巡礼・遍路に関する出版物は枚挙にいとまがない。その多くは霊場寺院の由来、縁起、本尊や建築物を紹介し、順路図を付記した案内書や写真集であったり(1)、また実際に巡拝した体験を基にした巡拝記などである(2)。案内書や巡拝記は未だに後を絶たず、自費出版などで二十世紀末から今世紀に入ってその数は大幅に増えている。それらは巡礼・遍路を志す初心者には心強い手引き書となり、宗教行為の実践を啓蒙する役割を果たしてきた。いわば出版物やビデオ映像は巡礼・遍路の増加を促す一因にもなっている。それ以外に学術的立場での札所寺院の詳細な研究や、巡礼・遍路の起こりやその変遷に関する歴史的な考察の著作も多く挙げられる。例えば、岡田希雄「西国三十三所観音巡拝攷続貂」（『歴史と地理』）や浅野清編『西国三十三所霊場寺院の総合的研究』、速水侑『観音信仰』、鶴岡静夫『関東古代寺院の研究』、清水谷孝尚『観音巡礼―坂東札所めぐり―』『巡礼と御詠歌』、近藤喜博『四国遍路』や『四国遍路研究』、武田明『巡礼の民俗』、矢島浩『秩父観音霊場研究序説』、秩父札所の今昔刊行会編『秩父札所の今昔』、河野善太郎『秩父三十四札所考』、『巡礼の構図』、聖心女子大学キリスト教文化研究所編『巡礼と文明』、巡礼研究会編『巡礼論集』、山折哲雄「巡礼の構造」（『伝統と現代』）、同『宗教民俗誌』、頼富本宏・白木利幸『四国遍路の研究』、星野英紀『四国遍路の宗教学的研究―その構造と近現代の展開』などがある。(3)それ以外にも四国遍路に関しては伊予史談会会員による論考が先駆的な役割を果たしてきた。これらの研究は宗教学を始め仏教学、国史学、民俗学、仏教芸術学などの分野からの論考であった。

巡礼研究の重要性について、アメリカ・シカゴ大学宗教学科の教授を務めたJ・ヴァッハは『宗教社会学』の中で次のように述べている。祭と巡礼は顕著な機会であり、ここではさまざまな祭儀行動の密接な相互関連が見られる。祓い、禊り、祈り、祈願、奉納、供犠、行列などの行動はすべて、宗教史学者と宗教社会学者の両者に特に興味深い、(4)とその重要性を指摘している。

しかしながら、巡礼・遍路の研究において社会科学的にその動向や実態についての研究は極めて少ない。その中にあって、新城常三博士の『社寺参詣の社会経済史的研究』及び『新稿 社寺参詣の社会経済史的研究』には長年の研究成果の結実が収められ、巡礼・遍路研究の名著である。(5)新城常三博士は、同書において多くの文献を基に各霊場の起こりからその後の変遷に触れ、併せて江戸時代の巡礼・遍路の動向について年間の総数の算出や、男女の割合や出身地などを歴史的に詳しい分析を行なっている。それに対して、前田卓博士は『巡礼の社会学』を著わし、(6)実証的な立場で寺院に納められた江戸時代の納札や過去帳を手懸かりに西国巡礼と四国遍路の動向を捉え、その実態の考察を試みた。その上で、前田博士は昭和四十年代の西国巡礼と四国遍路の実態の解明も行ない、巡礼・遍路の分析に新たなる道を切り開いた。これらの研究は巡礼の動向を捉えるには不可欠であり、大いに評価されるものである。それ以外にも星野英紀氏の『巡礼―聖と俗の現象学』、『四国遍路の宗教学的研究―その構造と近現代の展開』や長田功一・坂田正顕監修『現代に生きる四国遍路道 四国遍路の社会学的研究』、『現代の四国遍路―道の社会学の視点から』などは遍路の動向や変動を知るのに貴重な研究である。(7)

本書ではこれらの先学の研究成果を踏まえ、それをより発展させるとともに、これまで見落とされていた分野に視点を当て、日本の代表的な巡礼・遍路の動向とその実態を総合的に把握することを目的にする。研究対象とした巡礼・遍路は観音巡礼では西国巡礼と秩父巡礼を、祖師巡礼としては四国遍路を取り上げる。観音巡礼は西国巡礼が原型であるが、その後鎌倉期に坂東巡礼が作られ、やがて室町期には秩父巡礼が成立し、これらを併せ廻る日本百観音巡礼として発展していた。今一つの巡礼は大師信仰に基づく四国遍路である。四国遍路も観音巡礼に劣らず庶民には人気が高く、古くから多くの巡拝者があった。修行を重ねる僧や熱心な信者は西国、坂東、秩父巡礼に四国遍路を加え、百八十八カ所を巡拝することもあった。

本書の研究の目的の第一は、巡礼・遍路が果たして年間どの程度の人数であるのか、その総数の把握である。また、その総数の推移・変化を分析することである。その動向・推移を昭和四十年代から平成期までの約三十年に亘って分析する。その上で、第二の目的は、巡礼者の出身地や年齢、性別などの属性や、巡礼に出かけるようになった契機、動機及びその目的などを分析することを主題としている。研究対象とした三つの霊場は成立事情や立地条件が異なり、独自な性格を持ち合わせているので、その比較も試みることにする。

次に、上記の研究目的を遂行するための方法を述べることにする。まず、各巡礼・遍路の人数の把握に関しての方法である。もとより社寺参詣の賑わいは「老若男女」が「群れをなし」とか、「大勢」あるいは「夥しい」などと漠然と捉えられてきた。西国巡礼の場合でも室町時代の文献にはその多さを誇張した表現を用いているが、具体的にはどれほどの人数であったかは不明である。巡礼・遍路が隆盛になった江戸時代には、西国巡礼では年間一万人から二万人余りがあったとされ、秩父巡礼では本尊開帳の午歳には五万人を超えることもあった。四国遍路でも年間の総数は一万人から二万人程度と捉えることができる。これらの数値の根拠は残された古文書や納札、過去帳などを根拠になされたものである。とりわけ当時の行政機関が書き残した統計の数値は信憑性が高く、貴重な資料である。その例として、秩父巡礼では江戸時代中期、大宮郷の割役名主の松本家の公用記録『御用日記帳』には、寛政三年の巡礼者の詳しい報告が記載されている。四国遍路においては、伊予小松藩が自国から遍路に出かける領民の人数を、寛保二年（一七四二）から文久二年（一八六二）までの四十年分にわたって『会所日記』に克明に書き記している。また、土佐藩・佐川領の公用記録『酉春西郷浦山分廻見日記』には寛政十二年に年間二万一千人余りがあったことが記されている。西国巡礼では、巡礼街道にあたる紀伊田辺に宿泊した巡礼者数が『田辺町大帳』に断片的に残されている。また、安永年間には近江の木津浦から竹生島に渡る巡礼者数が『高島郡誌』に記載されている。行政機関以外に寺院が記録したものとしては、熊野大社が参詣者の人数を『熊野年代記』に享和元年（一八〇一）から文政九年（一八二六）までの期間を詳細に書き記している。これらの資料を手懸かりにすると当時の年間の人数が算出でき、巡礼・遍路の動向を把握することができる。

　これらの資料に加えて江戸時代の巡礼・遍路の動向を把握する今一つの方法は、寺院などに残された納札や過去帳を手懸かりにする方法である。[8] 納札《おさめふだ》とは巡礼・遍路が寺院に参拝した折りに住所、氏名を書き記した札を納める慣習である。その札の材質は保存性に優れていたことから銅板が使用されたり、携帯に便利な木や紙までと様々であるが、江戸時代の多くは材木であり、それが寺院の柱や外壁、天井などに釘で打ち込まれた。このことから巡礼は「札打ち」ともいわれ、寺院は「札所」と呼ばれるようになった。過去帳は病気や行き倒れで死亡した遍路を寺院が埋葬した記録である。遍路の途上であえなく一命を落とすことは少なくなかった。その過去帳を分析することによっていつの年代に、どこの出身者か、併せて性別、年齢などが判明する。更に遍路宿に残された宿帳によっても遍路の属性の分析ができる。このように寺院に残された納札や過去帳を収集したり、宿帳を分析することによって巡礼・遍路の動向を捉えることもできる。

　現在の巡礼・遍路の動向を把握するにはどのような方法をとることができるであろうか。江戸時代に行政機関などが行なった巡礼者の人数把握は、現在では必要性がないことからそのような統計資料は存在しない。札所寺院においても巡礼者の人数についての調査は行なわれておらず、正確な動向はわからない。但し、札所寺院の中には芳名帳を設置し、それに参拝者が記帳するところもあった。秩父札所の三、四ヵ寺では昭和三十年代から五十年代にかけて芳名帳を置き、それに参拝者が記入したことがあった。それを基に当時の巡礼者の動向を捉える

研究も行なわれた(9)。また、江戸時代と同様に納札を手懸かりにその実態を分析することもできる(10)。しかし、その

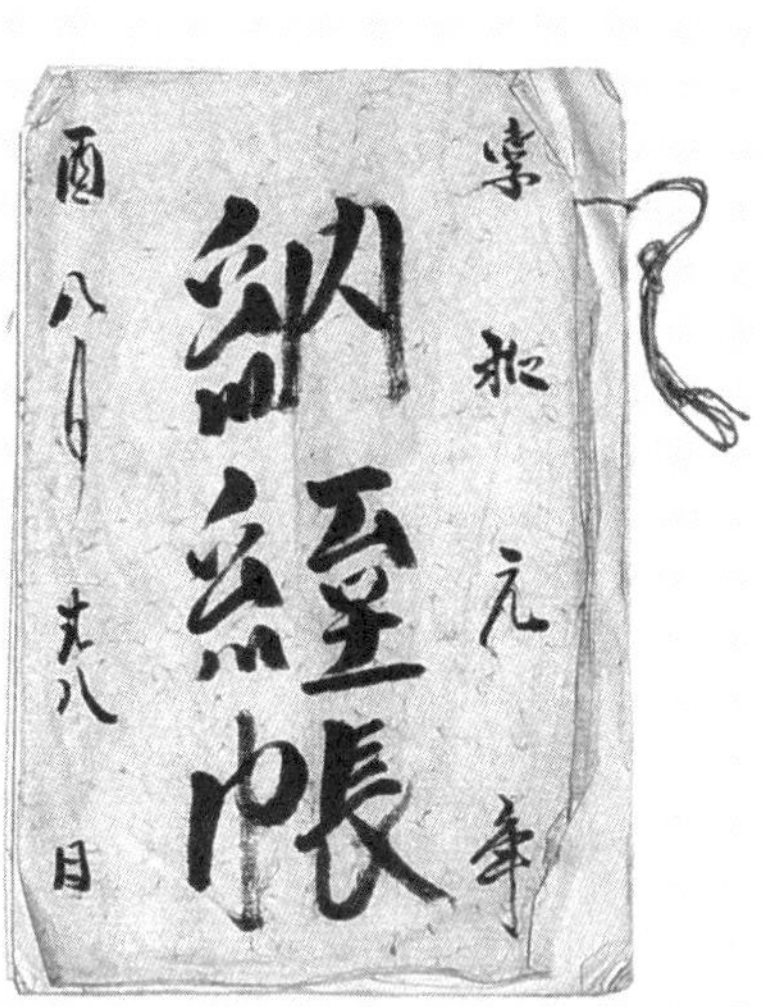

図1－1　享和年間の納経帳の表紙（四国遍路）

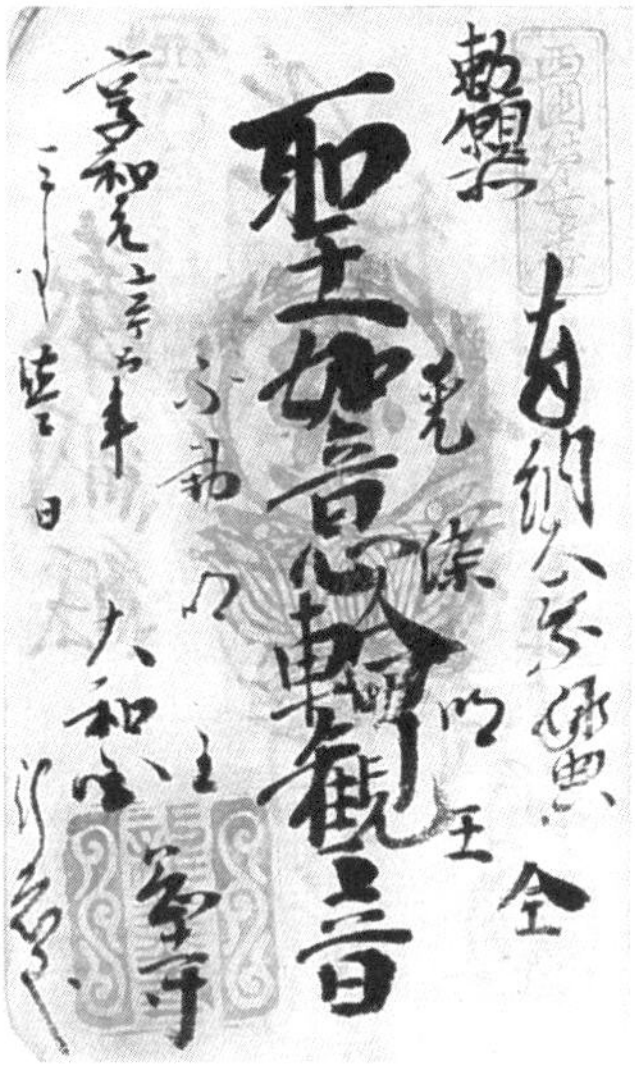

図1－2　享和元年の納経帳（西国巡礼）

方法にも一定の限界がある。その一つは芳名帳、納札は各霊場に共通したものではなく、芳名帳に至っては現在設置している札所は殆ど見られない。納札の習慣も現在では四国遍路に残るのみで、他の巡礼では衰退し、一部に残るに過ぎない。今一つの問題は芳名帳、納札は巡礼者全員が行なうとはいえず、巡拝者自身の任意によるものである。従って、これを手懸かりにした場合には巡礼・遍路の総数の下限は捉えられても、上限の把握は無理である。しかしながら、それに代わる手懸かりがない場合には、芳名帳、納札も巡礼・遍路の実態を捉える一つの手段でもある。

このような研究方法の問題点を克服するために、最も有力な手段として、巡拝時に各寺院から授与される「宝印」（寺印、朱印）を手懸かりに年間の巡礼・遍路の動向を捉える方法が考えられる。巡礼者や遍路は巡拝した時、自らが書き写した経文を各寺院に奉納したり、名前と住所を書いた札を納めた。しかしながら、その習慣は徐々に薄れ、それに代わって巡拝した印に各寺院から宝印を授かり、それを綴った「納経帳」（集印帳）を持ち歩くようになった。宝印の収集は納経帳以外に笈摺《おいずる》や掛軸にもする風潮も出て

きた。内面的な信仰の問題を外面的に測定するには極めて困難ではあるが、より客観的な視点に立つならば、宝印を手懸かりにする方法が最も有力である。そこで、宝印を授かった人々を巡礼・遍路と見なして、その数を測定し、動向・推移を捉えることにした。(11) 但し、この方法でも多少の問題は残る。それは各霊場を巡拝する時、一巡するのに相当の時間がかかり、しかも一回で完結・結願しないことである。現在の巡拝の傾向は、全霊場を数回に分割して廻るのが主流になっている。例えば、四国遍路では徳島、高知、愛媛、香川の四県に分割し、春秋の二回ずつ二年間で完結する。このことによって時間差が生じ、測定地点で人数に多少の差が起きる。その点、秩父巡礼では全行程が短く短期間で一巡できることから、札所地点の差異は小さい。しかし、西国巡礼や四国遍路においては全行程が長く、分割巡拝が主流であるために、時期的、年次的な差異が札所によって起きることは避けられない。いずれにしても巨視的な視点では年間の総数の把握と、季節的な動向の分析に主眼を置き、昭和四十年代から平成期まで約三十年間に亘ってその動向を分析する。

研究目的の二つ目は、巡礼・遍路をする人々の個人の属性及び内面的な側面の分析である。いわば巡礼・遍路の実態を詳しく解明することである。巡礼・遍路をする人々の属性としては男女の比率及び年齢層、出身地などを捉えることである。その上で、巡礼・遍路に出かけるようになった契機、動機やその目的、信仰する宗教（宗派）など個人の主観的側面の分析である。その他にも巡拝の回数（一巡した回数）や交通手段、同行の人数など巡拝形態を捉え、多角的に実態を分析する。この考察にあたっては各霊場で一年間に亘り、一千名以上の人々にアンケート調査を実施した。その結果を個別的に分析した上で、各巡礼・遍路間の比較を試みることにした。比較検討することによって、一方では各巡礼・遍路に共通する側面が考えられ、他方では各巡礼・遍路による独自性がみられると考えられる。四国遍路は四国という地理的な条件や全行程の長さと寺院の多さに特徴があり、秩父巡礼は首都圏近郊の立地条件の良さと全行程の短さが利便性になっている。各巡礼・遍路の実態を昭和四十年代と昭和後期、及び平成期に入ってからの三期に亘り、年代的な変化を検討してみる。特に巡拝の形態に著しい変化がみられ、かつては徒歩巡拝であったものが、バスを利用した巡拝に変わり、やがて自家用車による巡拝が主流になった。交通手段は時代によって大きく変化した一つである。

以上のように現在の巡礼・遍路を巨視的視点で年間どれだけの人数があるのか、しかもそれが一定期間の中でどのように推移・変化しているかを把握し、その上で微視的な視点からその実態を分析・考察する。本書の主題は第三章、第四章にあるが、それに先立ち、第一章では各霊場の成立とその後どのように変遷したかを概説する。第二章では巡礼・遍路が賑わった江戸時代の動向について、その後の新たな資料を加えて考察する。

第二節　観音巡礼の成立と四国遍路の起り

日本の仏教は発祥地・インドから中国、朝鮮半島を経由して伝来した。僧侶の修行であった聖地、霊場を巡る「巡礼」も中国仏教の影響を受けて我が国に伝えられている。「巡礼」という言葉は平安時代の慈覚大師円仁の『入唐求法巡礼行記』に初めて出てくることから、円仁が入唐した時に五台山への巡礼を行ない、それを我が国に紹介したものとみることができる。その後、宋に渡った僧たちが求法のほかに五台山などの聖地巡礼を慣行とするようになり、帰国後にそれを広めたとみられる。しかし、「巡礼」の語には、聖の修験的霊場歴遊を指す言葉として用いられていたようではあるが、一定の観音霊場のみを順番に歴遊するものではなかった(1)。

ところで、我が国において特定の聖地、霊場を定めて順番に廻る「巡礼」「遍路」が行なわれるようになったのはいつの頃からであろうか。我が国の巡礼の起こりは、平安時代末期に畿内を中心として起こった観音巡礼がその始まりであるといわれる。これが後に「西国三十三カ所巡礼」と呼ばれ、庶民の人気になる。畿内を中心とした観音巡礼に対して、鎌倉期には東国に坂東巡礼が、室町期には武州の西一角に秩父巡礼が西国巡礼を移植す

図Ⅰ－3　百観音巡礼と四国遍路（文政九年）

る形で起こった。これに触発されるように江戸時代には全国各地に地方巡礼が創設されていった。これらの巡礼は観音菩薩像を本尊として祀る寺院を巡るもので、観世音菩薩の功徳、救済を願っての観音巡礼である。

それに対して、我が国の真言密教の宗祖・弘法大師への篤い信仰を抱く人々によって四国遍路を実践する人も多い。四国遍路は大師に有縁な四国の寺院霊場八十八カ所を巡拝するものであるが、江戸時代中期には四国まで足を延ばすことのできない人々のために各地に「移し（写し）」霊場が生まれた。四国霊場を「本四国」と称し、各地に移植された四国霊場を「新四国」と呼ぶほど人気が高まった。

その他にも本尊詣として、地蔵尊巡りや薬師如来巡りなどの巡礼も起きるが、我が国の巡礼の多くは西国三十三カ所巡礼と四国八十八カ所をめぐる遍路が原型になっている。観音巡礼は、やがて西国巡礼に坂東巡礼、秩父巡礼とを加えた「百観音巡礼」という形態をとるなど隆盛を極めた。更に、観音霊場に四国霊場を加えて「百八十八カ所巡礼」と拡大されることにもなる。各巡礼・遍路の霊場は独自の性格で成立しながらも、その後各々が発展する中で互いに関連をもつことになる。そこで、各霊場の創設の経緯と時期、及びその後の変遷について概説する。

一　西国霊場の成立と巡礼の変遷

我が国の巡礼で最も古いのは西国観音巡礼である。その西国巡礼が原型となり、やがて関東の坂東、秩父を始め、全国各地に移植されることになる。そこで、西国巡礼の札所寺院（霊場）はいつ頃にどのようにして成立したのか、また、それらの札所寺院を廻る巡礼を始めたのは果たして誰なのか、その創設者など巡礼創設期の状況についてみてみる。

西国霊場の起り

都を平安京に移し、優雅な生活を送っていた王朝貴族の社会では、十世紀頃から近郊の霊験あらたかな観音寺院への参詣が盛んであった。『梁塵秘抄』には、「観音験を見する寺　清水石山長谷の御山　粉河近江なる彦根山間近に見ゆるは六角堂」[2]とあり、上流階級の人々の観音寺院への参詣が行なわれていた。当時皇族、貴族たちを始め多くの人々が盛んに参詣した寺院としては、例えば京都では六角堂、行願寺（革堂）、清水寺、六波羅蜜寺などの七観音寺院であった。京から少し離れた石山寺、長谷寺、粉河寺なども参詣者で賑わっていた。とりわけ地理的に利便がよく、景勝地の清水寺と石山寺への参詣は人気が高かった。清水寺には藤原道長、頼通などの藤原一族が挙げて参詣している。[3]また、石山寺は貴族子女の参詣で人気を集めていた。それは閉鎖された貴族社会において、冷遇された女性たちが厭世的になり、その打開にと仏門に帰依し、精神的な解放を求めて石山寺に参籠したことである。例えば、右大将道綱の母が兼家と不仲になり、苦悶していた天禄元年（九七〇）に石山寺に参籠した。その時の模様は『蜻蛉日記』に次のように詳しく綴られている。[4]

たゞこのころはことごとなく、明くればいひ暮るれば嘆きて、さらばいとあつきほどなりとも、げにさ言ひてのみやはと思ひたちて、石山に十日ばかりと思ひ立つ。しのびてと思へば、はらからといふばかりの人にもしらせず、心ひとつに思ひ立ちて、明けぬらんと思ふほどに出ではしりて（中略）

さては夜になりぬ。御堂にてよろづ申泣きあかして、あか月がたにまどろみたるに見ゆるやう、（後略）

このように女性の切ない気持ちを一念に込めて石山寺に参籠したのであった。また、菅原孝標の女も寛徳二年（一〇四五）に石山寺に参詣した様子を『更級日記』に記している。(5)

霜月の廿よ日、石山にまいる。（中略）暮れかゝるほどにまうでつきて、湯屋におりて、御堂にのぼるに、人ごゑもせず。（中略）又の日も、いみじく雪ふりあれて、宮にかたらひきこゆる人の具し給へるとものがたりして、心ぼそさをなぐさむ。三日さぶらひて、まかでぬ。

石山寺は京から近いことから女性の参詣者が多かった。また、京の都から離れた大和の初瀬（長谷）への参詣もみられたが、貴族の女性には肉体的にハードな行程であったことから、僧侶による代参も行なわれた。その中でも遠隔地の困難を克服しての参詣があった。『御堂関白記』によれば、藤原頼通が長和元年（寛弘九年、一〇一二）三月十五日に長谷寺に参詣している。(6)また、道長の参詣は『栄華物語』に、「この程にとのゝ御前、長谷寺に参らせ給て、七日籠らせ給」(7)とあり、万寿元年（一〇二四）十一月には七日間参籠している。その参詣の苦労は尽きなかった。『源氏物語』玉鬘には、「生ける心地もせで行き着きたまへり。歩むともなく、とかくつくろひたれど、足の裏動かれずわびしければ、せん方なく休みたまふ」(8)とあり、女性には辛い行程であったことがわかる。しかし、霊験あらたかであったことから、長谷寺への参詣は貴族階級ばかりではなく、民衆も多く参集し盛況であった。その様子は『源氏物語』に、「いと騒がしく、人詣でこみてののしる。（中略）国々より、田舎人多く詣でたりけり。この国守の北の方も詣でたりけり」と述べられたり、『枕草子』にも、「長谷にまうでて局にゐたりしに、あやしき下臈どもの、うしろをうちまかせつつ居並みたりしこそねたかりしか」と記され、大和守の奥方や田舎の農民、身分の低い者など、社会の様々な階層の人々で賑わっていたことがわかる。京から更に離れた壺坂寺や粉河寺にも貴族たちの参詣がみられた。『枕草子』に「寺は壺坂。……石山。粉河」と述べられ、壺坂寺と粉河寺は古くから名を馳せていた。しかし、粉河寺への参詣は単独で行なわれたことは少なく、長谷寺や高野山、熊野などと組み合わせて詣ることが多かった。このように京近郊や遠隔地の観音寺院には、貴族などを始めとして多くの庶民が除病延命の現世利益を願って参詣した。その著名な観音寺院が後に観音霊場形成の一要素になった。

他方、畿内外には聖や修験者が苦修練行を重ねた深山幽谷の地が多くあった。その修験者たちは諸国を歴遊し、修行で体得した験力をもって庶民の現世利益の要望に応えていた。聖や修験者たちは市中巷間に出てその験力を宣教すると、それに帰依する人々が多く集まってきた。既成教団が貴族社会の上流階級に依存し、形骸化するのに反し、聖や修験者の験力は庶民には新鮮なイメージで受けとめられ、その権威は相対的に高まっていった。その代表的なのは、西国第二十七番札所・書写山円教寺の開山・性空上人である。性空上人は京に生まれ、十七歳の時に母とともに日向の国に移り、二十六歳で出家して霧島連峰に籠もり、修行を重ねた。その後、筑前の背振山に移り、やがてそこを去って播磨の国・書写山に三間の草庵を結び、修行を重ねて験力を磨いた。その名が聞こえ、「当国・隣国ノ老少・道俗・男女、皆来□不帰依ズト云フ事無シ。世靡テ貴ブ事無限シ」とか、「京ヨリ上中下ノ道俗、聖人ニ結縁セムガ為ニ参リ合ヘリ。花山ノ法皇、両度御幸有リ」とあるように、性空上人のところに多くの人が訪ねるようになった。花山法皇は寛和二年（九八六）と長保四年（一〇〇二）に同上人を訪ねている。[15] その関係から性空上人は花山法皇に随行して西国霊場を開いた、ともいわれる。性空上人の霊場創設との関わりは、西国霊場にとどまらず、坂東、秩父霊場の開創縁起にもみられるが、史実としてはそれを裏付ける資料はなく、伝説の域を出ていない。

聖や修験者の修行の地は「霊験所」や「聖の住所」として名声を高めていた。[16]『梁塵秘抄』には、「聖の住所はどこどこぞ　箕面よ勝尾よ　播磨なる書写の山　出雲の鰐淵や　日の御崎　南は熊野の那智とかや[17]」とか、「聖の住所はどこどこぞ　大峰葛城石の槌　箕面よ勝尾よ　播磨の書写の山　南は熊野の那智新宮[18]」とあるように、書写山を始め、那智、箕面、勝尾などは聖や修験者の修行の地であった。この「聖の住所」が後に観音霊場に組み入れられていく。

以上のように、西国観音霊場は石山、清水、長谷、粉河などの九世紀以来の伝統的な旧観音寺院と、院政期に「霊験所」「聖の住所」として急速に発達した書写山、箕面、勝尾、那智山などの「聖の住所」と呼ばれる新霊場の二つの要素が組み合わされて形成された。[19]

西国巡礼の成立

次に、それでは西国三十三カ所観音巡礼はいつ頃、誰によって行なわれたのか、その時期とその創設者の問題が出てくる。西国巡礼の創設に関してはこれまでには信仰面、伝説に依拠するものや、史実に基づくものなど諸説がある。その幾つかの説を挙げてみる。

(一)　徳道上人伝説と花山法皇中興説

まず、年代的に最も古いものとしては、養老二年(七一八)、大和国長谷寺の開山・徳道上人が巡礼を始めたという伝説が『中山寺縁起』に述べられている。[20] それによると、徳道上人が頓死されたが、仮死状態の中で閻魔大王に出会い、未だ死期に達していないので帰るようにいわれた。帰ったら日本に三十三の観音霊場があり、これを一度巡礼した者は十悪五逆の人でも極楽世界に行けるといわれ、それを広めるように法印を賜り諭された。生き返った上人はその法印を石の箱に入れて中山寺に納め、閻魔王の勅で中山寺を一番と定めた、というものである。しかしながら、この説には論拠が希薄で創設説とするには疑わしい。例えば、現在の三十三カ所の霊場の約三分の一は養老二年には開創されていないことや、内容も現実離れであり、この説を裏付ける根拠もなく、説話の域を出ないものである。

次に最も有名な説としては、花山法皇（九六八―一〇〇八）を中興の祖とする説である。昭和六十二年には花山法皇の中興から千年目に当たり、西国札所会主催の記念行事が大々的に催された。花山法皇は永観二年（九八四）に即位し、十九歳の寛和二年（九八六）に退位したので在位僅か二年の短さであった。花山法皇は在位中に寵愛していた弘徽殿を亡くし、その悲嘆の折りに藤原兼家の策謀で、天皇を退位させられた。退位後に出家した花山法皇は書写山の性空上人に会いに行き、教えを聞くなど仏門に帰依した。その後、法皇は熊野に参詣したついでに那智山に詣り、紀三井寺、粉河寺なども参詣した。このことから花山法皇は、徳道上人が開いた巡礼を再興した、とする説である。法皇を讃えて西国霊場には法皇が出家した京都山科の元慶寺と、隠棲した寺院の播磨の花山院を番外札所として加えている。

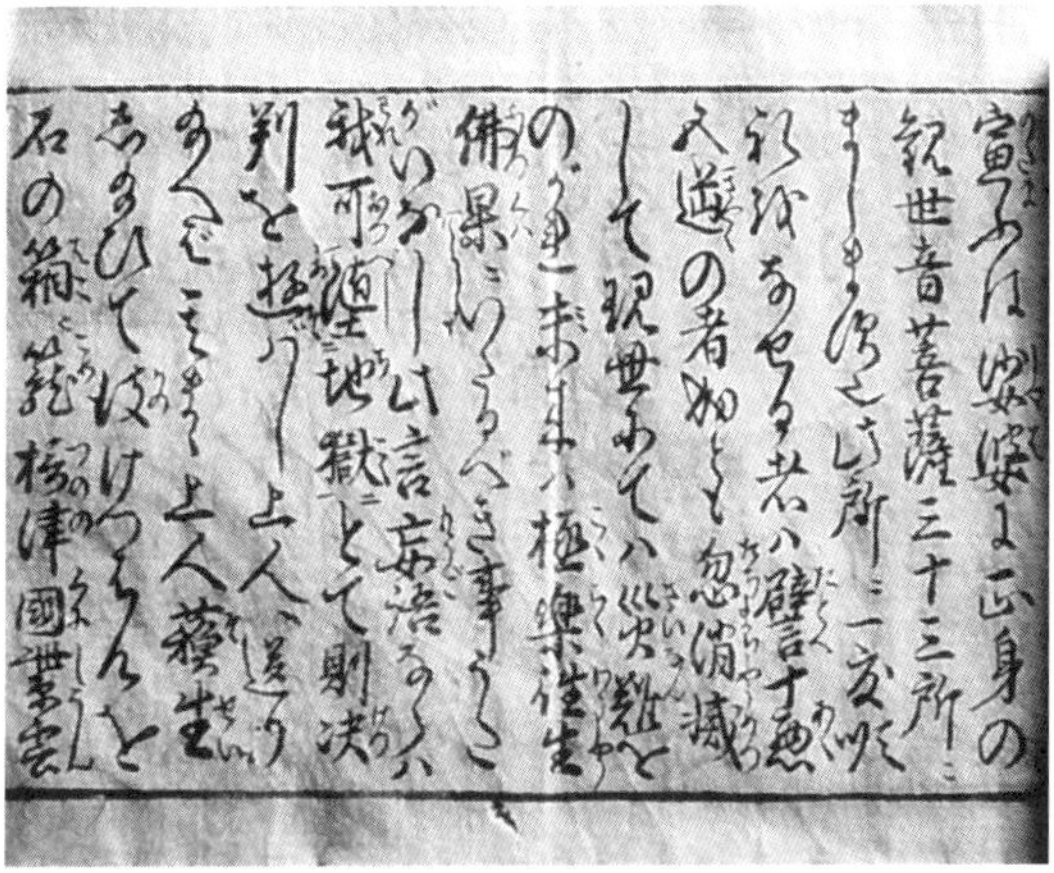

図１－４「西国三十三所道しるべ」
最終行に「石の箱へ籠め摂津国紫雲」とある。

しかし、花山法皇が那智山や書写山、粉河寺を個別に参詣したことは事実であっても、三十三カ所を巡拝したことを裏付ける史実的資料がないことや、第二十番札所・善峰寺の創建年代

図１－５　花山法皇御順礼（『西国三十三所名所図絵』）（嘉永六年）

は法皇崩御後などや、仏道心の薄れた法皇晩年の創建になる行願寺（革堂）は三十三ヵ所に入っていなかったという指摘もあり[21]、花山法皇説には確証はない。従って、徳道上人開創設と花山法皇の中興説とは伝説の域を出ない縁起による開創、中興説である。

(二) 行尊説

それに対して、史実に基づく説としては、寺門派僧侶による巡拝の記録が残されているので、これらの僧を開創者とする説が挙げられる。その一人に三井寺の僧行尊（一〇五五―一一三五）が三十三ヵ所の巡礼を行なったことが、『寺門高僧記』巻四の行尊伝に載せられている[22]。それには「観音霊所三十三所巡礼記」と記され、行尊が大和の長谷寺を一番として紀伊、和泉、河内、摂津などを巡り、山城国御室戸山・千手堂で結願している。その日数は百二十日であった。その年代は行尊が三十五、六歳頃の寛治末年ないしは嘉保の交（一〇九三―九四年）以前と推定されている[23]。このことから行尊の三十三ヵ所巡礼が、西国巡礼の最初ということで研究者に定説化されてきた[24]。しかしながら、その行尊の巡礼には幾つかの問題点が残されている。速水侑氏は行尊の巡礼について二、三の問題点を挙げ、行尊の巡礼は「歴史的事実ではなく、後世の寺門修験の仮託によるものと断ぜざるを得ない[25]」と疑問視している。その疑問点の第一は、『寺門高僧記』の行尊伝には『観音霊所三十三所巡礼記』が前後の内容と密接な関連もなく挿入され、不自然であったり、『巡礼記』以外に三十三ヵ所巡礼に関する史料が存在しない点である。第二の問題点は、同『巡礼記』では二十五番を「観音寺　等身千手　新熊野奥」と書かれているが、「新熊野奥」の記載が不審である。新熊野（今熊野）は永暦元年（一一六〇）、後白河上皇が熊野三権現を洛東に移した後から、そのように呼ばれたものであるが、行尊の生存中には未だ勧請されていなかった。第三に、行尊が巡礼したと推測される寛治・嘉保年代（一〇九三―一〇九四）と善峰寺、新清水寺、御室戸寺などの霊場形成の年代との間に矛盾が起きることである。これらのことから同『巡礼記』は、行尊の真撰とするには大いに疑問がある、というものである。

（三）覚忠説

行尊の巡礼には幾つかの疑問が残るが、同じ三井寺の僧覚忠（一一一八―一一七七）の残した記録には信憑性が高く、覚忠の開創説が有力視されている。『寺門高僧記』巻六の覚忠伝によれば、「応保元年正月三十三所巡礼則記之」と題し、以下「一番、紀伊国那智山、御堂七間東向、本尊如意輪一□手半、願主羅形上人」と書かれ、三十三番の山城国・御室戸山で終わり、「三十三所巡礼　日数七十五日[26]」とある。これにより覚忠は応保元年（一一六一）に紀伊那智山を出発して七十五日をかけて三十三番の御室戸山まで巡礼したことが判明する。また、覚忠説の今一つの論拠の史実として、覚忠は巡礼の途上で和歌をを詠み、それが『千載和歌集』の釈教部に残されている。その歌は谷汲と穴太寺において読まれた次の二首である[27]。

三十三所観音拝みたてまつらんとて所〳〵にまいり侍りける時、美濃の谷汲にて油の出づるを見てよみ侍りける　　前大僧正覚忠

世を照らす仏のしるしありければ、未だともしびも消えぬなりけり

穴うの観音を見たてまつりて

見るまゝに涙ぞ落つる限りなき命に替る姿と思へば

覚忠の巡礼は、現在の順番とは異なっているが、この二つの史実によって三十三ヵ所の観音巡礼を行なったことが裏付けられる。

ところが、覚忠が応保元年に行なった巡礼は初めてではなく、二回目であったという見解もある。僧行誉の編による『壒嚢鈔《あいのうしょう》』（一四四六年）第十二に「三十三所トハ何々ソ」と書かれ、那智山如意輪堂から御室戸寺まで述べ、最後に「久安六年庚午長谷僧正参詣之次第也[28]」と記されている。ここには長谷僧正が那智山から始めて御室戸山まで巡拝した三十三ヵ所の霊場の名前が記されている。このことから岡田希雄氏はこれは覚忠の最初の巡礼であった[29]、と述べている。その理由は、『壒嚢鈔』で述べるところの「長谷僧正」とは大和の長谷寺ではなく、山城国北石蔵長谷《ながたに》であり、石蔵に存在した天台宗の大雲寺（またの名を石蔵寺）に退隠していた覚忠である、とするものである。その根拠は、『寺門高僧記』巻六に「覚忠大僧正法務。青龍院。又長谷聖護院。経蔵。在所北石蔵大雲寺。」と書かれていることから、覚忠が大雲寺と深い関係にあり、覚忠は長谷僧正と呼ばれていたことによる。『壒嚢鈔』の記述が事実とすれば、覚忠は応保元年（一一六一）に先駆けて既に久安六年（一一五〇）に巡拝し、二度の巡拝となる。久安六年は覚忠が三十三歳の時、応保元年は四十四歳の時にあたる。

しかし、覚忠と思われる人物について記述した『壒嚢鈔』と『寺門高僧記』との記述に多少の相違がみられる。その第一は、覚忠の『寺門高僧記』の霊場は行尊の『巡礼記』の記述及び現在の霊場とは全く同じであり、順路が異なるに過ぎない。それに対して、『壒嚢鈔』では「藤井寺」が欠落し、それに代わって「那智山千手堂」が挙げられている。つまり、那智山は一番に「如意輪堂」と二番に「千手堂」の二つが含まれている。

第二に、『壒嚢鈔』では番号を記さずに寺院名を記述しているが、『寺門高僧記』では番号を付して寺院名を記載している点である。それを順番とみなすとすれば、一番の那智山と最後の三十三番・御室戸山は合致するが、それ以外は大きく変更されている。その順路の大筋は、『壒嚢鈔』では紀伊の那智を出発して北上し、奈良の興福寺・南円堂から山城・醍醐寺に進み、山越えして近江に入り、正法寺、石山寺、三井寺と廻り、京の各霊場寺院を巡り、摂津の総持寺、丹後、美濃まで進み、再度近江、山城に戻る順路になっている。それに対して、二回目にあたるとされる『寺門高僧記』では、那智を出発して一部変更はみられるが、藤井寺から総持寺に向かうコースをとり、以後播磨、丹後を通り長命寺まで全く変更がない。その延長に三井寺、石山寺、正法寺を廻り、醍醐に出て京に入り、穴太寺を経て御室戸山で終わっている。但し、順路に関しては後述するが、当時はまだ定まっていなかったとみられ、順路の違いは容認できる余地はある。

第三に、『壒嚢鈔』の記述には「或夜、長谷僧正の夢に、琰魔王宮に於いて日本の生身観音卅三所を註せる記録を見るに、則ち今の日記也と云云[30]」と書かれていることから、長谷寺の徳道上人伝説と混同し、手元の古記録を写したのではないかという疑問も残される[31]。

覚忠の最初の巡礼を久安六年とするか、それとも応保元年とみるかの判断は難しいが、覚忠の応保元年の『巡礼記』は史実的に裏付けとして有力な資料で、信憑性が高い。しかしながら、覚忠が巡礼する以前から無名の遊行聖や修験者たちによって部分的な巡礼は既に行なわれ、その延長線上に高僧としての覚忠の巡礼が位置付けられたと考えられる。従って、この頃に三十三の霊場寺院が固定化しかかっていたとも捉えられる。その結果、平安時代末期の十二世紀の初めの頃には、西国巡礼が成立していたとみることができる。

ところで、覚忠が巡礼した当時と現在の巡礼とには、一、二の違いがみられる。その一つは、覚忠の『巡礼記』には「三十三所巡礼」と書かれているのみであり、「西国」という名称は付記されていない。二つ目は、巡拝の順路が当時と現在では異なっている点である。これらの二つの問題は別個の問題ではなく、互いに関連したものであり、その点を次に触れる。

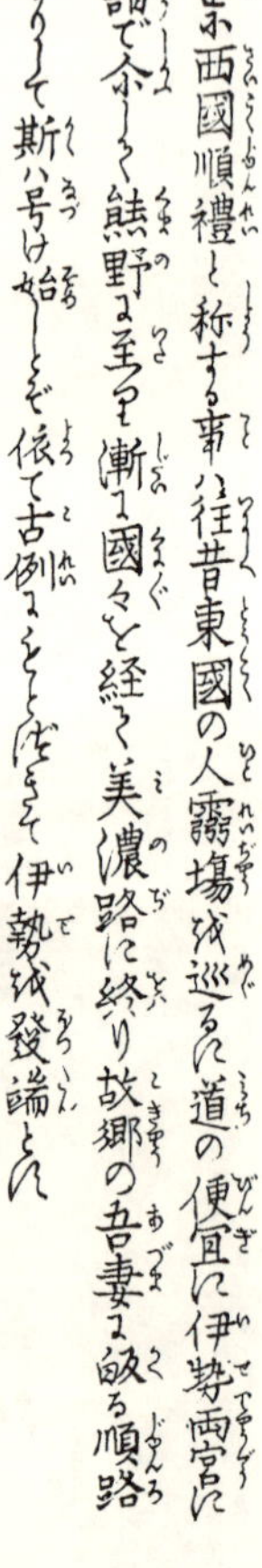

図1－6　西国巡礼の順路の慣習（『西国三十三所名所図会』）

西国の名称

覚忠の『巡礼記』には「三十三所巡礼」と記されているだけであったが、その後、江戸時代に入ると「西国」が付けられるようになる。その経緯については江戸後期の文化三年（一八〇六）に、伴蒿蹊による『閑田次筆』には次のように述べられている。(32)

此三十三所を巡拝することを、今西国と呼ぶは、もと東国の人の詞なるべし。道のついで東街道を登り、伊勢両宮に詣《もうで》、八鬼《やき》山をこえて熊野にいたるより、国々をへて、近江の長命寺、観音寺、美濃谷汲に終りて、中仙道をへて、東国の故郷に帰るは、次第順路なり。

また、文政十三年（一八三〇）に、喜多村信節によって序が書かれた『嬉遊笑覧』の巻七「行遊」にも、次のように述べられている。(33)

西国順礼といひしは東国よりの名と聞ゆ、物みめぐる事さま〴〵あり、南紀山陽已東の国々を巡るに、畿内の人もこれを西国と云こと古し、応永以後の札多くあり、札は木にて作れるのみならず、しんちうも銅もあり、好事家これによりて、札うつことは応永ころより専らなりといへるは非なるべし、花山院御札にかゝせ給へりと【新拾遺集】にあるをや

図Ⅰ－8※　石山寺の弥勒二年の納札

図Ⅰ－7　「西国」の笈摺を掛けた夫婦巡礼
（『西国三十三所名所図会』）

これらによると、「西国」という呼び方は東国の人からの呼び慣わしであり、それを畿内の人々も西国と呼ぶようになった、と述べている。そこには東国からの巡礼者が多かったことを物語っている。しかも、その習慣は古くから行なわれていた、というものである。ところで、『嬉遊笑覧』が述べる「古し」とはいつ頃であろうか。喜多村信節は、札が多く発見されたという応永年間（一三九四―一四二八）を目安にしているが、応永年間の納め札は現存しない。そこで「西国」と書かれた最も古い文献として慧鳳の著『竹居清事』（一四五二）には、永享年間（一四二九―四一）の巡礼の様子を伝え、そこには「搏桑西州三十三巡礼観音堂図記[34]」と標題されている。また、岩手県・中尊寺には文明十六年（一四八四）に、奥州西磐井郡の平朝臣四郎左衛門清泰が納めた札が残され、そこには「西国三十三所巡礼」と書かれている。[35] 西国第十三番札所・石山寺に残る札には弥勒二年（弥勒は私号で永正四年に当たり、一五〇七年）に甲州巨摩郡の住人が納めた札があり、そこには「西国三拾三所順礼聖」と書かれている。[36] これらの札を手懸かりにすると十五世紀の中頃には既に「西国」と称されるようになっていたとみることができる。なお、「西国」と付した背景には、その後関東地方に起きる坂東巡礼や秩父巡礼との交流の中で、両者と区別する必要があったという説と、[37] 東国の人々からの呼び慣わしであって、必ずしも坂東巡礼とを対照するために付されたものではなったという説[38]の相対立した二つの見解がある。

西国巡礼は十五世紀の中頃になると、それ以前までは僧侶の修行とされていたものから、一般庶民も行なうようになる。その賑わいを記述したものは少なくない。『竹居清事』には「巡礼上下の交、巡礼の人、道路織るが如し」[39]とあり、『天陰語録』にも「巡礼の人、村に溢れ里に盈、背後に尺布を貼り、書して曰く、三十三所巡礼某国某里」[40]と書かれている。その巡礼の中に東国からの人々が多く含まれていた。従って、『閑田次筆』や『嬉遊笑覧』が述べるように、東国の人による畿内の巡礼を西国巡礼と呼ぶようになったと考えられる。

順路の変更

次に、巡拝の順路に関して覚忠が巡礼した平安末期と、その後の室町以降とでは異なっている点について検討してみよう。覚忠が応保元年に七十五日をかけて三十三ヵ所を巡拝した時は、一番を紀伊の那智山として二番・紀三井寺、三番・粉河寺の順に詣り、その後大和、和泉、河内、摂津、播磨、丹後、近江、美濃の国を廻り、再び近江に戻り、最後は山城と丹波の寺院を廻り、御室戸山で結願している（表Ｉ－Ｉを参照）。しかし、当時は順路に関してはあまり重視されなかったようである。僧行誉の『壒嚢鈔』には、久安六年の長谷僧正の参詣次第として、那智山から御室戸寺までの寺院所在地と堂宇、本尊を紹介した後で、次のように述べている。[41]

表1－1

現行の順路	行尊の順路（一〇五五年）	覚忠『寺門高僧記』（一一六一年）	『壒嚢鈔』（一一五〇年）	『撮壌集』（一四五四年）
1 青岸渡寺	6	1	1・2	1
2 紀三井寺	5	2	3	2
3 粉河寺	4	3	4	3
4 施福寺（槇尾寺）	7	8	5	4
5 葛井寺	8	9	×	5
6 南法華寺（壷坂寺）	3	4	6	6
7 龍蓋寺（岡寺）	2	5	7	7
8 長谷寺	1	6	8	8
9 興福寺・南円堂	32	7	9	9
10 御室戸寺	33	33	33	10
11 上醍醐寺	24	25	10	11
12 正法寺（岩間寺）	23	24	11	12
13 石山寺	22	23	12	13
14 円城寺（三井寺）	21	22	13	14
15 観音寺（今熊野）	25	26	18	15
16 清水寺	27	28	15	16
17 六波羅蜜寺	26	27	17	17
18 頂法寺（六角堂）	28	29	14	18
19 行願寺（革堂）	29	30	16	19
20 善峰寺	30	31	20	20
21 穴太寺	31	32	19	21
22 総持寺	9	10	21	22
23 勝尾寺	10	11	22	23
24 中山寺	11	12	23	24
25 清水寺	12	13	24	25

26 一乗寺	13	14	25	26
27 円教寺	14	15	26	27
28 成相寺	15	16	27	28
29 松尾寺	16	17	28	29
30 宝厳寺（竹生島）	17	18	29	30
31 長命寺	20	21	32	31
32 観音正寺	19	20	31	32
33 華厳寺（谷汲）	18	19	30	33

是参詣の次第也。此の次第に就いて異説多き。或は長谷を初と為し、或は御室戸を初と為し。長谷を終と為す或る説に云う、只便路を本と為す。前後を論ぜず云云。

図Ｉ－９　百八十八所巡礼塔（宮古市内）

とあることから、覚忠と思われる「長谷僧正」の順路次第の他にも幾つかの順路があって、定まっていなかった。巡拝の基本は便利性が優先されたようである。

ところが、その後、それまでに幾つかあった順路は統一されるような兆候がみられ、現行の順路と一致してくる。享徳三年（一四五四）に飯尾永祥の『撮壌集』の記述では、紀州の那智山から始まり和泉、河内、大和、山城、江州を廻り、再び山城に戻り、丹波、摂州、播州、丹後、若狭と巡拝し、再び江州に入り、最後は濃州の谷汲で終わっている。[42] その後の『天陰語録』（明応八年　一四九九）にも「始于南紀那智、終于東美濃谷汲」[43]とあり、天文六年（一五三七）の作とされている『東勝寺鼠物語』でも那智から始まり以下順番に札所名が書かれ、「谷汲にて札

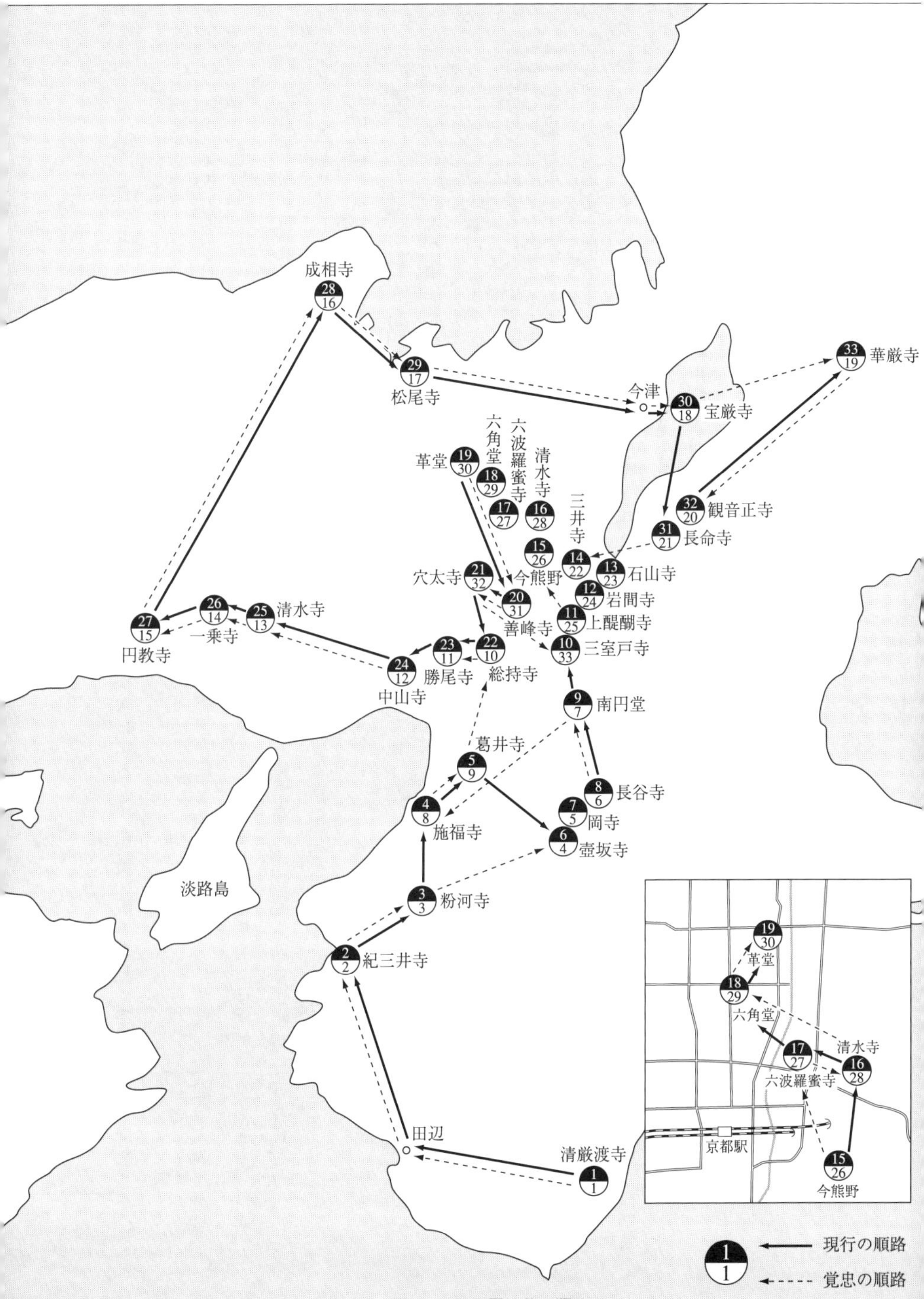

図1-10 西国巡礼の順路

を納めて[44]」と記されている。このように幾つかの資料から検討すると、順路が統一されて現行のようになったのは十五世紀中頃か後期であると捉えることができる。

それでは何故に順路を変更し、現行のような形になったのであろうか。その理由としては、東国の人が西国巡礼へ出かけやすいように便宜を図ったことが挙げられる。東国の人々が巡礼する場合、伊勢神宮に参宮し、熊野権現に詣り、その近くの那智山から観音巡礼を始めた。その後、熊野道の中辺路を西に出て紀三井寺に詣り、大和を経て京に入る。京で休憩と見物・行楽の「中入り」をした後、京以西、以北の寺院を廻り、近江に出て最後は美濃の谷汲で結願した。その足で東海道、中仙道を通って帰路につくコースになっている[45]。東国からの巡礼は長旅となり、日時と費用がかさみ、誰でもができるものではなかった。そのために一度の旅で多くの社寺参詣と、見聞を広めるために最良の行程を考えたものであろう。

このコースは、反面畿内や京畿以西の人々にとっては結願が美濃では帰路に不便となり、わざわざこの順路をとるとは考えにくい。従って、この順路は伊勢に参宮し、熊野詣した後で、那智から巡礼を開始し、結願を故郷に最も近い美濃にして帰路につく東国の人を本位とした順路とみなすことができる。

以上のように、平安末期に成立した三十三カ所巡礼に「西国」が付され、しかも現行の順路へと変更し、固定化したのは、十五世紀中頃の室町時代中期以前であったといえる。その後、天下が統一された江戸時代の元禄期になると、経済的に向上した庶民が東国から多くみられるようになる。

二　秩父霊場の成立とその変遷

西国霊場が平安時代末期の十二世紀中頃に成立し、そこに東国の人々が多く出かけるようになったことから、関東地方にも観音霊場が起こった。まず、鎌倉初期から天福二年（一二三四）までの間に関東一円に広がる「坂東観音霊場」が成立した。[1] それに次いで武州の一角に「秩父観音霊場」が成立する。江戸時代に入ると、江戸市民は近郊にあって関所もなく、景勝地であった秩父霊場に人気が集まった。秩父霊場はやがては西国、坂東霊場と肩を並べ、日本三大観音霊場として発展するほど隆盛をみるようになった。しかし、西国霊場や坂東霊場は三十三ヵ所で形成されているのに対して、秩父霊場は三十四ヵ所の霊場で構成される変則形態になっている。その秩父霊場はいつ頃に成立し、その後どのような変遷を辿り、現在に至ったかを述べることにする。

秩父霊場の成立

秩父霊場の開創においても信仰面からの縁起類などの諸説が挙げられる。その中に播州の国・書写山の性空上人が登場する。例えば、秩父第三十二番札所・法性寺に残された『長享二年秩父観音札所番付』（以下『長享番付』と略す。巻頭写真参照）の奥書に「右此意趣者性空上人冥途討《ママ》請七日御説法あつて一百三十六地獄罪人御たすけあつて炎魔王より布施に給はつて第一秩父巡礼二番坂東巡礼三番西国巡礼あり……[2]」と書かれ、性空上人が冥土で罪人を助けたお礼に閻魔王から巡礼という布施を戴いて一番に秩父巡礼をした、と述べている。また、寛政十二年（一八〇〇）の『武州秩父郡御札所之縁起』にも性空上人が登場し、次のように述べられている。[3]

（前略）西国三十三箇所ハ是レ養老二年、坂東三十三箇所ハ永寛《永観か》二年、秩父三十四箇所ハ是レ文暦元甲午年三月十八日、冥途ニ播磨之書写開山性空上人請ジ奉リ、（中略）其ノ時秩父鎮守妙見大菩薩導引シ給ヒ、熊野之権現者山伏シテ、秩父ヲ七日ニ御順リ初メ給フ。其ノ御連レハ天照大神、具生神、十天華山之法皇、書写之開山性空上人、良忠僧都、東観法印、春日開山医王山聖人、後白河法皇、長谷開山徳道上人、善光如来以上十三人之御連レ也。（中略）

于時文暦元甲午天三月十八日

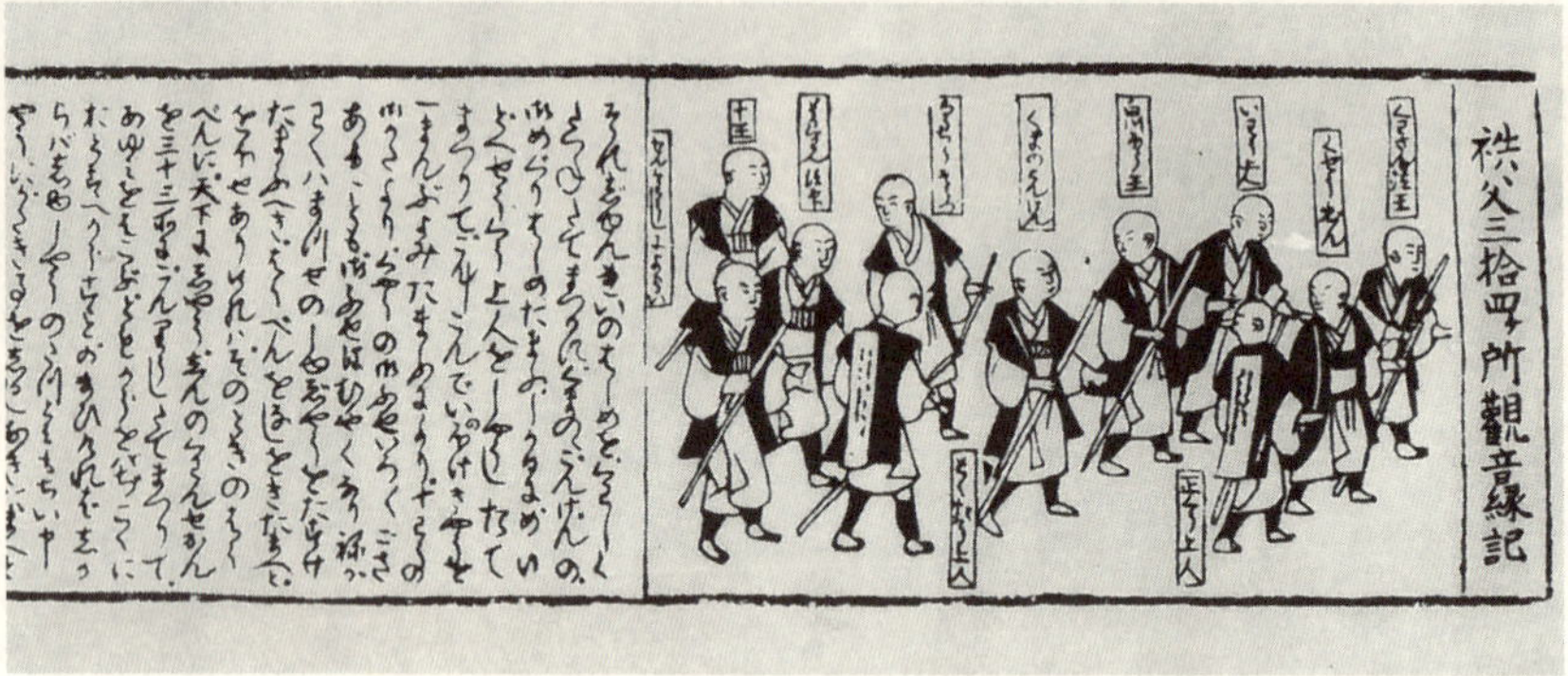

図1－11　『秩父三十四ケ所観音縁起』（巻物）

右札定置、順礼道行十三人

これは文暦元年（一二三四）に秩父鎮守妙見大菩薩の導きにより、性空上人を始めとして十三人の権者が同行して巡礼したことを伝えるものである。江戸時代の官撰地誌である『新編武蔵風土記稿』の「秩父郡之部」の総説においても、秩父霊場の創設を次のように述べている。(4)

さて郡中所々に霊境多ければとて古の名僧等遊歴して、霊像の観音を雕刻して安ぜしより後に卅四番の札所と名附、其事甚だ幽冥の説なれど、普く聞へあれば妄誕を論ぜず粗こゝに記せり、抑播磨国書写山性空上人閻王の招きによりて、獄中に妙典一万部を誦し、獄中の罪人其声を聞もの悉く浄土に生ると、閻王歓喜の余りくさ／＼の珍宝を与へ、且は衆生済度のために今に人の知らざる秩父順礼のことを示し、（中略）梵天の誘引によりて文暦元年三月十八日、秩父卅四番の観音を順礼す、同行の者彼是十三人、世に是を権者と称せり、其権化と云ものは、閻魔大王・倶生神・花山法皇・性空上人・春日開山・医王上人・白河法皇・長谷徳道上人・良忠僧都・通観法印・善光寺如来・妙見大菩薩・蔵王権現・熊野権現是なり、（後略）（傍点は引用者が付す）

この記述にも十三権者が登場し、しかも「三十四番の札所」とあり、開

図１－12 『秩父観音霊場霊験記』の「二番大棚観音」

創当初から秩父霊場が三十四カ所であるかのように書かれているが、これには大きな疑問が残る。この他にも現在第一番札所・四万部寺の『武州秩父札所第一番法華山四万部寺大施餓鬼因縁記』には、「西国にてハ播州書写山の霊場を開き東国当山にてハ法華経四万部を書写して秩父三拾四箇所の第一となし玉ひ(5)」と述べられたり、現在第二十一番札所・矢之堂に残る『武州秩父郡寺尾村矢之堂観世音縁起并序』にも、「文暦元甲午年三月十八日、熊野権現同ジク権化ノ聖者十有三人相伴ヒ、最初ニ矢之堂来集シ、衆生誘引ノ為ニ、一従リ三十四所ニ至ル位次ヲ評定シ、秩父順礼ヲ修始ス……矢之堂ヲ以テ二十一番ト為ス(6)」とある。

しかしながら、これらの縁起類は明らかに後世に修飾荘厳して虚飾したことがわかる(7)。後述するように、長享年代には四万部寺は一番札所ではなく、二十四番札所であり、現在第二十一番札所・矢之堂も十九番札所であった。また、西国霊場の開創において登場する徳道上人や性空上人などの僧侶や花山法皇などが秩父霊場の開創にも現われてくる。これらの権者は西国霊場の開創でも伝説に過ぎなかった。それが東国の武州の一角に来歴したとは考えられず、その史実も残されていない。しかも秩父霊場の開創に携わった神、仏、人物として「十三権者」と呼ばれているが、これらは信仰面を重視した縁起、伝承に過ぎず、史実とは言えない。むしろ、無名の修験者や廻国僧によって創設されたものと考えられる。

それでは、秩父霊場はいつ頃に成立したのであろうか。史実として秩父霊場の成立を裏付ける資料は第三十二番札所・法性寺に残された『長享番付』が有力な根拠とされる。『長享番付』は昭和初期に発見された資料で、そこには三十三ヵ所の札所名が順番を付して書かれ、併せて本尊名も記されている。その日付は「長享二戊申年五月二日」となっている。これによって長享二年（一四八八）には既に三十三ヵ所の霊場が完成していたことが窺える。従って、秩父札所の創設は長享二年以前とみなすことができる。『長享番付』では、その後に十七番札所となる定林寺を一番として二番蔵福寺、三番慈眼寺の順で大宮郷の寺院、堂宇を廻り、三十三番を「水込」（現行の水潜寺）で終わっている。その結果、当時の秩父札所は三十三ヵ所で形成され、しかも順番は現行と大きく異なっていることがわかる。やがて、江戸時代の資料では一ヵ所増えて三十四ヵ所の霊場になり、順番も現行に近い状態になっている。従って、秩父霊場は創設期とその後の状況には大きな変化が起こり、そのことが秩父霊場の特異性とみることができる。その変化と特異性とについて順次検討していくことにする。

寺院及び堂と庵

最初に、『長享番付』をみると、寺院名以外に地名や「堂」「庵」という記載が多いことに注目される。このことは秩父霊場の創設期には寺院に祀る観音菩薩像以外に修験者や廻国僧などが岩窟や堂宇に祀り、地域住民の信仰を篤くしていた観音堂が含まれていたとみられる。西国や坂東霊場寺院は寺格の高い名刹や、大きな伽藍を有した有名寺院で形成されているのに対し、秩父霊場の創設時には地域の観音堂が多く含まれていた点に特徴がある。例えば、第三十番札所・荻堂（現行六番）については、沙門円宗の『秩父三十四観音霊験円通伝』（一七四四年）では、「此霊像ハ往時ワヅカナル艸庵ニ安置シ奉リシ。其地ヤ山聳谷深クシテ、春来レドモ客ノ到ル事ナク、……禅客歓喜踊躍シテ則是ヲ納メテ、此荻ノ下露ウチハラヒテ、形ノ如クノ小堂ヲ作リテ、霊像ヲ安置シ奉リシゾ、此寺ノ艸創ナリケル(8)」と述べている。また、江戸後期の文化年間の『新編武蔵風土記稿』では「……小名苅米にあり、堂は南向四間四面、荻の堂観音と称す、……往昔はこの堂今の境内より、西の方七町許を隔て荻の堂と称せし草菴に在りけるを、宝暦十年に今の地に遷坐せしむと云、この観音年久しく、武甲山の蔵王権現社内に納置して、後年荻の堂に移すと云(9)」とその経緯を述べている。第三十二番札所・牛伏（現行七番・法長寺）については、『新編武蔵風土記稿』では、「人々打寄り今の牛伏堂の古地に、草庵を営みて安置せり、……天明二年丙丁の災にかゝり再建せず、仮に別当寺の本堂に移し置けり(10)」と書かれている。第五番札所・野坂寺（現行十二番）は『秩父三十四観音霊験円通伝』によれば(11)、甲斐の国の商人が本国の山陰から持ってきた聖観音像を武甲山の中腹にあった堂宇に祀っていた。その観音堂の別当寺は野坂寺であって、現在とは違う場所にあったが、寛保元年（一七四一）に野坂寺と野坂観音堂を合併して現在地に移し、観音像を本尊として祀ることになった。

このように秩父霊場の草創期には寺院以外に多くの独立した観音堂が三十三ヵ所の札所に含まれていた。これらの観音堂はやがて江戸時代になると付近の寺院の配下に組み入れられ、別当寺がその堂宇の管理・運営にあたるようになっていった(12)。

三十四カ所への変更時期

観音霊場は『観世音菩薩普門品』に依拠し、観世音菩薩が三十三の姿に化身して衆生を済度するということから「三十三ヵ所」の霊場で形成されてきた。秩父霊場も『長享番付』では三十三ヵ所であった。しかし、江戸時代以降には三十四ヵ所に変更されている。三十四ヵ所になったのはいつ頃からか、その理由にはどのような事情があったのか。そして順路の変更にはどのような背景があったのか。これらの点について併せて検討してみる。

秩父札所が三十三ヵ所から三十四ヵ所に変更された年代を解き明かすのに、現在第三十番札所・法雲寺に残された納札が有力な手懸かりとなる。法雲寺には享永四年と天文年間の六枚の納札が保存されているが、その中の

図1-13　岩手県三陸町新山神社の「順礼百ケ所」納札

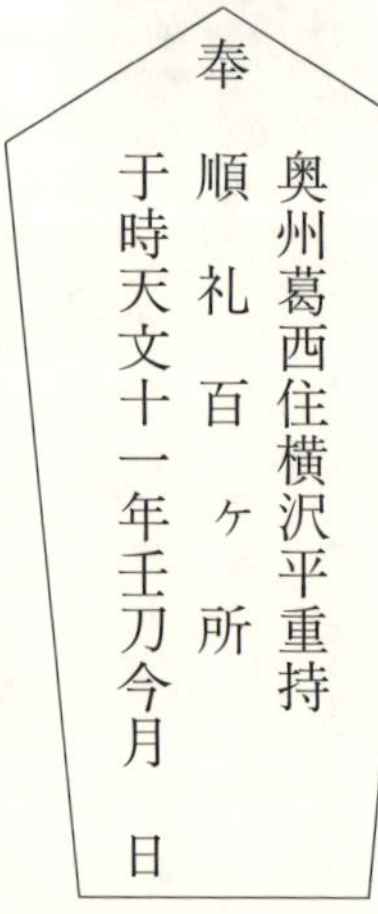
奥州葛西住横沢平重持
奉順礼百ヶ所
于時天文十一年壬刀今月　日

一枚は奥州葛西の住人赤荻伊豆守平清定が天文五年（一五三六）に納めたもので、「西国坂東秩父百ヶ所順礼只一人」と書かれている（巻頭写真）。この納札を手懸かりにすると、この頃から西国三十三ヵ所、坂東三十三ヵ所に秩父三十四ヵ所を加えて百観音巡礼になったと考えられる。[13] この納札を『新編武蔵風土記稿』では、「武家の順礼札五、六枚、いずれもいぶかしきものなり」[14] と否定的な見方をしているが、それをどのような理由で「いぶかしき」と断定したのか説明されていない。法雲寺以外にも百観音巡礼をしたと思われる納札は、岩手県西磐井郡平泉町の中尊寺・瑠璃光院と気仙沼郡三陸町宝珠院（現在は新山神社）にも残されている。[15] それは同一の札であり、右の図のように書かれている。

この納札は天文十一年（一五四二）に、平重持が百ヵ所巡礼を記念して瑠璃光院と宝珠院、そして松川村二十五菩薩堂に納めたものであるが、二十五菩薩堂の札は失われ、現存するのは上記の二枚である。これらの天文年間の納札は奥州葛西のものであり、この地方では百観音の習慣が既にあったものとみることができる。しかし、熊野信仰に篤かった葛西一族は西国、坂東、秩父霊場に熊野大社を加え、百ヵ所と捉えたとする説や、[16] 旦那寺を含めて百観音としたとする見解もあるが、[17] 次に挙げる大井弾正の石碑に注目すると、百観音巡礼がこの頃から行なわれていた形跡がみられる。

長野県佐久市の岩尾城址に残る大井弾正の古碑には、中央に「秩父三十四番」、右に「西国三十三番」、左に

「坂東三十三番」と刻まれ、裏面には「大永五年／大井弾正入道」と彫られている。これを最初に発見した清水武甲氏は、大永年間には定説では三十三ヵ所のはずであり、その石碑は年代的には江戸初期のものではないか(18)、

図１－14　大井弾正の「百ヶ所」順礼の石碑（長野県・佐久市内）

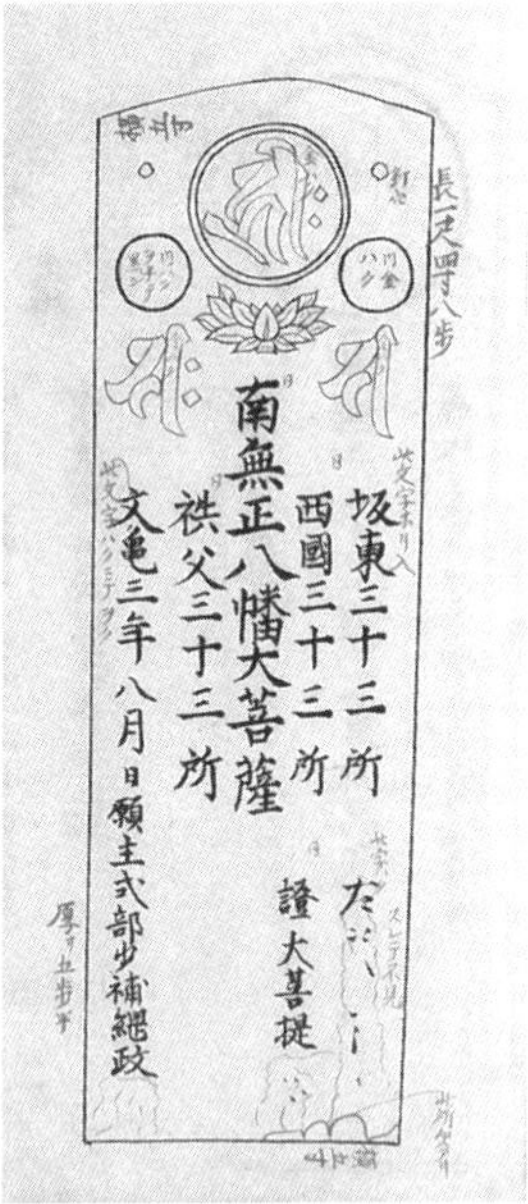

図１－15　秋田県羽後町の文亀三年の納札の写し
（『秋田藩家文書』秋田県立図書館蔵）

と述べながら、その反面で百観音信仰ということを考えれば、秩父を三十四ヵ所とする考えが当時あってもよく、「その銘の年号を率直に評価したい(19)」とも述べ、断定しかねている。それに対して、河野善太郎氏はこの石碑を百観音巡礼の有力な資料とみなしている。秩父霊場は長享二年（一四八八）には三十三ヵ所であったが、天文五年（一五三六）の納札や大永五年（一五二五）の古碑などから、この頃には三十四ヵ所になっていたのではないか(20)、と捉えている。長享二年から大永五年までの間隔は三十七年、天文五年とは四十八年となり、その間に変化が起きたと推測される(21)。

ところで、百観音巡礼と記した納札、石碑は江戸時代のものには多く残されているが、最も古いのは既述の大永五年の大井弾正入道の石碑と、天文五年の平清定の納札

である。それに対して、「九十九ヵ所」と記された資料として、文亀三年（一五〇三）の納札が秋田県雄勝郡杉宮（羽後町）の吉祥院に残されていた。その札の中央には「南無正八幡大菩薩」と書かれ、その右脇には「西国三十三所」「坂東三十三所」、左脇には「秩父三十三所」と記されている。[22] このことから当時はまだ秩父霊場は三十三ヵ所であったことが判明する。

それから十一年後の永正十一年（一五一四）でも「九十九所」であったと窺える資料が残っている。和歌山県新宮市の熊野速玉大社所蔵の銅造の懸仏（御正体）である。この懸仏は面径四一・五センチの円形で中央に薬師如来像が描かれ、淵側面には次のように陰刻されている。[23]

右意趣者為九十九所順礼開白勧進法界旦那熊野三所権現御影造所也（右廻り）

願主上野新田庄住人祐珍作平三郎龍頭旦那助四郎永正十一天甲戌十一月十五日（左廻り）

この懸仏には「九十九所順礼」と刻まれているだけであり、それが観音巡礼であると即断することは難しい。この陰刻銘の「九十九所」とは、一説に熊野詣の途中で遙拝所や休憩所とされた「熊野九十九王子社」であるという見解もある。九十九王子については、『紀伊続風土記』には次のように述べられている。[24]

中古熊野、御幸屢ありし頃其道間に王子社といふか多くあり、今俗に九十九王子の社ありしといふ、九十九は其大数にて、正しく何十社ありしといふ事詳ならす、

九十九王子とは、熊野の神の遙拝所であり、九十九はは必ずしも実数ではなく、数が多い重陽の意味であって、「社」の正確な数字や所在は定かではない。熊野詣をした後に西国巡礼に出かけた人々は、その途上で王子社で

遙拝したであろうが、九十九王子社だけの納札、石碑などは殆ど発見されていない。懸仏には「九十九所順礼」と記され、「九十九王子社」とはなっていない。熊野に関しては、単に巡礼・順礼と記される資料は西国巡礼と捉えられ、[25]この懸仏銘は観音霊場の九十九ヵ所であるとみられる。[26]吉祥院の納札や熊野速玉大社の懸仏銘を根拠にすれば、文亀三年や永正十一年頃までは秩父霊場は三十三ヵ所であったものと考えられ、三十四ヵ所になったとみられる大永五年、天文六年との年代的間隔は更に短くなる。永正十一年と大永五年の年代差は十一年となり、年代差の範囲は一層狭められることになる。

大永五年や天文五年頃には百観音信仰が芽生え始め、百ヵ所巡礼が行なわれ出したと思われるが、それ以後の納札にも依然として「秩父三十三所」と書かれた札がみられる。例えば、法雲寺に残された六枚の札のうちの一枚は享禄四年（一五三一）の納札である。それには「当国藤田住／小菅加賀守繁家／秩父三十三所順礼／法名登益」と書かれ、三十三ヵ所であることを示している。享禄四年は大永五年と天文五年とのほぼ中間にあたり、間隔は僅か六年の差にすぎない。小菅繁家は従来の三十三ヵ所を踏襲したのか、それとも三十四ヵ所に変更されたのを知らなかったのか、微妙なところである。今一つは、「三十三ヵ所」と書かれた納札が秩父郡両神村の法養寺薬師堂に残されている。両神村薄《すすき》の法養寺薬師堂は、第三十番札所・法雲寺から第三十一番札所・観音院に行く途中にあり、巡礼者が立ち寄り札を納めていった。そこに残された天正七年（一五七九）の納札には「秩父三十三所順礼」と書かれている。[27]また、昭和四十三年に秩父神社の社殿を解体修理したときに、屋根の裏板に「秩父札所三十三所順礼」と記したものが数枚発見された。[28]その板は天和年間の修理時に利用されたものらしく、天和三年（一六八三）と江戸時代のものである。このように

図１－16　法養寺薬師堂に残された納札

表1－2

年代	三十三カ所（九十九カ所）	三十四カ所（一〇〇カ所）
一四八八年（長享二年）	法性寺の『長享番付』	
一五〇三年（文亀三年）	出羽国・吉祥院の納札	
一五一四年（永正十一年）	熊野速玉大社の懸仏	
一五二五年（大永五年）		大井弾正の石碑
一五三一年（享禄四年）	法雲寺・小菅家の納札	
一五三七年（天文六年）		法雲寺・平清定の納札
一五四二年（天文十一年）		瑠璃光院、宝珠院の納札
一五七九年（天正七年）	法養寺・薬師堂の納札	
一六八三年（天和三年）	秩父神社の裏板	

大永、天文以降の納札にも「三十三所」と書かれたものがみられる。これらの資料をもとに時代的に整理すると表1－2のようになる。

その結果、年代を明確に区切って三十三カ所から三十四カ所に変更されたとは捉えがたい。今少し経緯を検討するならば、永正の頃までは三十三カ所であったが、大永から天文年間にかけて三十四カ所巡礼が起き始めた。しかしながら、三十四カ所巡礼は当初限られた地域の人にしか知れわたらず、多くの人々が従来通りに三十三カ所と認識し、「三十三カ所」の札を納めた。「三十四カ所」が広まるまでには相当の時間がかかったと考えられる。その間の移行期には三十三カ所を廻る人と、三十四カ所を廻る人との二つのタイプが並存していたのではなかろうか。観音巡礼は本来三十三カ所であり、秩父札所も開創当初は『長享番付』でわかるように三十三カ所であった。人々には伝統的な巡礼が定着し、それを踏襲する風潮が根強く残り、変則的な三十四カ所制を受け入れるには信仰面、心理面で抵抗があったことだろう。そのために移行期やその後にも三十三カ所巡礼の納札も残されることになったと考えられる。やがて江戸時代に入ると「百観音信仰」が広まり、多くの資料には三十四カ所と記述され、秩父巡礼は三十四カ所として定着していったものと考えられる。

三十四カ所への変更理由

ところで、観音霊場は三十三ヵ所で形成されてきたが、唯一秩父霊場だけが三十四ヵ所に変更された。それは何故変更されたのか、その理由を考えてみる。そこには二つの大きな理由が挙げられる。

その一つは、秩父霊場の地方性の脱却を画策する意図があったことである。西国霊場は我が国の観音巡礼の原点であり、多くの巡礼者で賑わっていた。鎌倉期には坂東巡礼が相模を拠点として関八州に広がる大規模な巡礼として成立した。それに対して、秩父霊場は武州の西一角の狭隘な場所に位置し、全行程約九十キロ（二十三里）と短い。従って、秩父霊場は西国、坂東霊場に比較すると小規模で、単なる一地方霊場の地位の域を出なかった。地方霊場の性格を脱却する方策として西国、坂東霊場と肩を並べることを画策した。それを考案した知恵者は、秩父霊場の創設に関わったとされる修験僧、廻国僧たちであった。廻国僧たちは他国の事情を熟知し、秩父霊場の地位向上に一策を講じたものと思われる。そこで、秩父霊場が西国、坂東霊場と肩を並べるために、これらを併せて「百観音霊場」にすることであった。信仰に篤い人々は西国巡礼に限らず各地の霊験あらたかな寺院に参詣していた。東国の人々は伊勢参宮、熊野に参詣した後に西国巡礼に出かけている。天文六年（一五三七）頃の作と推定される『東勝寺鼠物語』[29]には、那智から西国巡礼を始め、「谷汲にて札を納め、又四国遍路、坂東巡礼などして諸国を修行仕ける」とあり、西国巡礼以外にも各地の霊場を修行として巡拝していたことが書かれている。各地の霊場を修行として廻る慣習には、古来、多度多拝による功徳を積む思想があったことが挙げられる。『今昔物語集』には、年若く貧しい侍の百観音詣の様子を、「此ノ男毎月ノ十八日ニ持斎シテ、殊ニ観音ニ仕ケリ。亦、其ノ日、百ノ寺ニ詣デヽ仏ヲ礼シ奉ケリ」[30]と述べている。「百」という数字は多度を表わすもので、功徳を積む目安であったが、他方では「百」の数字は心理的にも満足感を与える効果をもっていた。

ところが、観音巡礼は三十三ヵ所から成り立ち、西国、坂東、秩父の三霊場を併せても九十九ヵ所にすぎない。そこで観音霊場を「百」にするために機知に富んだ修行僧たちが、秩父霊場の地方性脱却の積極的工作として、秩父霊場に一ヵ所を増やして三十四ヵ所に改変したのではないかと考えられる。[31]

秩父霊場が三十四ヵ所になったもう一つの理由は、秩父札所内部の事情があったと考えられる。河野善太郎氏はその事情を次のように述べている。[32]『長享番付』では現在の第二番札所・真福寺（大棚観音）が撰から洩れていたが、大棚観音は当時、地元住民から篤く信仰され、帰依者も多かった。しかしながら、大棚沢の奥の鬼丸窟に祀られ、鬼丸観音とも呼ばれていた大棚観音は、山地出水による岩石の崩落、埋没で下流の小堂に祀られていた。そのために『長享番付』では撰に洩れた。ところが、多くの人々から信仰と帰依を受けていた大棚観音は、三十三ヵ所札所への編入を強く望んだと考えられる。大棚観音を新たに三十三ヵ所に入れると、既存の札所のうち一ヵ所ははみ出すことになる。しかし、既存の札所はどの札所も三十三ヵ所から離脱することは快く思わず、大棚観音が三十三ヵ所に入ることに反対があったと思われる。このような札所内部の紛議を解決する策として、既存の三十三ヵ所に大棚観音を加え、変則的な三十四ヵ所にしたと捉えられる。

以上のような二つの理由で秩父霊場は三十四ヵ所になったと考えられる。しかもその時期は既述のように大永年間から天文年間頃が転換期とみられる。

札所番号と順路の変更

秩父札所が三十三ヵ所から三十四ヵ所に変更されたことにより、札所番号や順路に変更が生じることになる。その状況を知るには後世の資料によらないと判明しにくい。秩父札所が三十四ヵ所制になり、現行のような番号に変更した事情は河野善太郎氏の詳細な研究があり、十八世紀初期以前に三十四ヵ所になり、それに伴って順番を変更したと推測される。

河野善太郎氏は、十八世紀初期に編述されたと考えられる『秩父回覧記』[33]を手懸かりにその事情を述べている。[34]『秩父回覧記』の記述には、既に散逸して確認が困難な『熊野権現未来記』を引用した部分が多く出てくるが、この時点では三十四ヵ所になり、その順番は第十五番札所・蔵福寺を除くと現行の通りになっている。しかしながら、『秩父回覧記』の記述には、「昔ハ、……番也。今ハ……番也」などと記され、番号変更があったことを示す札所が十五ヵ所ある。例えば、第五番五ヶ堂は「昔ハ二十六番也」とか、第十三番ハケノ下は「昔ハ四番今ハ十三番の寺号慈眼寺」、第十八番神門は「今十八番目ノ神戸ノ観音仰奉ル権現未来記ニ云二十二番神戸正観音」

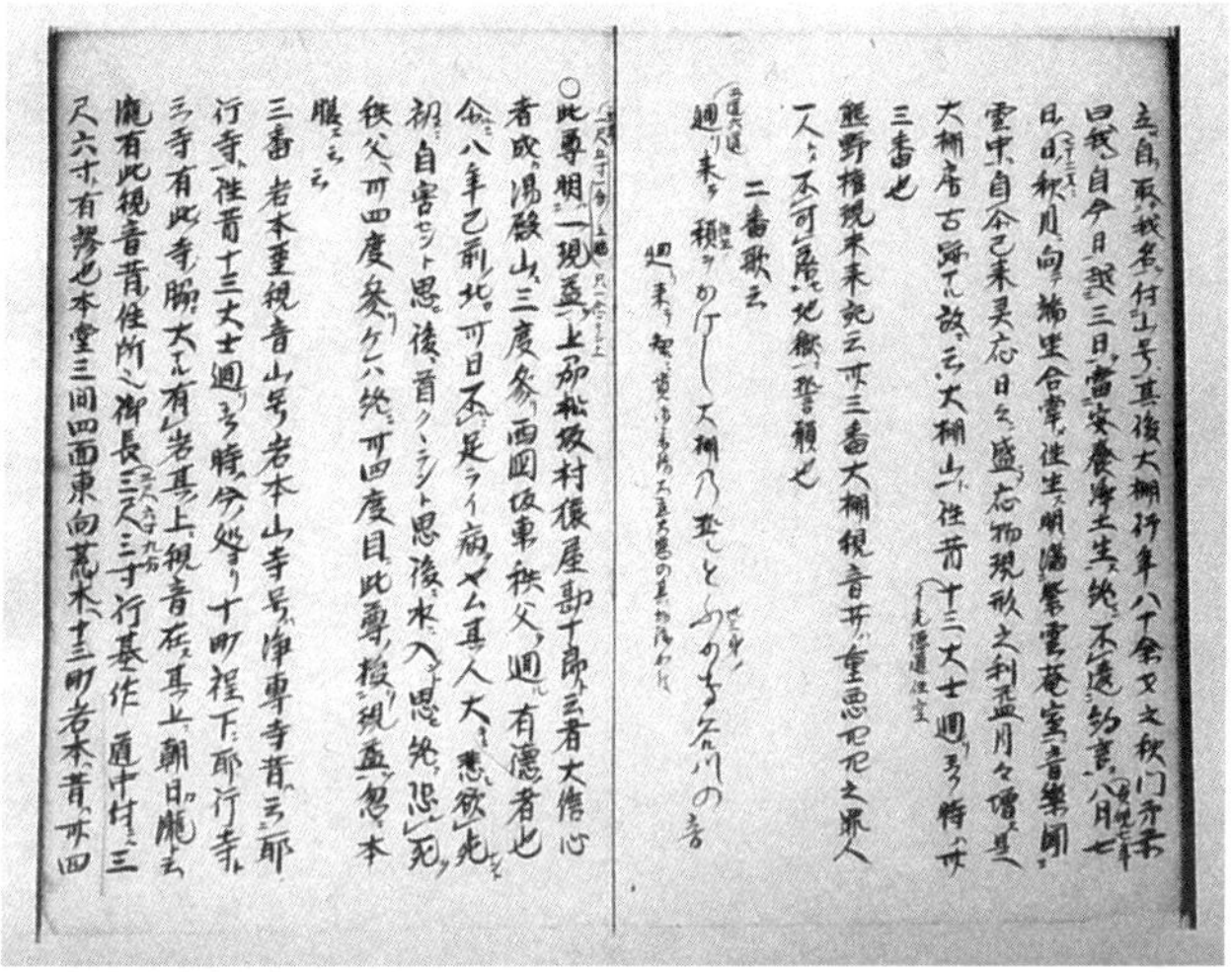

図1-17　『秩父回覧記』の番号変更の一節（国立公文書館蔵）

などと記されている。「今……番」とだけ記された札所は二ヵ所（第二十番岩ノ上と第三十四番水込）、そして『熊野権現未来記』を引用したにもかかわらず、新旧の番号に触れていない札所が三ヵ所（第一番四万部、第十五番蔵福寺、第十九番龍石寺）、更に『熊野権現未来記』の引用及び番号変更の記載されていない札所が十四ヵ所となっている。

『秩父回覧記』で「今ハ」というのは著述した当時を指し、「昔ハ」はそれ以前を意味しているのは疑いない。「昔ハ……番也」と述べる札所の番号の多くは『長享番付』と一致しているが、その中にあって二、三の札所については、「昔ハ」と述べながらも『長享番付』とは異なった番号になっている。従って、「昔ハ」とは必ずしも『長享番付』当時を指しているものとは解せない。そこで『長享番付』と『秩父回覧記』との間に、『熊野権現未来記』に準じた札所番号が存在していたのではないかと考えられる。これを河野氏は『熊野権現未来記』型と呼んでいる。(35) その問題の札所の事項を

図1-18　十返舎一九の『金草鞋』（関西大学図書館蔵）に見られる三ルートの記述

『秩父回覧記』から摘記すると次のようになる。

二番大棚　「往昔十三大士廻リ玉フ時ハ卅三番也。熊野権現未来記云、卅三番大棚観音菩薩ハ……」

三番岩本　「岩本ハ昔ハ卅四四（番の誤記か）也。熊野権現未来記云、三十四番之内岩本寺聖観音……」

四番荒木　「昔十三大士廻リ玉フ時廿三番也……熊野権現未来記云、十三（二十三の誤りか）番荒木寺十一面観音ハ……」

十四番今宮　「昔ト今ハ転々トシテ番付チカイ、今十四番ニナリ玉フ」

このような記述から、『秩父回覧記』が引用する『熊野権現未来記』では既に三十四カ所になり、『長享番付』では撰に洩れていた大棚観音が札所三十三番に入り、岩本観音は二十三番から三十四番に、荒木観音が二十五番から二十三番に変更されたことになる。ところが、『長享番付』では二十三番であった「水込」を『秩父回覧記』では「今ハ卅四番ノ本尊ト仰キ奉ル」とあるのみで、番号変更については記載されていない。そこで「水込」は空白になった二十五番に変更されたのではないかと推測される。

江戸時代の官撰地誌『新編武蔵風土記稿』にも第三番岩本観音の項で、「この観音三十四番目の札所なりしが、いつ頃か三番となれり[36]」と記され、番号の変更があったことを述べ、しかも『長享番付』の二十三番とも異なっている。その結果、『熊野権現未来記』を手懸かりにすると、大棚観音が新たに札所に入ったことによって三十三ヵ所から三十四ヵ所になった、それに伴って札所の番号を『長享番付』に準じながら、一部の札所の変更で小規模な改変に留めたとみられる（表1－3参照）。

しかしながら、札所の番号はその後、大幅に変更されるようになる。その理由は江戸時代の中期以降に秩父以外の江戸市民の巡礼が多くなるにつれて、江戸市民向けに便宜を図ったことによる。『長享番付』では、地元秩父・大宮郷の人々が巡礼をしやすいように順路が作られ、秩父市中の定林寺を一番とし、最後は最も北の「水込」で終わっている。しかし、江戸中期になると、江戸市民の巡礼が増え始めた。江戸からの経路について、明和六年（一七六九）の『秩父順礼記』には、「江戸より其道三すじ有り、川越通り、四谷通り、戸田通り[37]」と書かれている。また、文化年間に書かれた、十返舎一九の『金草鞋』の「秩父順礼」には、「秩父順礼の道、江戸よりゆく

図1－19　川越ルートの道標（熊谷市石原地区）

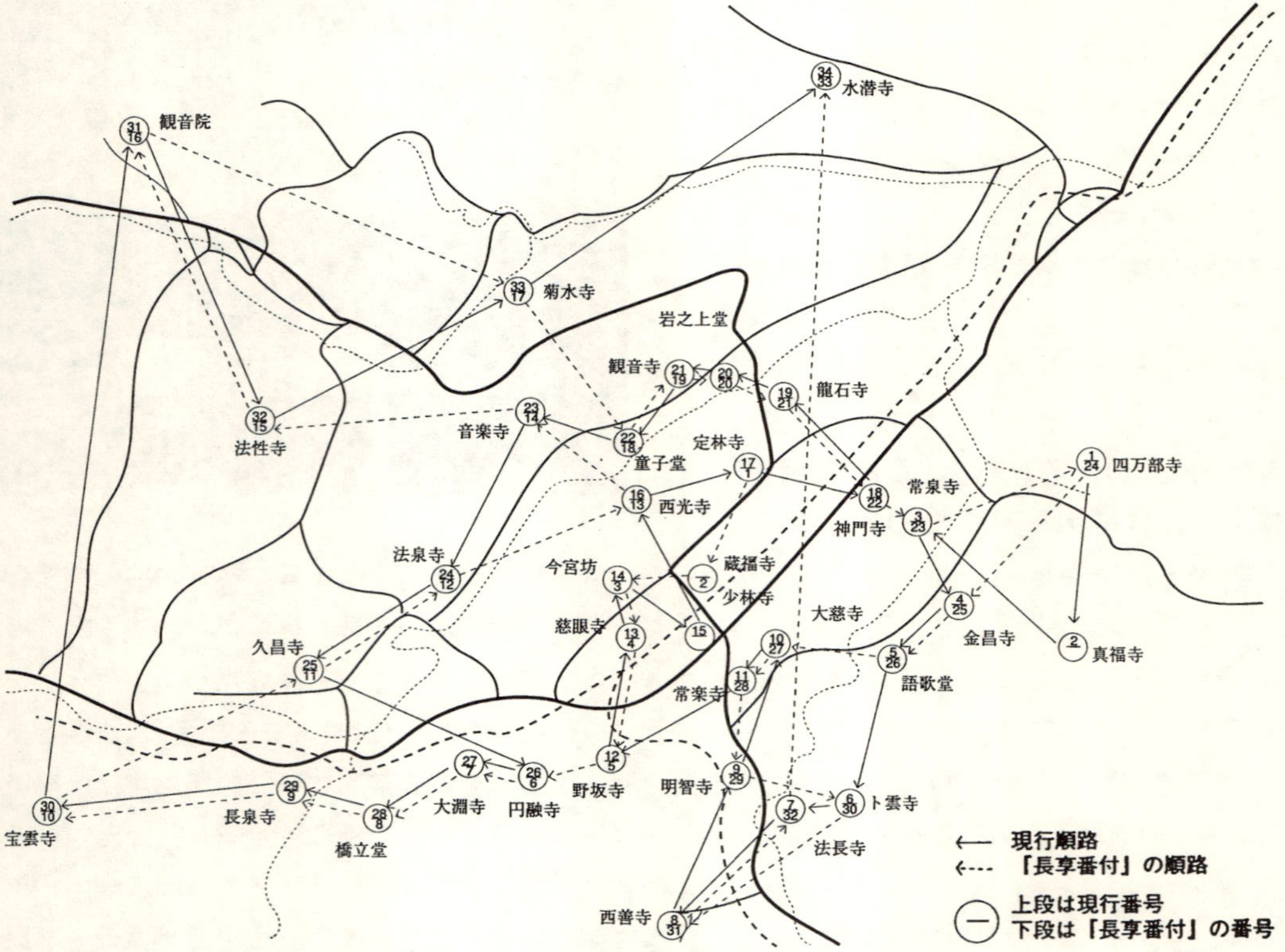

図Ⅰ－20　秩父巡礼の順路（現在と室町時代の比較）

表I-3 秩父札所の番号・順路の変遷

『長享番付』（一四八八年）	『熊野権現未来期』型（『秩父回覧記』による）	『秩父三十四観音霊験円通伝』（一七七六年）	現在の番号
1番 定林寺	定林寺	1番 四万部（妙音寺）	1番 四万部寺
2番 蔵福寺	増福寺	2番 ヲヽダナ（真福寺）	2番 真福寺
3番 今 宮	今 宮	3番 イワモト（常泉寺）	3番 常泉寺
4番 壇之下	ハケノ下	4番 荒 木（金昌寺）	4番 金昌寺
5番 野坂堂	野坂寺	5番 ゴカノ堂（語歌寺）	5番 語歌堂 長興寺
6番 岩井堂	下影森	6番 荻ノ堂（卜雲寺）	6番 卜雲寺
7番 大圓菴	上影森	7番 牛 伏（法長寺）	7番 法長寺
8番 橋立寺	橋 立	8番 西善寺	8番 西善寺
9番 篠 戸	笹野戸	9番 明智寺	9番 明智寺
10番 深谷寺	深谷	10番 大慈寺	10番 大慈寺
11番 岩屋堂	久名岩屋堂	11番 坂 氷（常楽寺）	11番 常楽寺
12番 白山別所	白 山	12番 ノサカデラ（野坂寺）	12番 野坂寺
13番 西光寺	西向寺	13番 ハケノシタ（慈眼寺）	13番 慈眼寺
14番 小鹿坂	尾鹿坂	14番 今宮坊	14番 今宮坊
15番 般若岩殿	石舟山	15番 蔵福寺	15番 少林寺
16番 鷲岩殿	鷲岩屋	16番 西光寺	16番 西光寺
17番 小坂下	ゴサカケ	17番 ハヤシ寺（定林寺）	17番 定林寺
18番 童部堂	童 堂	18番 神門寺	18番 神門寺
19番 谷之堂	矢 堂	19番 龍石寺	19番 龍石寺
20番 岩 上	岩ノ上	20番 岩ノ上	20番 岩之上堂
21番 龍石寺	龍石寺	21番 矢ノ堂	21番 観音寺
22番 神 門	神 戸	22番 栄福寺	22番 栄福寺
23番 岩 本	23番 荒 木※	23番 ヲガサカ（音楽寺）	23番 音楽寺
24番 四万部	四万部	24番 シラヤマ（法泉寺）	24番 法泉寺
25番 荒 木	? 水 込	25番 久 那（久昌寺）	25番 久昌寺

番				
26番	五閣堂	五ケ堂	下カゲモリ（円融寺）	円融寺
27番	大慈寺	大慈寺	上カゲモリ（大淵寺）	大淵寺
28番	坂郡	坂ノ郡	ハシダテ（橋立寺）	橋立寺
29番	明地	明知寺	笹ノ戸（長泉院）	長泉院
30番	荻堂	荻ノ堂	フカタニ（法雲寺）	法雲寺
31番	西禅寺	西善寺	ワシノイハヤ（観音院）	観音院
32番	牛伏	牛臥堂	ハンニヤ（法性寺）	法性寺
33番	水込	大棚※	小坂下（菊水寺）	菊水寺
34番		岩本※	ミヅクヾリ（水潜寺）	水潜寺

『熊野権現未来記』型での変更は※印の三カ所と、25番の水込を加え四カ所である。江戸時代に入ると札所はそれまでの地域の堂宇から別当寺院に合併されていくので、別当寺院名を名乗るところが増える。別当寺院名は（ ）として記載した。『長享番付』の二番蔵福寺は明治維新に廃寺になり、それに代わって少林寺が札所になる。

に三筋あり、川越通、戸田通、あれの《マヽ》通也。おほくハ川越通をゆくゆへ(38)」と述べ、十返舎一九は川越通りで秩父に向かったことが綴られている。川越通りは今の東武鉄道東上線沿いにあたり、戸田通りは熊谷通りとも呼ばれ、今のJR高崎線経由の秩父鉄道沿いにあたる。両通りとも交通量が多く、互いに秩父の栃谷村で落ち合うことから、江戸市民は峠の多い吾野通りよりも川越通り、戸田通りで秩父に入るようになった。それに合わせて栃谷村の四万部寺（妙音寺）を一番とし、隣接する山田村、横瀬村を廻り秩父に入り、最後は下日野沢の水潜寺で結願して帰路につく順路に改変したものとみられる。この順路はこれまでの大宮郷住民を中心としたものから、江戸市民本位の順路になり、大幅な順路変更であった。江戸市民にとっては秩父までは関所もなく、片道一泊二日の行程に巡拝日数二泊三日を加えても七日間で済ませられ、手軽な旅であった。本尊開帳の時には五万人以上の人々で賑うほど人気が高かった。

順路変更には今一つの理由があったという説もある(39)。それは秩父巡礼と坂東巡礼との関係である。坂東巡礼で武州の比企郡の第九番札所・慈光寺まで進みそこから都幾川沿いに遡行して二、三時間で秩父に出られる。そこで、坂東巡礼の途中で秩父巡礼を行なうことも少なくなかった。坂東霊場の慈光寺から最も近い秩父札所は四万部寺であり、そこから秩父巡礼を行ない、水潜寺で終えて、再び坂東の第十番札所・正法寺に戻るのが近道であった。しかし、坂東巡礼との関係を述べる説は後に便乗したものとも考えられ、やはり江戸市民向けの便宜性が変更の大きな要因とみられる。その順路変更が定着して現在まで続いている。

秩父霊場は立地条件で地方性の宿命をもっていたことから、その脱却に積極的であった。その結果、「百観音」にするために三十三ヵ所を三十四ヵ所に増やしたり、順路を江戸市民向けに大幅に改変したことである。これによって秩父巡礼は西国、坂東巡礼と肩を並べることができ、江戸時代には大いに繁栄した。しかしながら、明治期に入ると政府の神仏判然令や修験道の解散令により、檀家が少なく、祈願寺を多く含む秩父札所の寺院は経済的に大きな打撃を受けた。その代表は第十五番札所・蔵福寺である。江戸時代までは秩父神社の境内にあった蔵福寺は神仏判然令で境内を追われ廃寺になり、本尊は小鹿野町の十輪寺に譲渡された[40]。蔵福寺の廃寺を嘆く地元住民や巡礼者の要望で大正六年に秩父・柳島にあった五葉山・少林寺が現在の地に移り第十五番札所になった[41]。それ以外にも修験系札所で荒廃が起こり、札所は急速に衰退していった。

三　四国遍路の起り

西国、坂東、秩父巡礼は観音菩薩像を祀る寺院を巡拝する本尊巡礼である。それに対して、四国遍路は弘法大師に有縁な寺院、聖地を巡拝する祖師巡礼である。弘法大師は我が国の真言密教の開祖であり、真言教学を確立するとともに、民衆の救済事業にも多大な功績を残した高僧であった。その大師に対する信仰が大師信仰として広く伝えられている。弘法大師は宝亀五年（七七四）に四国の善通寺に生まれ、その後深山幽谷で厳しい修行を重ね、やがて唐に渡り密教の教学と修法を学び、帰国後に我が国の真言密教を開宗し、それを布教し、庶民の救済を行なった。四国には大師との結びつきの深い寺院や霊場が多くある。大師との有縁な寺院、聖蹟を巡歴するのが四国遍路である。その四国遍路はいつ頃から行なわれ始めたのか、その成立状況をみていくことにする。

遍路の起り

四国遍路がいつ頃、誰によって開創されたのか、その起源を辿る時、信仰面や伝説、史実などに基づく幾つかの説が挙げられる。その中には弘法大師が開創されたとする説すらも流布する。真念の『四国邊路道指南《みちしるべ》』では、「阿州霊山寺より札はじめハ大師御巡行の次第なり」とある。それは八十八ヵ所の札所に大師と有縁な霊場寺院が多く含まれていることや、大師の偉大さを誇張視することによる誤解でもある。そこで、四国遍路の起源に関する二、三の説を取り上げてみる。

(一) 真済説と真如親王説

四国遍路を開創したとされる人物として、まず弘法大師の弟子で高雄山の真済が始めたとする説がある。宥弁真念と雲石堂寂本が著した『四国徧礼功徳記』(一六九〇)の「賛録」には次のように述べられている。(1)

遍礼《へんろ》所を八十八ヶとさだめぬる事、いつれの時、たれの人といふ事さだかならず、一説に大師の御弟子高雄山にましませる、柿本の紀僧正真済《しんぜい》といひし人、大師御入定の後、大師をしたひ、御遺跡《ゆいせき》を遍礼せしよりはじまり、世の人、相ひ遂て遍礼する事となれりといへり。

これによると、遍路を始めた人ははっきりとは判明しないが、「一説」にはと断りながら真済が大師の遺跡を巡礼したと述べている。しかしながら、真済伝によれば、弘仁十一年に弘法大師に供して関東に下ったことは明

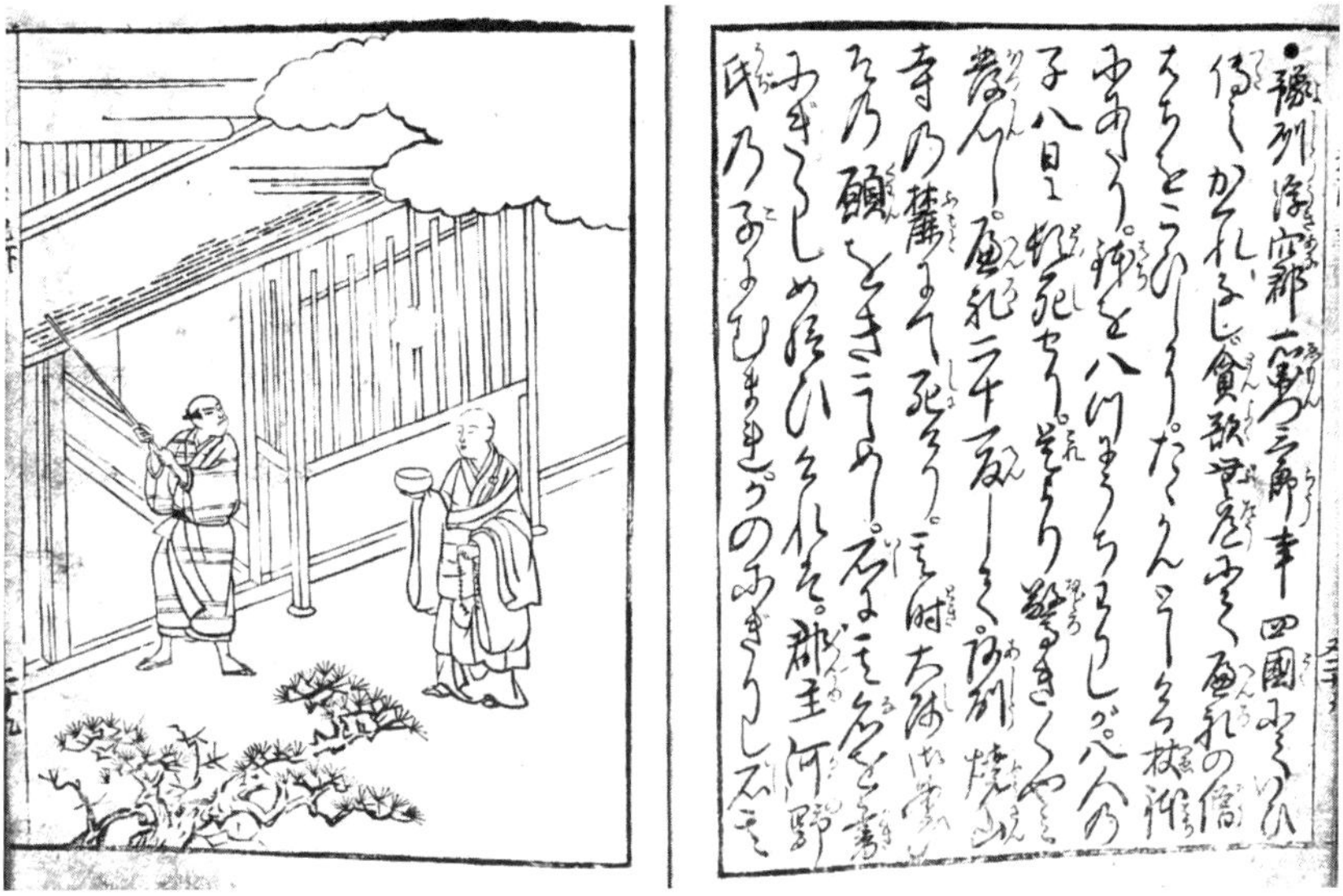

図１－21 『右衛門三郎功徳譚』（『四国徧礼功徳記』より）

らかであるが、四国に渡ったという史実は見あたらない。(2) 従って、それは単なる言い伝えに過ぎない。

また、真如親王が諸国を巡歴したいと願い、貞観三年（八六一）に勅許を得て南海道に下がったのが、遍路の始まりであるという説もある。真如親王は嵯峨天皇の第三皇子であったが、薬子の乱（弘仁元年・八一〇年）に巻き込まれ、皇太子を廃され、その後仏門に帰依した。真如親王は貞観三年に四国に巡錫され、第七十五番札所・善通寺に写経を納めたことや、第四十番札所・観自在寺には親王が建立した五輪の宝塔などの足跡を残したといわれている。(3) しかし、南海道とは四国を指すのかは疑問視する見方もあり、インドへの巡錫ではなかったかという見解もある。(4) 真如親王が大師の遺跡を巡拝したとしても、断片的なものであったと考えられ、それが四国遍路の起源とするには資料が少ないので無理がある。

（二）右衛門三郎伝説

信仰や伝説で伝えられる遍路の開創説として有名なのが右衛門三郎譚である。(5) 伊予の国浮穴郡荏原郷の豪族であったという河野右衛門三郎は、河野一族の田畑を管理し、小作人から年貢をとりたてる任にあった。しかし、右衛門三郎の性格は貪欲無道で神仏に背を向け、世間からは嫌われていた。ある時、修行僧が托鉢を乞うたが、右衛門三郎は持っていた鍬を振りかざしてその僧を追い返そうとしたが、僧はそれを鉄鉢で受けとめた。僧の鉄鉢は八つに割れ落ちた。ところが、その後右衛門三郎の子供八人が八日のうちに次々に死亡したことから、右衛門三郎は世を嘆き悲しむ日々を送っていた。ある時夢枕に立った弘法大師の教えに従い、心を悔い改め、発心して四国遍路に出て、子供の菩提を弔い二十一回巡拝したといわれる。その最期は大師に出会い、悔い改めを述べて息を引きとった。その場所は第十二番札所・焼山寺山麓で「杖杉庵」として残されている。また、右衛門三郎に関しては、第五十一番札所・石手寺にまつわる話も有名である。伊予の領主河野息利《おきとし》に生まれた子の左の手が固く握ったまま開かなかった。困りあぐねて安養寺の住職に祈禱をしてもらったら、手が開き、小石をもっていた。その石には「右衛門三郎」と刻まれ、その子が右衛門三郎の生まれかわりとされた。その後安養寺は「石手寺」と改名された。これらのことから四国遍路が起こったとする説である。

しかしながら、この話はそれ以前の説話の祖型に基づく伝説の域を出ないものである。このように幾つかの開創説が挙げられるが、これらの説は信仰的な側面の強調であり、史実的な確証に基づく説とは言えない。

(三) 史実による開創説

それに対して、史実的に四国遍路の開創を捉えるならば、遍路の萌芽、先駆けとみられるものとして、僧侶が修行として巡歴した原型があったと考えられる。例えば、『今昔物語集』[(6)]には、

今昔、仏ノ道ヲ行ケル僧三人伴ナヒテ、四国ノ邊地ト云ハ伊予・讃岐・阿波・土佐ノ海邊ノ廻也。其ノ僧共其ヲ廻ケルニ、思ヒ不懸ズ山ニ踏入ニケリ。深キ山ニ迷ニケレバ、浜邊ニ出ム事ヲ願ヒケリ。

と述べられ、僧侶の一行が伊予、讃岐、阿波、土佐の海辺の「邊地」を廻ったことが書かれている。『梁塵秘抄』[(7)]

にも、

われらが修行せし様は　忍辱袈裟をば肩に掛け　また笈を負ひ　衣はいつとなくしほたれて　四国の辺地をぞ常に踏む

と書かれ、僧侶が修行として「四国の辺地」を廻っていたことが述べられている。

『今昔物語集』は一〇三〇年代か一〇四〇年代の成立であり、『梁塵秘抄』は治承三年（一一七九）に成立していることから、既に平安時代末期には僧侶による修行として「辺地」を廻る聖地巡礼が行なわれていたことが窺い知れる。これらにみられる「辺地」とは、辺境地とか片田舎と解釈することができるが、それに加えて四国の場合は、『今昔物語集』に「海邊ノ廻也……思ヒ不懸ズ山ニ踏入ニケリ」とか、『梁塵秘抄』では、「しほたれて（潮たれて）」とあることから、海沿いを廻る道＝浦路という意味が含まれているようである。(8) また、鎌倉初期に俊乗坊重源が四国を修行していたことが『南無阿弥陀仏作善集』に書かれている。そこには「生年十七歳之時、修行《ス》四国邊《ノフチヲ》」(9)と述べられ、「邊」をフチと振り仮名付けしている。四国は海に囲まれ、遍路の大半は山岳と海の辺境を廻る行程であったことから、このように呼ばれたのであろう。

この頃には「辺地」以外にも「邊土」が同じ意味で用いられていた。世阿弥元清の謡曲『蟬丸』には「邊土遠境《へんどゑんきょう》」「邊土閭人《へんどりよじん》」などと出てくる。(10) また、遍路墓にも「女邊土供〇〇」と書かれていることが報告されている。それは昭和十五年十月に高橋始氏が第六十五番札所・三角寺の山麓で発見したもので、その裏には「文明二年五月〇日」と記されている。(11)

その後、鎌倉時代から室町時代になると、「邊路」という文字が見出されるようになる。(12)『醍醐寺文書』には弘安三年（一二八〇）頃と思われる文書に次のように書かれている。

一　不住院主坊事者、修験之習、以両山斗藪瀧（籠）山千日坐厳屈（窟）冬籠、四国邊路三十三所諸国巡礼

遂其藝、円遍門弟不可為山臥之由不存知
云々、（傍点は引用者が付す）

これは修験の習いとして種々の修行に四国遍路や西国巡礼が行なわれていたことを述べたものである。それまでは四国の場所を示す「辺地」とされていたものが、ここでは四国を「邊路」を「行なう」という行為の意味で用いられている。[13]『勝尾寺文書』にも、天正年間（一五七三―九二）の事項には、[14]

図Ⅰ-22※　国分寺の落書き

……仍而此両人為辺路罷儀候、一宿等之儀被仰付候て給候者、可為祝着候、我々辺路望儀候へ共……（傍点は引用者が付す）

と、二ヵ所に「辺路」と書かれている。それ以外にも、札所に残る落書きをみると「邊路」と書かれているものが多くなる。例えば、第八十番札所の讃岐国分寺の本堂に残る永正十年（一五一三）の落書きや、第四十九番札所・浄土寺の本堂厨子に残る大永年間（大永五年、同七年、同八年、一五二五―二八）の落書き、更に土佐一の宮の壁板の落書き（元亀二年、一五七一）には「四国邊路」とか「四国中邊路」などと書かれている。[15]平安時代には「辺地」という字が当てられていたが、室町時代には「邊路」の字が使われ始める。そして現在使われている「遍路」に変わる史実的資料として、鹿児島県川内市中村町戸田観音堂の像の墨書の文字は『醍醐寺文書』に次いで古い[16]。戸田観音堂の観音像の裏壁板の墨書に応永十三年（一四〇六）の日付で、「奉納／大乗／妙典／六十六部／日本／四国／遍路／錫伏／□佛／修業／□□[17]」と書かれている。天文六年（一五三七）の作とされる『東勝寺鼠物語』にも、「谷汲にて札を納め、又四国遍路、坂東順礼なんとして[18]」と記されている。しかしながら、既述の古文書や落書きでは未だ「邊（辺）路」が使われていることから、それが普及するのは江戸時代の寛永、慶安の頃（一六二四―一六五二年）ではないかとみられている[19]。その有力な確証として愛媛県温泉郡和気町の第五十三番札所・円明寺に残されている慶安三年（一六五〇）の銅板の納札には、「慶安三年　京極口／梵字　奉納四国仲遍路同行二人／平人家次[20]」と書かれていることが挙げられる。

以上のように、平安時代末期から室町時代にかけて僧侶、廻国僧たちが四国の霊場を巡拝する「邊（辺）路」が行なわれていた。しかしながら、霊場の所在地やその数、及び順路などはこれまでの資料からでは不明なことが多い。これらの点を次に順次検討してみる。

八十八カ所の成立

四国遍路が八十八ヵ所になったのはいつ頃であろうか。八十八ヵ所の霊場が現在の札所と一致するか否かは不明であるが、八十八ヵ所になったのは室町時代後期ではないかとする痕跡が窺われる。その有力な史料は、高知県土佐郡本川村越裏門《えんりもん》の地主地蔵堂に文明三年（一四七一）三月に寄進された鰐口の銘文が手懸かりとされる。その鰐口は面径一三・三センチで表裏に毛彫りで次のよ

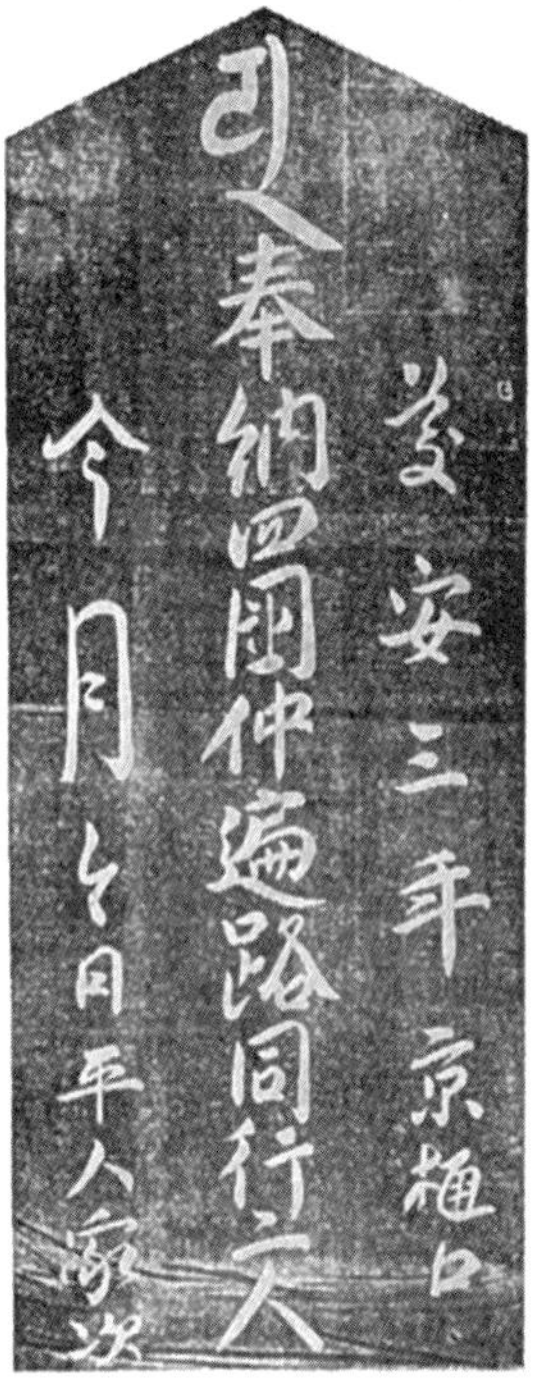

図１－23※　慶安三年の銅板の納札（円明寺）

図１－24　越裏門地蔵堂の鰐口（右：表　左：裏）〔本川村教育委員会保存〕

うに刻まれている。[21]

表面　大日本国土州タカヲコリノホム河、懸ワニロ福蔵寺エルモ
ノ大旦那、福嶋季クマ、タカ壽、妙政

裏面　大旦那村所八十八ヶ所文明三尺右志願者昝□三月一日

この銘文の内容は、土佐の高岡郡の越裏門の大旦那の福嶋季クマ、タカ壽、妙政が当時福蔵寺と呼ばれていたと思われる地主地蔵堂に寄進したことを述べている。ここで注目されるのは裏面に書かれた「村所八十八ヶ所」である。これは一村内に設けられた八十八カ所であり、本来の四国八十八カ所ではない。しかし、銘文に「八十八ヶ所」と書かれていることは、それ以前に四国八十八カ所が成立していたと考えることができる。その結果、文明以前に四国八十八カ所の成立を裏付けるものとみられている。

この鰐口が発見されたのは大正時代で武市佐市郎編著『土佐考古志』（一九一九年）に初出され、それ以後『高知県史要』（一九二四年）や木崎愛吉『大日本金石史（三）』（一九七二年）、『本川村史』（一九七九年）などに掲載された。刻印が明確でなく判読が難しかった。しかも、『本川村史』では、この鰐口は戦争中に軍需品を作るべく供出したとかで今は存在しない[22]、と述べている。現物の存在が確認できないことから、この鰐口の銘文をめぐっては疑問視する見方もあった。しかしながら、昭和六十一年の高知県教育委員会の文化財調査で地蔵堂の奥から鰐口が再発見され、既述のように銘文が確認された。その銘文は『土佐考古志』や『高知県史要』とは若干違いはあるが、内容においては問題はない。

ところで、この鰐口の銘文をめぐっては二つの見解がある。その一つは、この銘文に「八十八ヶ所」と書かれていることから、当時既に四国霊場は八十八カ所になっていた、と捉える見解である。但し、この銘文に書かれている「村所《むらどころ》」は、一村内に設置されたもので、本来の四国霊場ではない。しかし、村所八十八カ所ができているならば、それ以前に四国霊場は既に八十八カ所になっていたと捉えることができる[23]。この見解が四国霊場の原型を解き明かす糸口として注目されてきた。ところが、この見解に多少の疑問も残っていた。例えば、「村所八十八ヶ所」を「札所八十八ヶ所」と読むべきで、読み誤りではないかとか[24]、「文明」の年号は「天明」ではないのかなどの説である[25]。しかし、鰐口の再発見で「村所」は事実と確認された。年号も改めて「文明」であると認められている。年号の「文明」は、既述の三角寺の山麓で発見された遍路墓の年代も「文明二年」であった。従って、文明の頃には八十八カ所の原型ができあがっていたと考えられる。

今一つの見解は否定的な見解である。その理由は、鰐口の文明年代と江戸時代の資料との年代的な隔たりが大きい点である。四国遍路の実態が詳しくわかるのは江戸時代に入り、巡拝した僧侶の著述による。それによって札所の所在地や順路、行程などを知ることができる。その最も古いのが承応二年（一六五三）に京都・智積院の悔焉房澄禅が書いた『四国遍路日記』である。しかしながら、室町時代末期の文明三年（一四七一）から承応二年までは約二百年近くあり、その間の史料が欠落していることや[26]、霊場が八十八カ所に確定するのは元禄の頃という説から[27]、村所八十八カ所とは、各地に移植された「新四国」「島四国」が成立する江戸時代に入ってからとする見解もあり[28]、この銘文を疑問視する見方もある。しかし、研究者の間では鰐口の年号を「文明」とする説が有力で、その見解に従うならば、室町時代末期には四国八十八カ所の原型はできていたと考えられるが、札所の構成や所在地、順路などは、史料が乏しいことからその詳細はわからない。その全体像が判明するのは、江戸時代に入ってからである。

以上のように四国遍路が誰によって開創されたかは伝説や信仰面からの諸説はあるが、史実的には断定するには至らない。また、創設年代についても平安時代から僧侶が修行として四国の辺地を巡歴するのはみられたが、八十八ヵ所の原型は室町時代から江戸時代にかけて成立したのではないかと考えられる。

江戸時代の四国霊場

さて、四国遍路が現行の姿に近い状況になったことを知る有力な手懸かりは、遍路の先駆者であった僧侶によって書かれた巡拝記である。江戸時代初期には幾つかの巡拝記が出版されたが、それを年代順にみてみると、まず寛永十五年（一六三八）に賢明が空性法親王に同行して書き記した『空性法親王四国霊場御巡行記』[29]が挙げられる。賢明は予州・管生山大宝寺の僧であったことから、第四十四番札所・大宝寺から巡拝を始め、第四十三番札所・明石寺で終わっている。その内容は紀行風で札所寺院に関する詳しい記述に乏しいので、資料としては難点がある。その後の巡拝記は内容的に注目される。承応二年（一六五三）、京都・智積院の悔焉房澄禅が書き残した『四国遍路日記』は紀行風ではあるが、札所の由来や伝記、そして当時の寺院伽藍や僧侶の在、不在及び活動状況、更に遍路行程などが詳しく綴られている。次に、貞享四年（一六八七）に、沙門宥弁真念によって書かれた『四国邊路道指南』は、四国八十八ヵ所霊場の案内書として画期的なものであった。『四国邊路道指南』には、八十八ヵ所の札所の本尊及び巡礼歌が書かれ、順路、行程に触れ、遍路宿などの宿泊施設まで記されている。これは現在の四国遍路のガイドブックの原型にあたるもので、その後も『四国偏礼道指南増補大成』として版を重ねた。その二年後の元禄二年（一六八九）には、高野山の学僧雲石堂寂本が『四国偏礼霊場記』（全七巻）を著わした。『四国偏礼霊場記』は寂本が真念と本樹軒洪卓の協力を得て、八十八ヵ所の札所に関する詳細な記述を

図Ⅰ－25　『四国徧礼道指南増補大成』の表紙

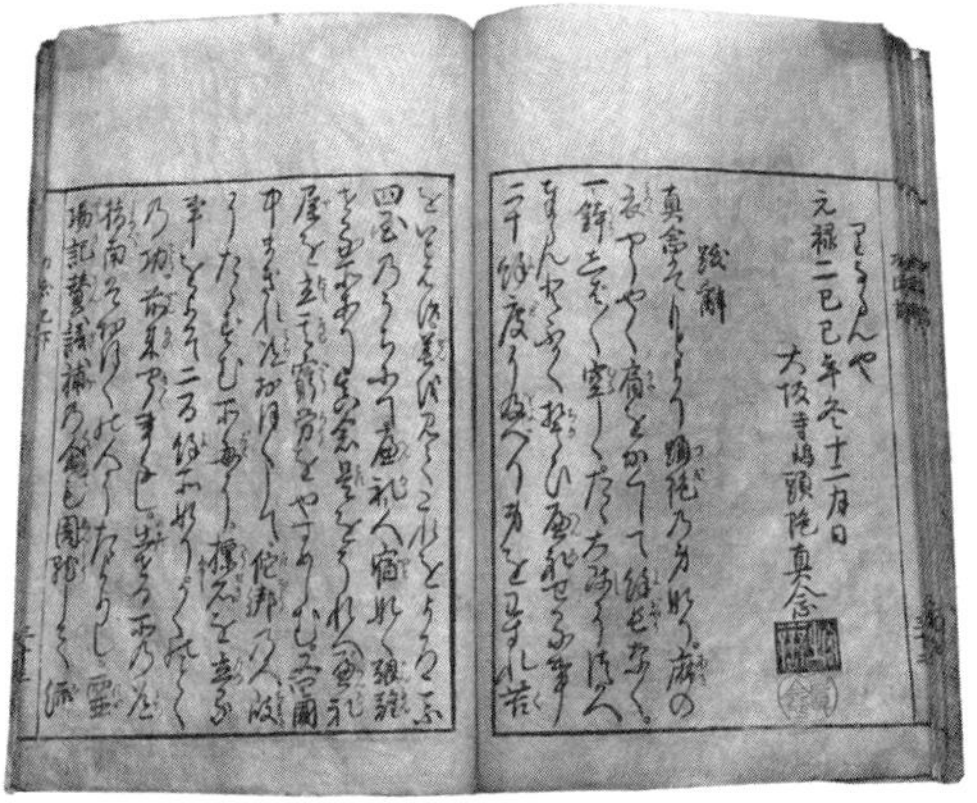

図Ⅰ－26　『四国徧礼功徳記』跋辞

行なったものである。翌元禄三年（一六九〇）には真念・寂本著『四国徧礼功徳記』が著わされるが、これは表題の示すように真念が蒐集した功徳譚に寂本が序文と、各々の功徳話に短評を加えたものである。それ以外にも巡拝記とは異にするが、四国・讃岐の名所古跡を述べた『玉藻集』も札所に触れている。延宝五年（一六七七）に小西可春によって著わされたこの本には次のように述べられている。(30)

四国中遍礼八十八ヶ所当国之分

医王山大窪寺遍照光院

此寺行基菩薩開き給ふと也。其後弘法大師興起して、密教弘通の道場となし給へり。（後略）

ここには讃岐の国の札所を大窪寺から始まり、長尾寺、志度寺と続き、途中順番は入り組んでいるが大興寺まで二十三カ所の記述がある。これらの出版物は、専ら僧侶、修験者などの難行苦行の修行とされてきた四国遍路がやがて庶民階層まで広まる案内書の役割を果たすことになった。

江戸初期の巡拝記を手懸かりに当時の四国遍路の状況を捉えてみる。澄禅の『四国遍路日記』によれば、澄禅は高野山に参詣した後、承応二年七月十八日に発ち、和歌山から船で阿波に渡り、持明院に到着している。その後のことを次のように述べている。(31)

依是持明院ゟ四国遍路ノ廻リ手形ヲ請取テ、廿五日ニ発足ス、大師ハ阿波ノ北分十里十ヶ所、霊山寺ヲ最初ニシテ、阿波・土佐・伊予・讃岐ト順ニ御修行也、夫ハ渭津ヨリ巡道悪キ迚、中古ゟ以来、阿波ノ北分十里十ヶ所ヲ残シテ、井土寺ゟ初テ観音寺・国分寺・常楽寺ト巡行シタルカ能ト、持明院ゟ伝受也。廿五日辰ノ刻ニ持明院ヲ立テ、西ニ行事一里ニシテ井土寺ニ到ル。

　これによると、澄禅自身は道が悪いということで阿波の北側を残し、井戸寺から巡拝を始めた。その後は土佐、伊予、讃岐と廻り大窪寺から再び阿波に戻り、廻り残した切幡寺、法輪寺、熊谷寺と逆に巡拝し、最後は霊山寺で終わっている。その期間は、「七月廿五日ゟ初テ、十月廿六日到テ、九十一日ニ巡行畢[32]」と記されている。更に全行程は、「阿波六十里半一町、土佐八十六里、伊予百廿里五町、讃岐三十七里九町、合テ二百九十五里四十町也。阿波十日　土佐廿日難所故也　伊予廿日難所少キ故ナリ　讃岐八日小国ナレトモ札所多故也[33]」と詳しく述べている。ただし、遍路日数は九十一日と述べているが、各国に要する日数の記述を合計すると五十八日となる。澄禅は降雨や渡渉困難のために各地で逗留したり、札所以外の金毘羅山などの神社にも立寄っているので実際は九十一日かかったが、標準日数は五十八日前後とみることができる。また、各藩の行程を合計すると、澄禅は「二百九十五里四十町也」と記しているが、正確に合計すれば三百三里三十三町となる。但し、江戸時代の四国各国の一里の計算は阿波が四十八町、土佐が五十町、伊予と讃岐が三十六町とまちまちであった。

　それに対して、真念は『四国邊路道指南』で「阿州霊山寺より札はじめハ、大師御巡行の次第なり、但十七番の井土寺より札はじめすれバ、勝手よし、委く徳島にて可被尋、讃陽丸亀城下へわたる時は、宇足津道成寺より札はじめよし[34]」と述べている。真念自身は一番霊山寺から順番に廻り、八十八番大窪寺で札打ちを終えている。その全行程は次のようになっている[35]。

四箇国総八十八箇
内二十三箇所　阿州　道法五十七里半三町　四十八町一里
内二十六箇所　土州　道法九十一里半　五十町一里
内二十六箇所　予州　道法百十九里半町　三十六町一里
内二十三箇所　讃岐　道法三十六里五町　三十六町一里
道灋都三百四里半余

このように記し、その事情を「大師御遍路の道法は四百八十八里といひつたふ。……今ハ劣根、僅に八十八ケ所の札所計巡拝し、往還の大道に手を拱御代なれハ、三百有余里の道となりぬ[36]」と述べ、百八十里も短縮されたことになっている。しかし、四百八十八里は単なる語呂合せとも思われる[37]。全行程は「三百四里半余」とされているが、各藩の一里の長さが不統一であるので、実際には異なる。しかしながら、澄禅の『四国遍路日記』では「合テ二百九十五里四十町也」とあるが、正確には三百三里余りであり、真念の「三百四里半余」と概算ではほぼ同じになっている。

次に、四国遍路の順路について検討してみる。寂本は『四国偏礼霊場記』[38]において巡拝の順序について、次のように述べている。

八十八番の次第、いづれの世、誰の人の定めあへ

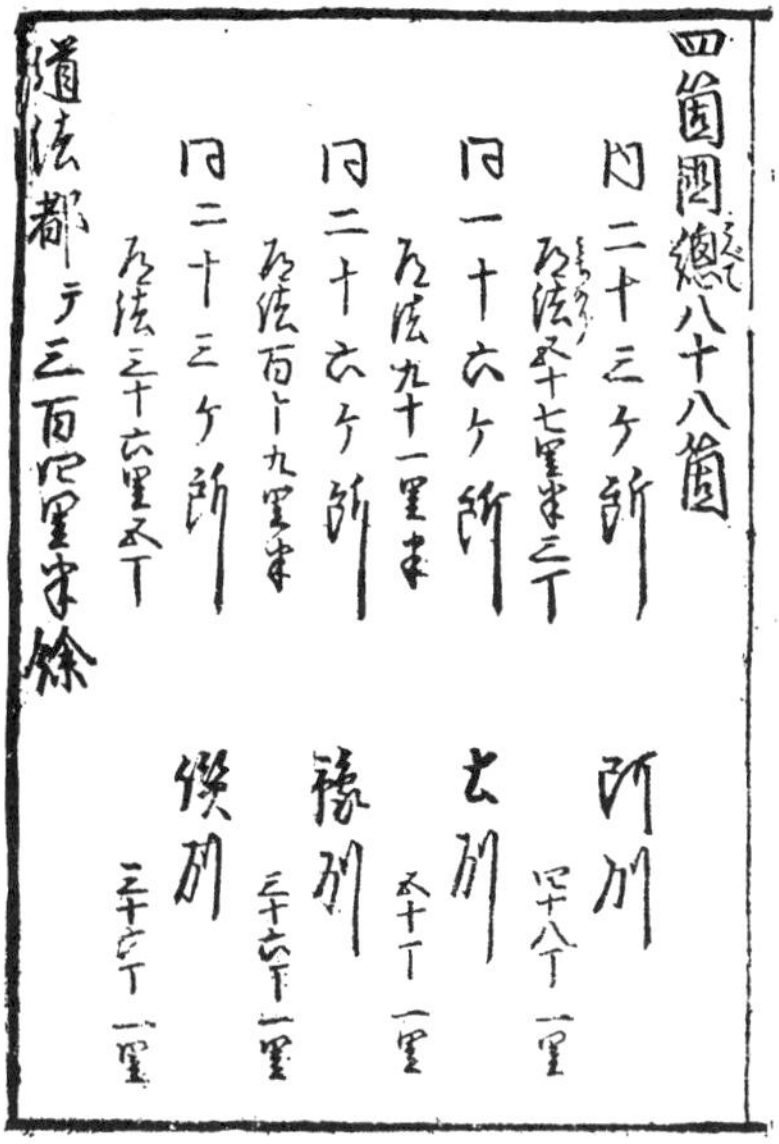

図Ｉ－27　『四国邊路道指南』に記された「行程」

る、さだかならず。今は其番次によらず。誕生院ハ大師出生の霊跡にして、遍礼の事も是より起れるかし。
故に今は此院を始めとす。

八十八ヵ所の順番は、いつの時代に誰が定めたかはわからないが、今は善通寺が大師の誕生院であるから、ここから始めると述べている。そして、札所の名前は巻一の「讃州 上」で善通寺から始まって、出釈迦寺、曼荼羅寺、甲山寺と続き、阿州、土州、予州と廻り、伊予の三角寺で打ち終えている。寂本は霊山寺の項で「此寺四国巡拝の寂初《さいしょ》といふ。或は道成寺・井土寺よりも始拝す。みな路次の勝手によれるならし(39)」と述べ、当時霊山寺が一番であることは知られていたが、人々は適宜に出発する寺院を変更していたことを指摘している。賢明は大宝寺から、寂本は善通寺から、そして澄禅は井戸寺から開始している。真念も「但十七番の井土寺より札はじめすれバ勝手よし」と述べるように、便宜性で出発地を変えていた。

以上のように巡拝記によって多少の違いはあるものの、四国遍路の具体的な様子が窺える。それを整理すると、四国遍路の一番は霊山寺ということは言い伝えで知られていたが、必ずしも一番から順番に廻るのではなく、四国に渡った場所に応じて適宜に巡拝を始めている。従って、井戸寺や道成寺（現行の第七十八番札所・郷照寺）から始めたり、大師の誕生院の善通寺から開始することもあった。その行程は二十回以上廻った真念によれば、各藩によって一里の長さの違いはあるが、「三百四里半」であった。

八十八の由来

次に、四国霊場は弘法大師に縁の深い寺院、霊場八十八ヵ所で構成されているが、何故に八十八の霊場であるのか、その数字について触れてみる。八十八の数字については、俗説として大師が四国を巡拝したのは厄年の四十二歳のときであり、それに女の厄年三十三歳と子供の厄年十三歳を併せて八十八にしたという説や、八十八は

「米」の字に通じ五穀豊穣を祈る数であるという説など諸説がある。しかし、『四国偏礼功徳記』では『倶舎論』を根拠に八十八を次のように説明している。[40]

四国中名所旧跡おほき中に、礼所八十八ヶとさだむる事、ある人のいはく、苦集滅道の四諦の中に、集諦に見思の惑といふあり、此煩悩、よく三界生死の苦果をまねき集む、此見惑といふに、八十八使あり、此数をとて、八十八ヶ所と定め、これを礼しめぐるうちに、かの見惑の煩悩を断滅するによれる数となん。

宮崎忍勝氏はこの説を評価しながらも、決定的とは言えず、それに加えて古代日本人が「八」を満数として聖なるものとみなし、それに十を重ねて嘉数として、更に八を加えたものではないか、[41]と述べている。近藤喜博氏は、八十八の数は紀州熊野辺地にみられる「九十九王子」に準じて採用されたもので、九十九に次ぐ限定数として用いられたものと推測している。[42]また、四国遍路絵図に書かれた文言から八十八は密教的意味を持っている、という指摘もある。江戸時代の宝暦以降に発行された絵図の中央には、高野山・前寺務弘範の文が載せられている。その内容から、四国を胎蔵曼荼羅に配し、十界ごとに存在する八葉で、八十を言い表わし、遍礼の功徳によって仏が八葉に現われる八を加えて八十八を導き出した、[43]という説である。しかしながら、「八十八」の意味に関する諸説はあるが、その根拠を明確に断定することは難しい。

順路の固定化

それでは、四国遍路の順路が現行のように霊山寺を第一番として、八十八カ所を順番に廻るようになったのはいつ頃からであろうか。これを確証付ける資料は乏しいが、江戸時代の正徳年間（一七一一―一六）以降に出版された霊場案内記では現行のような順番になっている。[44]それでは何故に阿波の霊山寺を一番札所として、最後は

図Ⅰ－28　新旧の遍路道標

大窪寺になったのか。西国巡礼や秩父巡礼でも札所の番号、順路は成立時とその後では変更されていた。それには巡礼者への便宜が大きく影響している。西国巡礼では東国の人が伊勢参宮や熊野詣を兼ねたことで、那智山・青岸渡寺が一番札所になり、帰路に適した谷汲を最後にした。秩父巡礼でも江戸市民が多く通った街道筋の四万部寺を一番札所と改変された。四国遍路においても巡拝する人々の便宜で順路が変更された可能性が高い。

阿波の鳴門を第一番札所としたのは、摂津や紀州から船で四国に渡るとき、地理と潮流の関係から阿波が近い(45)。江戸時代の遍路の出身地をみると、地元四国と山陽地方に加え、畿内や紀州からも多く渡っている。それに東国の人が西国巡礼と兼ねて四国遍路に出かけたことから、その便宜を考慮して変更された可能性が極めて高いと考えられる。一番札所から順番に廻るのを「順打ち」と言い、それとは逆に廻るのを「逆打ち」と呼ばれる。逆打ちで廻ると弘法大師にめぐり会えるという言い伝えがあり、逆打ちで廻ることを望む人もある。しかも、出身地の地理的条件で逆打ちをする場合も起きる。霊山寺を一番とする順路は畿内や紀州から阿波に渡る人には適しているが、九州から四国に渡る人には不向きであった。そこで、各自の判断で順打ち、逆打ちの決定が行なわれた。大正時代に娘遍路を体験し、遍路記を著わした高群逸枝女史は、九州・熊本を発ち、船で豊予海峡を渡って八幡浜に着いた。そこから逆打ちの順路をとった。逆打ちは順打ちに比べて登り坂が多いので難路であるにもかかわらず、同行した老人はむしろ難路を選択し、それに従って第四十三番札所・明石寺から始め、最後は第四十四番札所・大宝寺で結願している(46)。

遍路は八十八ヵ所の札所を廻るが、それが不可能な場合には阿波、土佐、伊予、讃岐の国内の霊場を巡拝する「一国詣」がとられる。この巡拝形態は古くからみられ、『四国徧礼功徳記』にも出てくる。それを何度か重ねると一巡することになる。今一つの巡拝形態は「数ヵ寺詣」と呼ばれ、七ヵ寺詣、十ヵ寺詣、十三ヵ寺詣、十七ヵ寺詣などがある。例えば、阿波では十ヵ寺詣では一番霊山寺から十番切幡寺まで、十七ヵ寺詣では十七番井戸寺までの巡拝となる。

四国遍路には海を隔てた本州、九州などからの人々も多くあった。その目的は真摯で強い信仰心であった。しかし、遍路の中には何らかの事情で国元を追われたり、不治の病を抱え、その救いを求める人も少なくなかった。篤い信仰心や救いを求める遍路たちに対して地元住民は食事や宿を提供したり、米、路賃を喜捨するなどの施しを行なった。これが「接待」である。道行く遍路を接待することは、住民にとっては善行を積む功徳として評価された。接待という宗教的素地が遍路を支える役割を果たしてきたと言える。交通が不便で宿泊施設も少ない四

図Ⅰ－29※　紀州有田の接待講

図Ⅰ－30※　霊山寺前の宿屋「三谷屋」

国路では、遍路に対する接待や善根宿が発達した。地元住民以外にも対岸の紀州、備中、備前、備後の各地には「接待講」があり、その講中たちは四国に渡りミカンや米、餅、草鞋、路賃などを提供して遍路の世話を自ら進んで行なった。また、国元に帰ることもできず、あるいは道中で命を落とした人々を住民たちは埋葬し、遍路墓を建てて供養した。

住民や接待講が遍路を厚くもてなしたことで、それを悪用する現象も起きた。接待を目当てに窮した物乞いが遍路に偽装し、その数が増加した。更に悪質なのは遍路に偽装した職業遍路が人を騙したり、賭博をするなどの振る舞いをしたことである。このような遍路が増えるにつれて、それを見かねた住民たちは苦情を訴え出し、藩が取り締まることが度々あった。職業遍路の取締りは幕末には一層厳しくなる。

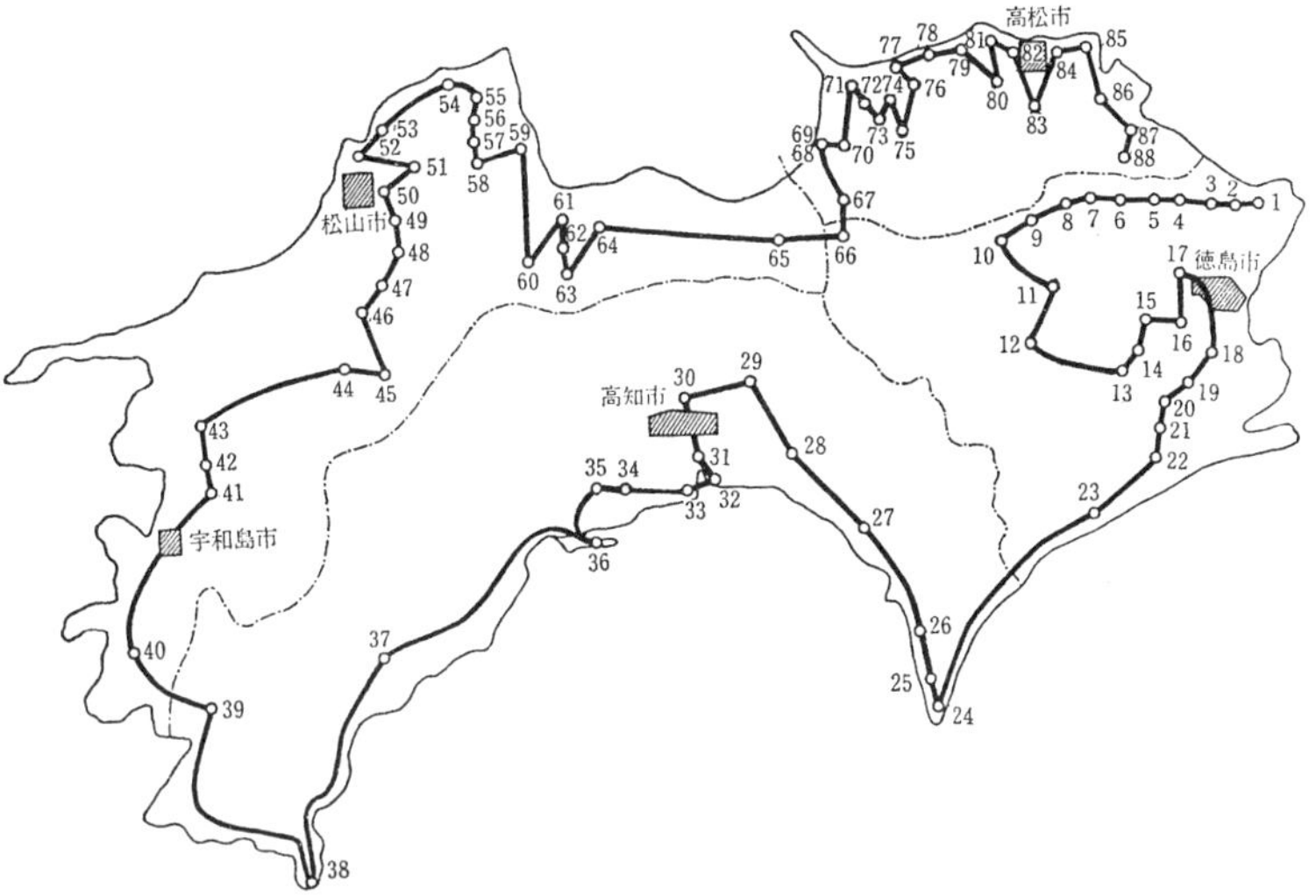

①	霊山寺	⑲	立江寺	㊲	岩本寺	(55)	南光坊	(73)	出釈迦寺
②	極楽寺	⑳	鶴林寺	㊳	金剛福寺	(56)	泰山寺	(74)	甲山寺
③	金泉寺	㉑	太龍寺	㊴	延光寺	(57)	栄福寺	(75)	善通寺
④	大日寺	㉒	平等寺	㊵	観自在寺	(58)	仙遊寺	(76)	金倉寺
⑤	地蔵寺	㉓	薬王寺	㊶	龍光寺	(59)	国分寺	(77)	道隆寺
⑥	安楽寺	㉔	最御崎寺	㊷	佛木寺	(60)	横峰寺	(78)	郷照寺
⑦	十楽寺	㉕	津照寺	㊸	明石寺	(61)	香園寺	(79)	天皇寺
⑧	熊谷寺	㉖	金剛頂寺	㊹	大宝寺	(62)	宝寿寺	(80)	国分寺
⑨	法輪寺	㉗	神峯寺	㊺	岩屋寺	(63)	吉祥寺	(81)	白峯寺
⑩	切幡寺	㉘	大日寺	㊻	浄瑠璃寺	(64)	前神寺	(82)	根香寺
⑪	藤井寺	㉙	国分寺	㊼	八坂寺	(65)	三角寺	(83)	一宮寺
⑫	焼山寺	㉚	善楽寺	㊽	西林寺	(66)	雲辺寺	(84)	屋島寺
⑬	大日寺	㉛	竹林寺	㊾	浄土寺	(67)	大興寺	(85)	八栗寺
⑭	常楽寺	㉜	禅師峰寺	㊿	繁多寺	(68)	神恵院	(86)	志度寺
⑮	国分寺	㉝	雪蹊寺	(51)	石手寺	(69)	観音寺	(87)	長尾寺
⑯	観音寺	㉞	種間寺	(52)	太山寺	(70)	本山寺	(88)	大窪寺
⑰	井戸寺	㉟	清瀧寺	(53)	円明寺	(71)	弥谷寺		
⑱	恩山寺	㊱	青龍寺	(54)	延命寺	(72)	曼荼羅寺		

図Ⅰ－31　四国八十八カ所寺院

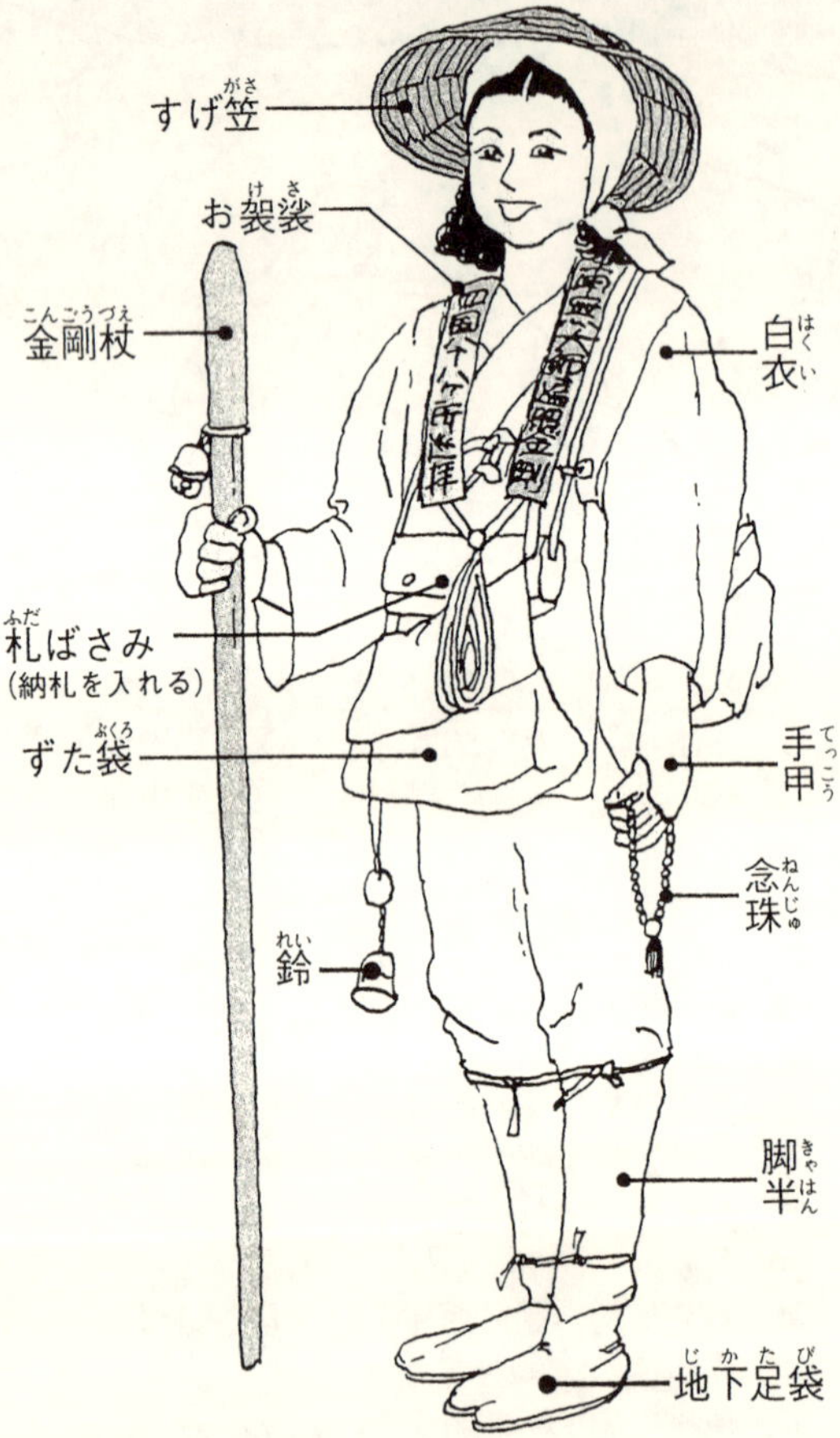

図 I - 32　四国八十八カ所巡拝の服装と持ち物
(「四国八十八カ所霊場会しおり」より)

第二章　江戸時代の巡礼・遍路の動向

霊場寺院をめぐる観音巡礼と四国遍路は、平安時代末期から室町時代以降にかけてその成立をみるが、当初の巡礼は僧侶や修験者たちが自らを鍛錬する修行を目的としたものであった。とりわけ四国遍路は地形も険しく僧侶の修行や救済におかれ、純粋に宗教的なものであった。

ところが、やがて近世の江戸時代に入ると、僧侶、武士などの上流階級に加えて、農民や商人たちの庶民も巡礼に出かけるようになってくる。庶民が巡礼にでかけるようになった背景には、交通網や宿泊施設が整備され出し、治安が向上したことなどが挙げられ、人の往来の障害が少なくなってきたことがある。それに加えて農民たちが経済的に向上し、遠隔地への参詣に出かける余裕が出てきたことである。更に先駆者たちによる巡拝記、案内絵図が出版されると、それが旅の便利さにつながった。庶民が巡礼に出かけるようになると、巡礼の目的は純粋に信仰だけに限らず、他国の見聞や物見遊山といった行楽の要素を持つようになる。泰平の世の江戸中期には巡礼者の階層が庶民まで広がり、それに伴って絶対数が増加し、その目的にも多様化の様相がみられる。その中でも、四国遍路だけは近世に入っても苦行的性格が濃厚で、その目的は真摯な信仰心によるものであった。

しかしながら、明治以降は宗教政策の変更により、廃仏毀釈や修験道の解散令などで仏教は衰退し、札所寺院も極度に荒廃した。それに伴って巡礼・遍路も低調になる。その意味で、江戸時代は巡礼・遍路が最も盛んであった一時期でもあった。幕府と各藩は財政基盤となる年貢の取り立てには神経をとがらせ、農作業に支障を及ぼす旅行を禁じ、人の移動を制限した。そのような状況にあって、人々の社寺仏閣への参詣及び旅に対する熱意は強く、抜け詣りなども多くみられた。往来の規制をしようとする幕府・藩と、庶民の社寺参詣への気持ちは拮抗していた。その江戸時代には、果たして年間どれほどの巡礼・遍路があったのであろうか。また、庶民が巡礼に出かけるのはどの時期・季節であったのか。更に巡礼者はどこからきたのか、巡礼・遍路の出身地など江戸時代の動向と実態をみてみることにする。

第一節　江戸時代の西国巡礼の動向

西国巡礼は霊場寺院の成立が最も古く、政治、経済、文化の中心であった畿内に立地していたことから、早くから多くの参詣者で賑わっていた(1)。その様子が『勝尾寺文書』には、鎌倉時代の嘉暦二年（一三二七）十一月三日の項に次のように記されている。

抑当寺　千手観音者、三十三所之随一、往来薫習之霊場也、而廻国巡礼行者、連続参詣、諸人住覆(ママ)、貴賤不退通夜、……

これによれば西国三十三ヵ所の勝尾寺に廻国巡礼の行者が連続して参詣する状況と、それに混じって諸人、貴賤の参詣者があったことが記されている。しかし、当時の巡礼は僧侶を中心としたものであって、庶民の参詣は近在からの人々と思われる。庶民が巡礼に出かけるようになるのは室町時代に入ってからである。その状況を書き記した文献が幾つか残されている。室町時代の西国巡礼については、慧鳳の『竹居清事』に永享年間（一四二九—四一）の巡礼の様子を「永享上下の交、巡礼の人、道路織るが如し(2)」と述べられている。また、『補庵京華新集』では文明年間（一四六九—八七）の様子が「巡礼の人、貴となく賎となく往来絶えず路に絡繹する也。何ぞその盛なるや(3)」と記されている。明応年間（一四九二—一五〇一）の状況は龍沢の『天陰語録』に、「巡礼の人、村に溢れ里に盈、背後に尺布を貼り、書して曰く、三十三所巡礼某国某里、……今明応八年に至る、已に五百余霜を得て、巡礼の人益熾なり(4)」と書かれている。このように当時の文献には、庶民の巡礼が盛況であったことが記述されている。人々が巡礼に出かける心理状況を『幻雲稿』では、「吾が仏に帰する者夥し……三十三所之れを最となす……爾来士庶帰仏の者、一たび之に詣でずんば則ち終身の恥なり(5)」とあり、庶民が巡礼に駆り立てられる心理風潮を表現している。これらの記述には多少の誇張もみられるが、それを差し引いても西国巡礼は既に室町期には多くの庶民で賑わっていたことが窺い知れる。

しかしながら、これらの記述は巡礼者の賑わいを過大視しているので、具体的にどれほどの巡礼者があったかはわからない。そこで、巡礼者の動向を具体的に把握するには、江戸時代の行政機関などが記録した文献によるところが大きい。新城常三博士は、大著『新稿 社寺参詣の社会経済史的研究』において、種々の文献資料を手懸かりに江戸時代における巡礼・遍路の人数の把握を試みている。また、前田卓博士は、『巡礼の社会学』で札所寺院に起こされた納札を手懸かりに、西国巡礼の動向・推移と出身地を実証的に分析した。これらの研究成果は巡礼研究に欠かすことのできない貴重な業績である。先学の研究成果を参考に江戸時代の西国巡礼の動向がどのようであったかを捉えてみる。

江戸時代の西国巡礼の動向を捉える時、約二五〇年の長きに亘ることから、年代によって巡礼の動向に変化が出ていることに注目しなければならない。その時々の社会、経済状況が巡礼にも影響を与えたとみられる。例えば、泰平の世の元禄年間や文化年間には巡礼者は多くみられるが、反面冷害や疫病の流行などによる飢餓が発生した天明、天保年間には巡礼者は激減している。年代によって巡礼者は変化するが、巡礼の動向を捉える場合、その第一は果たして年間どれくらいの巡礼者があったのか、その総数の把握である。その上で、総数が時代によってどのように推移・変化するかという点である。また、巡礼に出かけるのはいつの時期・季節に多いのかを捉えることである。第二は、それらの巡礼者はどこから来たのか、巡礼者の出身地の分析である。これらを通して巡礼の特徴を把握することができる。

年間の総数とその推移

最初に、巡礼者は年間どれほどの人数があったのか、またその総数が年代によってどのように推移・変化したのかを捉えてみる。前田卓博士は『巡礼の社会学』において西国札所の第三番札所・粉河寺、第二十番札所・吉峰寺、第二十一番札所・穴太寺、第二十六番札所・一乗寺に残された納札を手懸かりに、巡礼者の動向を詳しく考察した(6)。とりわけ第二十六番札所・一乗寺の納札には年代の古いものが残され、しかも納札の数が多いことから有力な手懸かりとしている。それによると、江戸時代初期の納札は一乗寺だけにしか残されておらず、最も古いのは慶安二年(一六四九)の札である。江戸初期の納札は数が少ないが、やがて寛文年間(一六六一―七三)からその数は増え始め、貞享、元禄年間(一六八四―一七〇四)に第一次のピークを迎える。ところが、享保の中頃から減少し、寛保・延享・寛延年間(一七四一―五一)は低調になってくる。宝暦年間から復調し始め、明和・安永年間(一七六四―八一)には第二次のピークとなる。その後、天明から寛政年間には再び急激に減少する。江戸後期の文化・文政年間(一八〇四―三〇)に入ると第三次のピークになるが、この時期は第一次、第二次のピークに比べてその数は少なくなっている。周知のように江戸時代には享保、天明、天保の三大飢饉が発生している。その飢饉による影響が巡礼の納札の数とも符合している。享保の飢饉は同十七、八年であったが、一乗寺の納札では三十六枚、十四枚でそれ以前に比べて急激な減少とはなっていない。しかし、その影響はそれ以降の元文、寛保、延享、寛延年間の低調につながっている。天明の飢饉では納札に顕著に出てくる。飢饉は同三年から七年に亘るが、同三年、四年、七年には一乗寺、穴太寺、吉峰寺とも一枚の納札も発見されず、飢饉が巡礼にも大きく影響を与えている。天保の飢饉は同四年から十年まで続くが、享保、天明と比べれば影響は少ない。穴太寺と粉河寺の納札にはさほど変化はないが、一乗寺の納札では同五年、八年、九年には一枚もなく、同七年には一枚しか残されていない。同五年は穴太寺、粉河寺、吉峰寺にも残されておらず、影響を免れなかったことが窺われる。

このように納札から巡礼者の動向・推移を捉えることはできるが、残された納札の数は巡礼者の総数とは言えないので、果たして年間どれほどの巡礼者があったのであろうか。前田卓博士によれば、納札を手懸かりに推測すると、例えば元禄三年には二百数十名の納札が残されているので、実際にはその数十倍とみられ、おおよそ一万人を超えたものとみなしている。(7) この試算の数値は他の資料を参考にすると妥当な見方とできる。その一つの根拠は、江戸中期の安永、天明年間に近江・竹生島の第三十一番札所・宝厳寺に木津浦から渡った巡礼者の数（毎年八月五日調）が、『高島郡誌』に次のように記されている。(8)

安永二年（一七七三）	一〇、七七四人	同三年	七、二一九人
同　四年	七、七四一人	同五年	五、五八九人
同　六年	五、七四四人	同七年	三、一二八人
同　八年	三、九七八人	同九年	六、二八五人
天明元年（一七八一）	九、〇〇七人	同五年	三、五七二人（調月日不詳）

この数値は木津浦から竹生島に渡ったものであるが、当時、順路に当たる今津浦が多く利用されていた。しか

し、巡礼客を木津浦に奪われた今津浦は訴えを起こし係争していた。巡礼者は今津浦と木津浦以外の港から渡った人もあり、巡礼の実数は木津浦の記録の二倍以上に上っていたとみられている。[9]

今一つの根拠は、紀州田辺の公用日記『田辺町大帳』にも巡礼者の動向を記した記録が残されている。まず、享保元年（一七一六）には、「六月廿四日晩ゟ同廿九日晩迄順礼田辺泊り之分四千七百七拾六人[10]」と記録されている。田辺は第一番札所・青岸渡寺から中辺路を通り第二番札所・紀三井寺に通じる巡礼街道にあたり、宿泊地にもなっている。この記録は公用記録であることから信憑性が高い。但し六日間だけの記録であり、年間の期間からすれば瞬時にすぎないが、六日間で四千七百余人、一日当りにして平均七九六人の巡礼者が宿泊したことになる。これより二十二年後の元文三年（一七三八）の六月二十六日の記録も詳しく記されている。この前後、田辺では風雨が激しく、土手の決壊が心配されたので、宿泊する巡礼者を町内の三つの寺院に避難させて粥などを支給した。その様子を次のように記している。[11]

一　同廿六日夜順礼夥敷泊リ有之付土手切候ハヽ（中略）

一　順礼　弐百八拾人　海蔵寺
　　白米九斗　粥ニ煮給させ申候

一　同　弐百拾八人　湊福寺
　　白米八斗　粥ニ煮給させ申候

一　同　弐百弐拾人　松雲院
　　食物給させ申候

右六月廿六日夜ゟ翌廿七日朝迄大風雨洪水付町内ニ一宿之順礼右三ヶ寺へ退申候人数如此御座候以上

これによると、海蔵寺、湊福寺、松雲寺の三カ寺に宿泊した巡礼数は合計で七一八人である。二十余年前の享保元年と同じく、時期は六月下旬であり、一日七百人以上の巡礼者が宿泊していたことになる。六月中旬には伊勢月次祭が行なわれ、伊勢参宮が盛んになり、その参詣者が熊野詣や西国巡礼に流れてくる。六月は二月、三月と共に熊野詣の最盛期であることから、一日七百人を超える巡礼者は平均値を大幅に上回る数であると捉えられる。(12)『田辺町大帳』には更に正徳四年（一七一四）六月二十四日の記録に、「下長町作兵衛所ニ飛弾《ママ》国順礼同行六人内弐人男四人女廿三日夜泊り候……」(13)とあり、二人の男性のうちの吉三郎という男が翌朝に急死し、海蔵寺で土葬したことが記されている。飛騨地方からの巡礼は納札調査では極めて少なく、(14)しかも女性四人が同行していたというのは貴重な記録でもある。

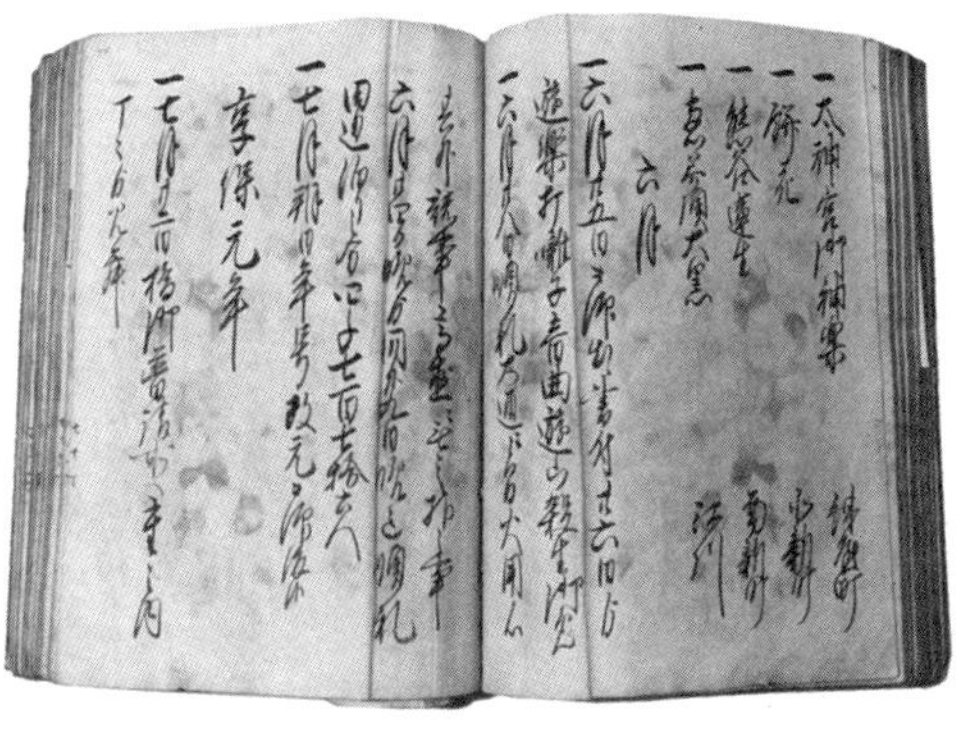
図２－１『田辺町大帳』(田辺市教育委員会蔵) その１

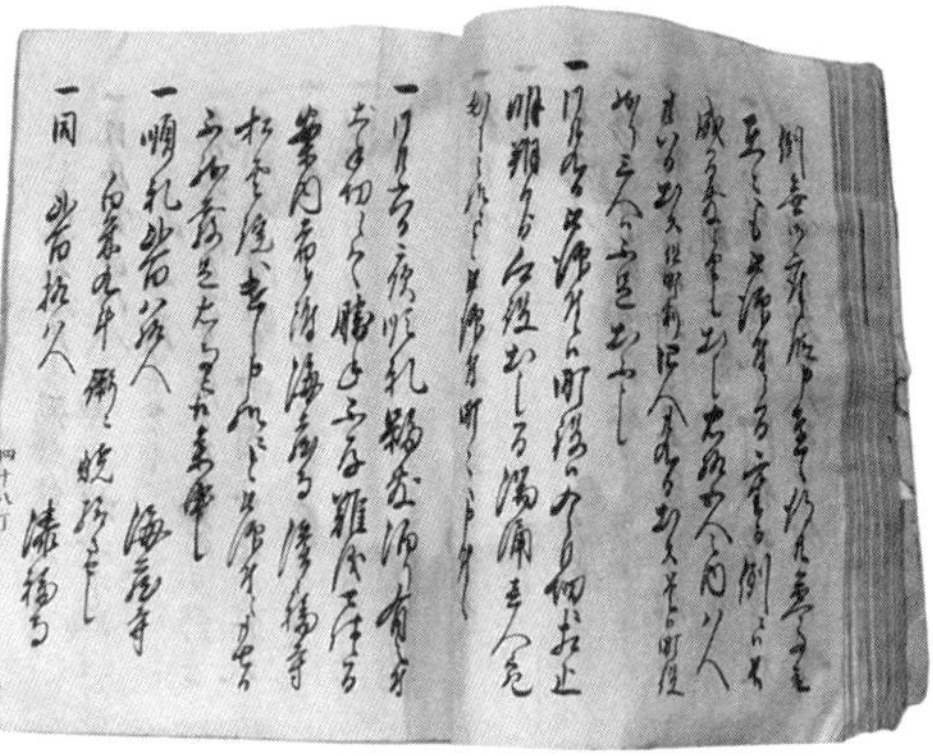
図２－２『田辺町大帳』その２

以上のように、巡礼者の人数を断片的な資料を基に全体の総数を推計することができるが、江戸時代後期の享和、文化、文政年間になると、巡礼者の動向・推移はより詳しい資料によって正確に捉えることが可能になる。この年代は一乗寺の納札調査では巡礼の第三次のピークの時期に相当する。

『熊野年代記』には熊野三山の参詣者の人数を調査した記録が残されている。(15)享和元年（一八〇一）

図2－3　田辺宿（『西国三十三所名所図会』）

がその最初で、「……当年順礼三万人通ル」と書かれ、以後二十七年間（文政九年は欠落）に亘って巡礼者の人数が記録されている。それをもとに人数を図式化すると、図2－4のようになり、その推移がよくわかる。それを分析すると、巡礼者は年間一万人から三万人に上ったが、年代によって巡礼者の総数に大きな格差がある。享和の三年間と文化元年までは概数の把握と思われ、二万六〇〇〇人から三万人あった。その後は正確な数値が記録されている。文化年間の初めは二万人前後であり、徐々に減少し、同五年には最も少ない一万一四七〇人となる。やがて同年間の中・後期には一万五〇〇〇人台に回復する。しかし、次の文政年間には一時的に増加する年もあるが、総じて文化年間に比べて少なく、一万一〇〇〇人から一万五〇〇〇人程度にとどまっている。そして文政十年（一八二七）には、「順礼近年珍敷通リ也、閏六月迄凡二万五、六千人」と述べられ、例年に比べ急激に増加した様子がわかる。この『熊野年代記』の記述について新城常三博士は、「順礼」というのは西国巡礼と熊野詣とは一体的関係であ

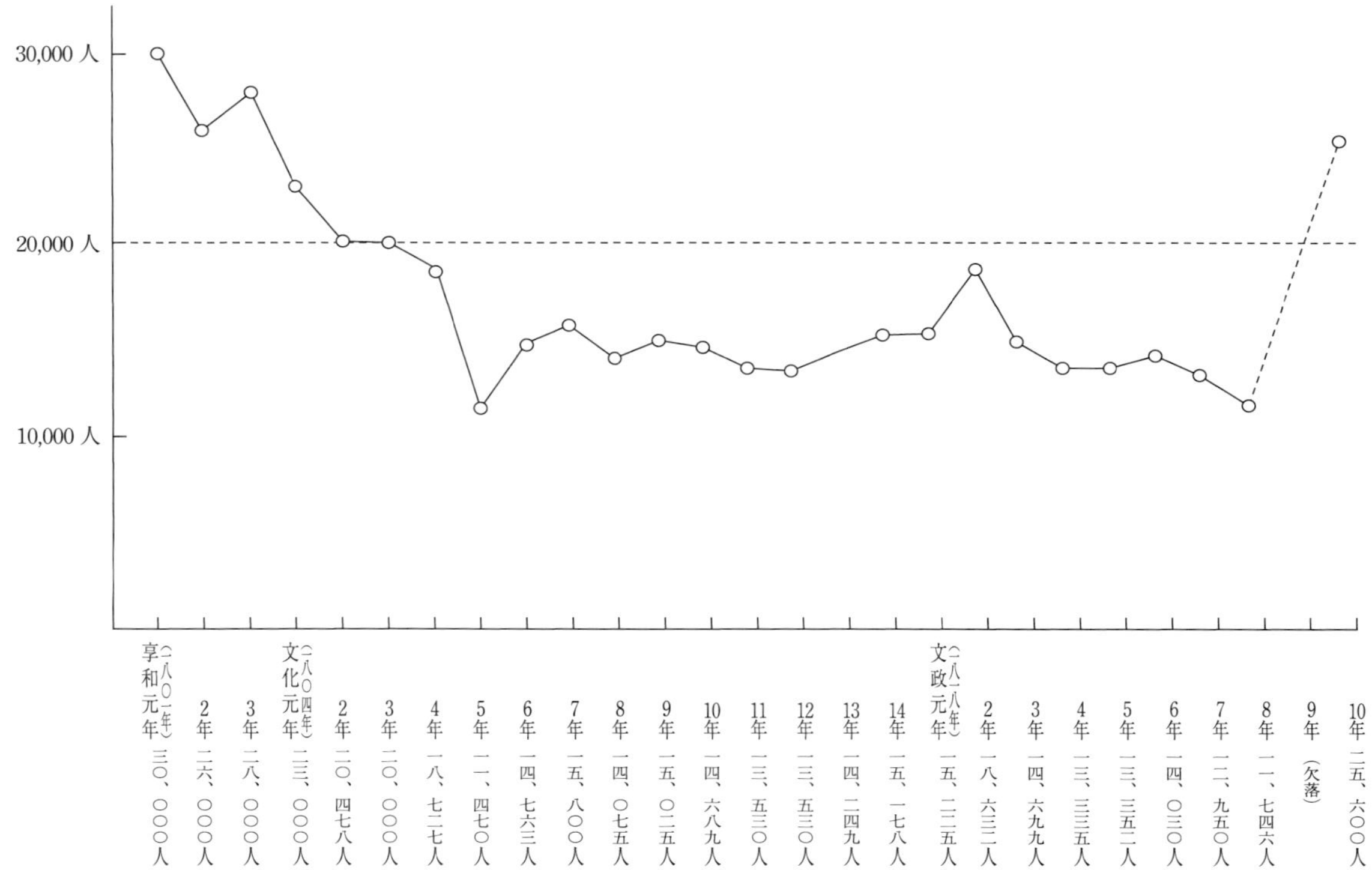

図２－４　江戸時代の熊野参り（西国巡礼）の動向

註　『熊野年代記』（熊野三山協議会・みくまの総合資料館研究委員会、1989年）の写真版を基に作成。

ったことから、西国巡礼とみても間違いなく、その人数についても正確なものである、[16]と指摘している。そして、文政十年には閏六月までに二万五、六〇〇〇人と記録されているが、残りの月の人数を加えると三万人前後と推定される、[17]とも述べている。文政十年には、それまで低調であった巡礼がそれ以前の享和年間や文化元年頃の人数に回復してきたと言える。

以上のように、江戸時代の巡礼の人数は年代によって変化がみられるが、中・後期の年間総数は平均一万人台から二万人台とみられ、多い年には三万人を上回ることもあった。その結果、平均的には年間二万人前後の巡礼者があったと捉えることができる。

巡礼の時期

年間の巡礼者の総数を捉えた上で、次にこれらの巡礼者は一年のうちでいつの時期、季節に巡拝していたのかをみてみる。巡礼の時期、季節は巡礼者の身分、職業及び居住地によっても異なってくる。僧侶、武士階級は職業的に季節にかかわらず、自由に巡礼ができた。しかし、江戸時代の人口の約八割を占めていた農民たちは農作業に支障が起きないように、原則的に農閑期を利用して巡礼に出かけた。農閑期は播種、田植え、除草の終了後収穫期までの夏の時期と、秋の収穫後から翌年の農繁期までの冬の間の二回あった。しかし、収穫後の農閑期は歳末から正月にかけて家を空けることは難しいことから、正月行事を済ませ農繁期に入る三月までの時期に集中している。肥前長崎は巡礼者を多く輩出しているが、長崎からの巡礼の始まりは元禄五年頃からで、巡礼への出発時期を『長崎建立并諸記挙要』では、「正月二日西国順礼同行三人仕給、是当地順礼之始也、年暦には十一月より来春迄とあり[18]」と記されている。また、『長崎市史』にも一月の項に、「是月廿五六日頃西国巡礼に赴く者がそれ〳〵出発する[19]」とあることから、冬から春にかけての巡礼が多かったとみられる。佐賀藩諫早領でも宝暦、明和の頃の遠隔参詣は春が大半であった。[20]東国の人々からの捉え方でも「西国方女多順礼仕候得共、初春之内ニ仕候、……」[21]とあり、西国（畿内以西）の女性巡礼が初春に多かったことがわかる。また、琵琶湖の竹生島に渡る船の遭難事故があり、それが春の季節になっている。宝暦五年（一七五五）二月二十七日に、「江州水海にて、順礼七拾弐人溺死」[22]とあり、同じ年の三月十九日にも「竹生嶋浦ニ而破船ス、九拾人計死ス」[23]とある。船の転覆、遭難はこの季節に琵琶湖に春を告げる「比良八荒」の強風の影響によるものであった。このように正月から三月頃までの農閑期は巡礼のシーズンであった。

東国の人々も初春に西国巡礼に出かけている。伊勢参宮の道中記をみると、江戸の人は正月行事を済ませた十日以降に出発し、二月、三月中に帰っている。そこでは伊勢参宮だけではなく、西国巡礼と善光寺詣も含んだ行程になっている。

しかし、それ以外の時期に出かけたケースもみられた。肥前有田の学者・正司考棋は、「遠行益々繁シ、特ニ六七月ハ田草揪最中ニテ、一日後ルレバ、秋ニ至テ其堪実モ減ル事、目前ニ視エシニ」[24]、と述べていることから、六月、七月に肥前有田からの巡礼や本山詣に出かけた様子が窺える。肥後天草では少女の西国巡礼が盛んで、三月に出発したことは記されている。僧横井金谷の『金谷上人行状記』には、天明の頃天草地方の風俗を次のように記されている。[25]

女の子は、十三、十四歳になるとみんな西国巡礼ということをする。中には、一生三度も四度も巡《めぐ》る者がある。毎年三月三日の雛の節句に御代官に願い出、御切手《きって》をもらい、五、六月には帰郷するが、ついでに伊勢参宮や善光寺詣りをしたりする。すべて順礼歌をうたって行くが、それぞれ美しい声音で、聴く者感心せざるはない。

この事例では、天草の女性たちは三月に西国巡礼に出発し、伊勢参宮、善光寺に詣って五月、六月に帰郷している。帰路は、大阪から旅商人に付き添い、その男に宿払いをさせて長崎に戻っている。また、北陸や東北などの農民たちは、年末から年始は冬ごもりの準備や正月を留守にできないことと、道中が雪で閉ざされたり、気温が低く徒歩には不便であった。そこで田植えや草取りが終わった六月、七月の農閑期に巡礼に出かけている。奥州磐城地方では熊野詣の後に西国巡礼を行なう慣習がみられ、その出発と帰郷の日時が『磐城誌料 歳時民俗記』に次のように記されている。(26)

（五月）二十三日　諸人紀州熊野ヲ信仰シ、男子ハ必ズ参詣スル事ニテ、序《ついで》ニ西国三十三所観音ヲ順礼ス。出立ハ是日ヲ定日トセリ。是レハ田植終リタルノミナラズ、尾州津島祭ヲ掛ケ、盆中京都ニ至リ禁裏御燈籠見物ヲ心掛ケテナリ。道中滞リナキ時ハ、必ズ八月十三、四日ニ帰ル。

それによると、田植えを終えた五月二十三日から八月十三、四日までの農閑期八十日間を熊野詣と西国巡礼にあてている。途中、祭や盆行事などを見物する目的も含まれていた。六月の巡礼が多いことは『田辺町大帳』でもわかり、一日七百人以上の巡礼者が宿泊していた。これは六月には伊勢神宮の月次祭が行なわれ、それと熊野詣、西国巡礼を兼ねたことによる。関東の若者たちも六月の朔日に国元を出発し、六月十四、五日の尾張の津島天王祭、同十六日、十七日の伊勢神宮の六月月次祭、そして七月には京都の盆の内裏見物を兼ねて西国巡礼に出かけている。その様子は次のように述べられている。(27)

関東筋百姓之忰共、西国三拾三所観音順礼として、年齢十五六才ゟ二拾四五才之もの三拾才ト申は希ニ而、年〻六月朔日前後七八人拾人弐拾人相催シ出立仕候儀夥敷有之候、此儀第一田畑草稼最中農業大切之砌、殊ニ道中致方之儀同月十四五日、津嶋牛頭天王、同十六七日伊勢大神宮、夫ゟ紀州熊野若山高野大坂大峯比叡

山、右之外神社仏閣札所観音参詣仕、七月十六日是非〻内裏拝見仕候（後略）

また、京の一年間の行事を綴った貞享年間（一六八四―七）の『日次記事《ひなめ》』の七月の項には、「此ノ月ノ初メ西国三十三所観音巡礼ノ人多ク京師ニ聚ル、俗ニ西国巡礼ヲ勤ヲ西国ヲ為ト謂フ」(28)と記されている。滝沢馬琴も享和二年（一八〇二）に著わした旅行記『羇旅漫録』の中で、「七月十五日禁裡の御燈籠を拝見にまいれり。この日は諸人ゆるされて禁中へまいるなり」(29)と述べている。このことから東国の人は西国巡礼だけではなく、その途中に京見物を行ない、盆行事としての禁裡の燈籠見物に日程を調整している。また、京見物には旧暦六月中旬の祇園祭を含むこともあった。幕末の安政二年（一八五五）に、出羽の志士清河八郎は母への孝行に周囲に気付かれないように抜け参りで伊勢に参宮した。母を伴った清河八郎は旧三月十九日に出羽・鶴岡を出発し、善光寺に参詣した後に伊勢を参宮し、二、三ヵ所の西国札所を廻り京都に着いた。その日程は京都での祇園祭に照準を合わせ、「京師での寺見物や祇園祭りなどに間にあうようにする心づかいも大事である」(30)として、旅路を急いでいる。祇園祭は旧六月十五日であったが、清河八郎が京都に着いたのは、一ヵ月以上も早い五月五日であった。その理由は五月五日が、「今日は藤森の祭り、また賀茂の競べ馬の儀などがあるから、母に是非見せたく思って伊勢から急いで来たのである」(31)と、説明している。

このように六月、七月に関東、奥州などからの巡礼が多くみられた。この時節には参詣ばかりではなく、道中での諸行事の見物ができ、しかも文化の中心であった京見物の楽しみが大きな要素となっていた。

以上のように、巡礼の時期は旧正月から三月までの初春と、夏の六月、七月に集中し、地域的には個別的な差異はみられるが、一般的には西国以西の人は年始めから三月までの初春に、東国の人は六月、七月に行楽を兼ねての巡礼が多かった(32)。

図2－5※　京都・物集女の若者の集団巡礼

巡礼者の出身地

次に、江戸時代の西国巡礼者はどの地方からきたのか、その出身地をみてみることにする。西国巡礼は当初「西国」という名称は付けられていなかった。それが室町期以降に東国の人々の呼び慣わしとして定着するようになった。順路も東国の人の便宜を考え、一番を那智山として美濃の谷汲で終えて帰路につくように変更された。このことから西国巡礼には東国の人々が多かったことが言える。前田卓博士は札所に残された江戸時代の納札でこの事実を検証した。[33]それによると、第二十六番札所・一乗寺の納札六、三二五枚を調べたところ、武州が圧倒的に多く、全体の約四割（二、四四一枚）を占めていた。次いで下総が一割余り（七六三枚）、長州一割（六四〇枚）と続き、更に下野（三二一枚）、肥後長崎（三〇六枚）、城州（二四二枚）、常州（二一二枚）の順に多い。一乗寺以外の穴太寺（三、〇七五枚）、吉峰寺（一、七七三枚）の納札でも武州、長州、城州、肥前長崎は多くみられたが、武州を除く関東の下野、常陸、上野、相模、上総の札は全くみられなかった。そして年代的には新しい札を残していた粉河寺では長州が最も多く、次いで城州、武州の順になる。その結果、二百余年の長きに及ぶ江戸時代を通じて、武州、長州、城州は最多の巡礼者を出している。次いで、関東では下総、下野、常陸、中部地方では尾張、遠州、勢州、近畿では摂州、中国地方では備後、安芸、周防、岩見、そして九州では豊前が比較的多かった。

しかしながら、年代別に厳密に検討するならば、その動向に変化があることを前田卓博士は指摘している。江戸初期の寛永の末から中期の元文の末までの百年間では、武州、下総、常陸、下野を始めとした関東地方の巡礼者が多かったのが特徴である。ところが、その後、寛保から幕末までの百年間はその様相が一変する。武州は依然として巡礼者が多いが、武州以外の関東の国々は少なくなってくる。それに代わって城州、長州に加えて防州、芸州、備後などの山陽道の各藩が多くなり、九州、四国などの国々も増えてくる。それを裏付ける記述がある。享保年間には岡山藩下の町触に西国巡礼に関するものがある。享保四年には「当春ハ西国順礼仕旨ニ而男女大勢中合罷越之由相聞候、尤例年少々宛ハ廻国仕もの茂在之候得共、当春者大勢催仕由ニ候」(34)（傍点は引用者が付す）と述べられ、大勢の西国巡礼が通行したことを物語っている。また、享保十四年の広島町触には、「毎春町・新開之者并男女諸浪人大勢相催、参宮・西国順礼等ニ罷出候者有之候」(35)（傍点は引用者が付す）とあり、伊勢神宮や西国巡礼に多くの人々が出かけたことが窺える。

図２－６　長州からの巡礼者の納札

このように江戸中期までとそれ以後の後期とでは巡礼者の出身地に変化がみられ、その転換期は文化・文政年間にあたっている。年代によって巡礼の出身地に変化が起きた理由として、前田卓博士はその一つに秩父巡礼などの地方に移植された霊場の普及で、関東地方の巡礼者が少なくなったことを挙げている。今一つに、各藩主による遠隔地参詣への規制が影響し、東国の領主の規制が厳しかったのに反し、西国の諸藩主は寛容であった点を指摘している。(36)

江戸時代二百余年の間の納札をみると、北陸や九州の一部、そして東北の陸奥などの巡礼者はなかったが、北は出羽、陸中、南は肥前、肥後などの遠隔地からの巡礼者もあった。それはほかの文献からも窺える。奥州では古くから伊

図2-7　天保六年の西国巡礼の供養塔
（岩手県宮古市内）

勢参宮、熊野詣が盛んであり、その足で西国巡礼に出かけることが多かった。会津大沼郡高田組二十二ヶ所村の風俗を記録した『地下万定書上帳』には、貞享二年（一六八五）の項に次のように書かれている。[37]

一、伊勢参宮の者、直に熊野参詣するもの有、おひすりと云袖明きはおりのことくにし背中に西国順礼と其所家名を書記し三拾三所の観音江納る札を調、札にも其住所家名を記す、国本へは伊勢山田迄魚類を喰、夫より熊野地に入三拾三所の札を納内ハ精進し札ヲ打仕舞、美州谷汲といふ所より魚類を喰、御当領へ入て魚類ヲ不喰（後略）

会津地方から伊勢参宮した人々は熊野詣をした後、西国巡礼に出かけ、笈摺に国名と家名を書き、巡礼中は精進していたことが記されている。また、江戸後期に奥州磐城地方でも熊野詣と西国巡礼を兼ねた風習がみられ、『磐城誌料　歳時民俗記』には次のように述べられている。[38]

二十三日　諸人紀州熊野ヲ信仰シ、男子ハ必ズ参詣スル事ニテ、序《ついで》ニ西国三十三所観音ヲ順礼ス。出立ハ是日ヲ定日トセリ。……出立ノ前、親類縁者合壁ヲ招キ饗応シ、旅立ノ当日ハ送リ馬ニ乗リ、分限相応ニ馬上ヨリ銭ヲ撒《ま》ク。……去年、又当年五月ヨリ上《かみ》ニ閏月アル年ハ、熊野参リ特ニ多シ。田植ノ早ク終リ時ノ障リナキヲ以テナリ。熊野参リシタル翌年ノ正月ハ、分限ニ応ジ数石ノ餅ヲ搗キ、親類縁者近隣ヲ招ク。……此風習今日ハ殆ド消滅セシモ、菊多郡黒田村ノミ猶ホ盛ンニ行ハル。

これは熊野詣と西国順礼を兼ねたものであるが、出発と帰郷には親類縁者が集まり盛大に饗応が行なわれている。熊野詣と西国巡礼を成し遂げた人は名誉とされ、翌年の正月に分相応に振る舞いをするという習慣があった。同書は明治二十五年に書かれたもので、そのことからすれば、その習慣は明治中頃までみられていた。

奥州からの西国巡礼は文明、永正、大永年間の納札が岩手県・中尊寺に残されていたり、天文年間には奥州葛西住平重持の百ヵ所巡礼の札が、中尊寺と三陸町の宝珠院（現在は新山神社）の二ヵ所に残されている。[39] また、陸中宮古には西国巡礼を終えた巡礼塔が六十五基残されている。そのうち、江戸中期から幕末までの巡礼塔は五十五基、明治から昭和にかけてのものが十基である。[40] 例えば、天保六年の巡礼塔には「天照皇太神宮」「西国三十三所」と書かれ、その下に山本勘兵衛以下七名と石工の氏名が刻印されている。これらの資料や石碑によると奥州からの西国巡礼も多かったことがわかる。

巡礼者の階級は室町期には僧侶、武士階級が中心とされたが、江戸時代には農民層に広がる。しかし、旅の費用は高額であったことから、経済的ゆとりのあった上層の農民であった。それは納札に書かれた名字でもわかる。その中に混じって名字のない、名前だけが連記された納札もあり、中層農民も含まれていた。更に肥前長崎は貿易港であったことから、富裕な商人が多かったのが特徴でもあった。[41] 長崎からの西国巡礼は、『長崎建立并諸記挙要』の元禄五年の項に、「正月二日西国順礼同行三人仕始、是当地順礼之始也」[42] とあり、元禄の頃から始まった。その後、江戸後期には正司考棋が「四国・西国・坂

図2－8　長崎から秩父巡礼に出かけた納札（秩父第十六番札所・西光寺）

東巡礼ナドト夥シク出遊シテ、自国ノ財ヲ散ラシ、農務ノ障リトナル事」(43)と嘆くほど、肥前からは多数の巡礼者が出るようになった。それを裏付ける史実として秩父第十六番札所・西光寺には、天保十一年に長崎から嘉吉と和三郎の二人の男が巡礼にきて、納札を残している。

以上、江戸時代の西国巡礼の動向・推移を要約するならば、年間の総数は一万人台から二万人台で、多い年には三万人に及ぶこともあった。平均的には二万人前後の巡礼者があった。巡礼の時期は旧正月から三月までの初春と、六月、七月の夏の農閑期に集中していた。巡礼の出身地は中期までは武州を始めとした下総、下野などの東国の人々が多かったが、江戸後期には東国からの巡礼者が少なくなり、それに代わって畿内や肥前長崎や安芸、備後、備中などの中国地方からの巡礼者が増えた。しかし、武州、長州、城州からは年代にかかわらず、常に多くの巡礼者がみられる。

第二節　江戸時代の秩父巡礼の動向

関東地方の観音霊場は鎌倉期に坂東霊場が成立し、その後室町期には秩父霊場が起きるが、その巡礼が本格化し、隆盛をみるようになるのは江戸時代に入ってからである。坂東霊場の札所は各地方の名刹として多くの帰依者で賑わっていたことは個別的に窺い知れる。しかしながら、坂東巡礼として三十三ヵ所を廻る巡礼者の動向を捉えることは、資料が少ないことから極めて困難である。断片的な資料によると、僧侶などによる坂東三十三ヵ所の巡礼が行なわれ、その納札が残されている。十返舎一九も西国巡礼、秩父巡礼に加えて坂東巡礼を行ない、『諸国道中金草鞋』の第十編で「坂東順礼記」を記している。そのほかにも西国、坂東、秩父巡礼を済ませた参詣碑・巡礼塔なども残されている。坂東巡礼は西国や秩父巡礼に比べて低調で、その人数は多くなかったものと思われる。(1) その理由は坂東巡礼は関八州に広がり、全行程も三百二十里（一、二八〇キロ）と長く、苦行性が強かったことが挙げられる。加えて西国、秩父巡礼のような行楽的要素が薄く、吸引力が弱かった。沙門円宗は延享元年（一七四四）に著わした『秩父三十四所観音霊験円通伝』で、「坂東ハ武蔵、相模、安房、上総ノ八州に度ル。其行路甚難シ(2)」と述べている。また、沙門亮盛も『坂東観音霊場記』で第三十三番札所・那古寺と第二十一番札所・八溝山日輪寺の難所について、「爾ニ那古ノ浜八溝ノ嶺ナドハ。一箇所ノ霊場ヲ拝スルニ。数日ノ間難所ヲ往返スルモ……努力テ巡礼スベシ(3)」と記しているほど行程は険しかった。その苦労は御詠歌にも詠われている。第十七番札所・出流山満願寺の詠歌に、

古里ヲハル〳〵コヽニ立出ル　我カ行末ハイヅクナルラン

と歌われている。これを亮盛は、「我カ故郷ヲ立出ヨリ。……マダ札所ハ十七番目ナレバ。笈摺ヲ解納ルノ那古マデハ。遙ノ路程ヲ経ルナラント。山河ノ難所ニ疲労シテ。行先ヲ思ヒ歎息スル意ナルベシ(4)」と解説している。そのために、順路を変更したり、三十三カ所を廻らずに、数カ寺だけを廻る「区間巡

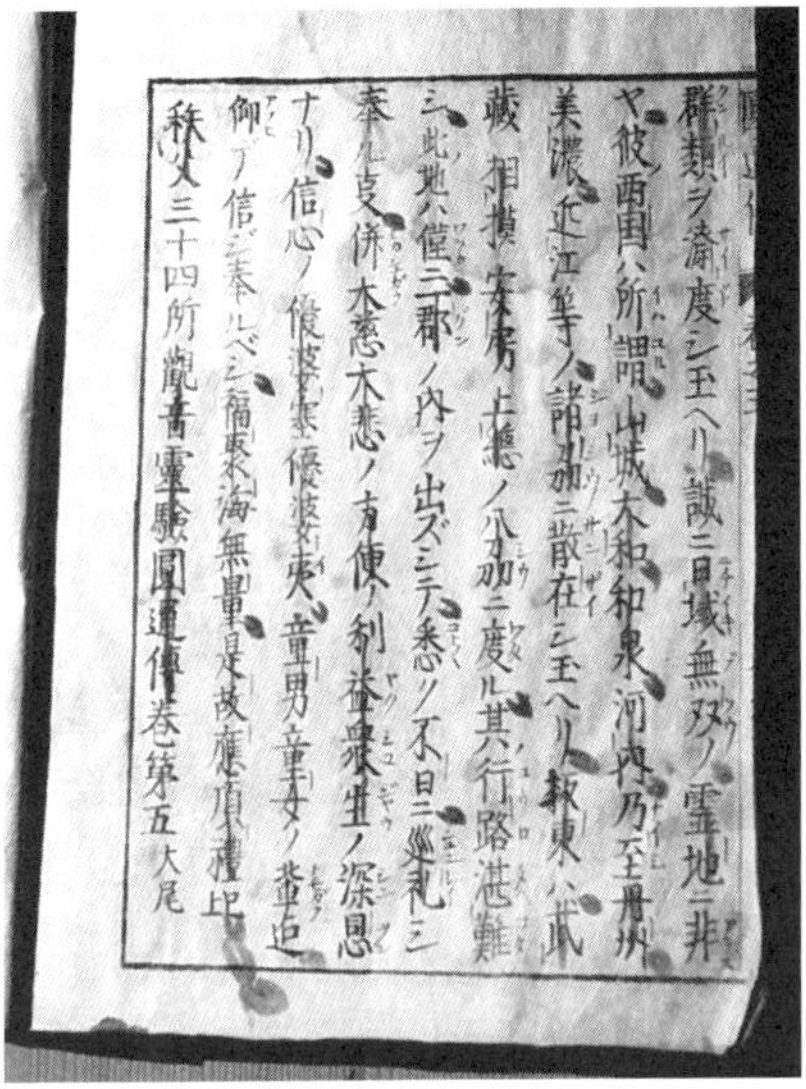

図 2 - 9(右)　坂東巡礼の納札（千葉県君津市の大正寺）
図 2 - 10(左)　『秩父三十四所観音霊験円通伝』

礼」が行なわれたり、全部廻らずに「札納め」としているなどの変則的形態があった(5)。

それに対して、秩父巡礼は札所寺院が武州の西一角の狭隘な地域にありながらも巡礼者が多かった。その理由は秩父盆地は山に囲まれ、河川が走る景勝地であったことや、全行程が約九十キロと短く、苦行性が薄かったことである。その上、江戸から秩父までは関所もなく、江戸市民は一泊二日の道程で気軽に巡礼に出かけられたことである。秩父霊場がおかれた立地条件が巡礼者の人気を集めた。その結果、秩父札所には江戸の庶民が日常生活からの解放を求めて数多くの参詣があった。その秩父巡礼は江戸時代に果たしてどれほどの人数があったのか、その動向をみてみる。

年間の総数

江戸時代、武州忍藩秩父領割元（正徳四年に「割役」と改称）を務めた松本家や高野家の御用日記によると、午歳の総開帳時の巡礼は甚だ多かったことが窺える。それによると、巡礼が数多く押し寄せるために、道路、橋の整備を行ない、往来の安全を期すことや、火事・盗難の防止、宿泊料や駄賃の適正価格の遵守、病人の看護など巡礼の取扱い・保護を徹底すべき「覚」「触」が度々出されている。

行政機関の通達が巡礼の多さを物語るが、具体的にはどれほどの巡礼者があったであろうか。松本家の『御用日記帳』には、寛延三年（一七五〇）の午歳の総開帳における巡礼者数が詳しく報告されている。その報告には二つあり、その一つは第一番札所・四万部寺の所在する栃谷村の名主からの報告で、次のように記されている(6)。

順礼往来人数報告（一）　（寛永三年三月）

覚

一、三千弐百五拾人程　正月より二月十八日迄

一、壱万六百六拾壱人　　二月十九日ゟ晦日迄

一、弐万六千七百五拾六人　　三月朔日ゟ廿一日迄

三月内　七日　弐千四十五人

八日　弐千弐百七拾六人

〆四万六百六拾七人

図２－11　松本家『御用日記帳』（秩父市立図書館蔵）の栃谷村の記録

図２－12　松本家『御用日記帳』白久村の記録

右之順礼往来人数改被仰付候ニ付書付差上申候尤正月ゟ二月十八日迄之義は積り以書上申候　以上

寛延三午年三月

栃谷村　名主　八郎ェ門

組頭　十ェ門

同　金右ェ門

今一つの報告は、第三十番札所・法雲寺が所在する白久村の名主からのもので、より詳しい報告となっている。それには次のように書かれている。(7)

順礼往来人数報告（二）　（寛延三年三月）

覚

一、七千弐百人程　正月ゟ二月七日迄

一、壱万五千六百拾八人　二月八日ゟ晦日迄

一、五千百六拾壱人　三月朔日ゟ同七日迄

一、千八百四拾六人　同八日

一、弐千百五拾壱人　同九日

一、弐千八百拾人　同十日

一、一万八千九拾五人　同十一日ゟ廿一日迄

惣〆五万弐千九百八拾壱人

右順礼往来人数改被仰付書付差上申候尤正月ゟ二月七日迄は積ヲ以改差上申候　已上

白久村　名主　十右ェ門

寛延三年庚午三月

組頭　清三郎
同　喜平次

この二つの報告は寛延三年正月から三月二十一日までの記録であるが、所在地によって数値に差異が起きている。それを整理すると次のようになる。

栃谷村（第一番札所所在地）	
期間	巡礼者数
正月—二月十八日	三、二五〇人程
二月十九日—二月晦日	一〇、六六一人
三月一日—三月二十一日	二六、七五六人
その内　七日	二、〇四五人
八日	二、二七六人
合計	四〇、六六七人

白久村（第三十番所札所在地）	
期間	巡礼者数
正月—二月七日	七、二〇〇程
二月八日—晦日	一五、六一八人
三月一日—七日	五、一六一人
三月八日	一、八四六人
三月九日	二、一五一人
三月十日	二、八一〇人
三月十一日—二十一日	一八、〇九五人
	五二、九八一人
	（五二、八八一人）

二つの報告書の記載をみると、そのデータの処理には多少の注意が必要である。その第一は、正月から二月初、中旬までの人数は見積りであり、調査地によって数値に差異が起きている。第二に、白久村の合計数は五万二九八一人とされているが、記録された人数を合計すれば五万二八八一人であり、計算上の誤りで百人多く数えられている。第三に、記録は正月から三月二十一日までであり、それ以降については不明な点である。第四に、栃谷村と白久村では同じ期間でありながら、巡礼者に約一万二〇〇〇人余りの差が出ていることである。

このように多少の問題点はあるものの、この記録を要約すると、巡礼者は正月から二月初、中旬まではさほど多くなかったが、二月中旬以降は徐々に増え出し、一日当たり七〇〇人から九〇〇人余りになる。三月に入ると更に増えて、一日一六〇〇人から二〇〇〇人を超えるほどになる。最も多い日は白久村では三月十日に二八一〇人を記録している。その結果、この期間の総数は白久村では五万人を上回り、その後の人数を加えると、この年の年間総数は七、八万人にも上ったものとみられる(8)。

秩父巡礼の開帳時における人数を捉える今一つの手懸かりとして、安永三年(一七七四)の開帳の資料が残されている。松本家の『御用日記帳』には、第二十八番札所から第二十九番札所に通じる橋の架け替えにおいて、その費用の捻出を巡礼者から徴収した記録である。それには次のように書かれている(9)。

順礼道橋銭吟味に付申立　(天明六年三月)

(前略)私共当拾四年以前己年御願申上候は……翌午二月中願之通被仰渡御請申上渡之順礼往来之者ゟ壱人壱銭を申請同年板橋廿七間余ニ相掛則金八拾五両余相懸り出来仕候所順礼助金差引金四拾九両余不足仕其以後拾六両壱分程順礼助金を申請差引金三拾三両私共両人ニ而他借仕難儀ニ罷在候　(中略)

天明六年丙午三月

久那村　喜左ヱ門

上田野村　太郎右ヱ門

この内容は、橋の架け替えに要した総費用は八十五両余りであったが、巡礼者一人から一銭を徴収した。巡礼者からの徴収額は三十六両であり、差し引き四十九両余りが不足し、その後巡礼者に十六両余りを助金として申請すると述べている。この点を新城常三博士は、当座に巡礼者から徴収した金を手懸かりにすると、一両＝四貫文として四〇〇〇人に相当し、三十六両で一四万四〇〇〇人の巡礼者があったと推計している。[10]

それ以外には巡礼者の具体的な記録は見当たらないが、開帳の時には覚や触書が度々出され、巡礼の取り扱いに細心の配慮をしている。その用例を幾つか上げると次のようになる。

順礼往来に付申渡　（元文三年二月）

惣百姓江申渡候覚

此度順礼往来多ニ付火之元盗人之用心いたし入念疑敷もの宿不仕旨度々被仰付候処此間すり共入込物□ニ付

御役人衆中御巡シ被遊候　（後略）

（『松本家御用日記類抄』第二分冊の一三四項）（傍点は引用者が付す）

順礼扱方御達　（寛延三年二月廿一日）

順礼ニ付村々江可申渡事

一　兼而申付候通リ火之元盗人用心別而心付可申候

一　宿々ニ而順礼荷物等預リ申候はば入念可申事　（後略）

（『高野家御用日記類抄』四〇項）

順礼取扱方に付触　（天明六年三月）

覚

札所観音開帳ニ付此間は順礼夥有之候旨依之順礼相通候村〻は道橋又は船渡渉等有之場所ニ而は差支無之様其所之者随分憐遣可申候尤船賃平日定之外取申間敷候且又前〻ゟ順礼宿いたし候者は麁末之取扱不仕木賃米代其外商物時之相場ニ迦シ商売候不仕正路ニいたし必非道無之様可仕候左候へは此末〻自然と順礼多有之諸村一統潤ニも可相成候　（後略）

（『松本家御用日記類抄』第二分冊の三一〇項）（傍点は引用者が付す）

順礼接客方取締方達　（享和四年一月）

覚

一　当甲子年改候ニ付願之上二月十五日ゟ四月十五日迄日数六十日之間秩父札所観音惣開帳致候付諸国ゟ順礼之者大勢可相越候間村〻別而火之元入念道橋破損有之候は致手入怪我人等無之様心付　（中略）但順礼之内病人行疲之者有之候はば村役人立合同行之者江掛合医師ニ為見薬服用為致宿之者万端心付養成致し可遣候　（後略）

（『高野家御用日記類抄』一〇八項）（傍点は引用者が付す）

ここに挙げた「覚」「触」は午歳の総開帳時のもので、その記述では巡礼者が「多」とか「大勢」あるいは「夥」と表現され、相当数の人数があったことは推測される。そのため、行政側は村人に対し、火の用心やけが人の出ないよう、あるいは道、橋の破損には手入れをするなどの注意を呼びかけている。併せて客の取扱いと船賃、宿賃および商品の適正価格に努めることを促している。更に病人や行き倒れなどが出たならば医者にみせて、投薬などの看病をすることまで指示している。このように巡礼者を丁重に取り扱うならば巡礼者は多くなり、そ

図2－13　昭和三十年代の巡礼宿「ふじや」。当時は納経所を兼ねていた様子はわかる（こすげ写真館提供）

れに伴って村々も潤う、と述べている。寛延三年の開帳には五万人を超えていることから、元文、天明、享和、文化の開帳にも寛延三年の巡礼者に近い数があったことが推測される。

　このように秩父巡礼には開帳時という特殊な状況とはいえ、五万人を超えるほどの参詣者が押し寄せたことは注目される。西国巡礼では記録に残る最も多いのは年間三万人程度であり、平均的には二万前後であった。四国でも次章で述べるように二万人程度であった。それらに比べると秩父巡礼は二倍以上の人出であったことになる。しかも、二月中旬から三月中旬までの約一ヵ月余りで三万六〇〇〇人から四万五〇〇〇人余りを数えている。西国巡礼では最盛期とされる六月の記録では一日当たり七九六人であったのに対して、秩父巡礼では二〇〇〇人を超える日が数日あった。これほどの巡礼者が一挙に押し寄せた背景には、当時の政治の中心地で多くの人口を擁していた江戸からの参詣者が多かったことが一因である。江戸市民は経済力を身につけ、近郊の秩父観音の開帳時に御利益をもとめ、あるいは行楽気分で気軽に出かけたものと考えられる。

　それに対して、開帳の年以外の平年の巡礼者は大幅に減少したものと思われる。古くから神社仏閣の開帳、遠忌には多くの参詣者が御利益にあずかろうとして大勢押し掛けている。それに対して、通常は信仰心の篤い人々だけの参詣になるので大幅に減少する。秩父巡礼も同様な傾向があったと考えられる。しかし、農業の片手間に巡礼の宿屋を営んでいた百姓も多く、それ相当の巡礼者があったことが裏付けられる。例えば、江戸後期の文化十三年（一八一六）の記録では、札所周辺で宿屋を営む農家が名主、組頭を除くと七十七軒（大宮郷八軒、上影森村四軒、下影森村十一軒、別所村二軒、久那村四軒、上田野村十軒、日野村一軒、白久村九軒、横瀬村十四軒、栃谷村三軒、山田村十一軒）を数えている。(11) 第三十三番札所・菊水寺の近くに文化年間に農業のかたわらに巡礼宿を始め、明治二十年頃まで営んでいた「ふじや」が唯一当時の面影を残している。「ふじや」の七代目にあたる子孫が親や古老から聞いた話によると次のような状況であった。当家は文化年間頃から巡礼客を目当てにした宿屋から分家した農家であった。それが後に宿屋を営むことになった。現在の家屋は玄関、土間、一階の雨戸を除くと当時のままであり、二階に八畳の部屋が三室あり、そこに二四、五人の巡礼者を泊めていた。夏の六月から九月までは養蚕で忙しく、宿泊は断ったこともあったが、冬場は巡礼者が多かった。夕食の献立は干し魚、ごぼう、人参などの野菜の煮物、黒豆、漬け物に飯と汁の五、六品が出されたという。(12) 開帳時以外の平年の具体的な数字は判明しないが、巡礼宿の数からしてシーズンには相当の巡礼があり、年間一万人から二万人程度と推定される。(13)

巡礼者の出身地

次に、秩父巡礼者の出身地についてみてみる。秩父巡礼者の出身地はその多くは地元住民や江戸市民で占められていた。秩父巡礼が起きた室町期には大宮郷の住民本位の順路になっていた。しかし、その後近世に入ると、江戸市民向けに順路が変更される。このことから多くの江戸市民が秩父巡礼に出かけたことが窺える。それは納札からも裏付けられる。秩父第十六番札所・西光寺に残された納札の調べでは、武州、下総、下野、上総などの関東地方が多く、江戸市民の納札が半分以上を占めている。(14) また、第四番札所・金昌寺に残る石仏の寄進者の調査でも、その約七割が江戸市民であり、それに武蔵（二一％）を加えると約九割に相当する。[15]

秩父観音霊場と江戸市民とは深い関わりがあった。それは秩父札所が江戸時代に度々「出開帳」を行ない、江戸市民に歓迎されて盛況を博したことである。出開帳の始まりは、延宝六年（一六七八）に第二十番札所・岩之上観音が単独で行なったのが最初である。元禄以降は修験系の第十八番札所・神門院、第十四番札所・今宮坊、第二十八番札所・橋立寺などが相次いで行なった。[16] しかし、秩父霊場が江戸市民に知れ渡るのは三十四ヵ所全寺院がそろっての「総出開帳」が開催された明和元年（一七六四）以降である。安永四年（一七七五）には開帳場所の護国寺に大納言家基の参詣があって、市民に大いに反響を呼んだ。[17] その後も天明三年、寛政四年、文化八年などにも開催された。江戸での出開帳は秩父札所の宣伝となり、江戸と秩父の結びつきを強めた。また、秩父の地場産業であった織物業では江戸市民が消費者であり、密接な関係であった。これらのことから、秩父札所の再建に江戸市民の喜捨が集められた。従って、秩父霊場の繁栄は江戸市民によって支えられていたといっても過言ではない。

巡礼者は地元の観音講の講中と江戸市民を除くと、他の地域からの人々は少なくなるが、甲州や相州、信州などからの巡礼者もみられた。それは巡礼途上で不運にして病気で一命を落とすこともあったが、この巡礼者を国元に送り返したことが松本家や高野家の『御用日記帳』に書き記されている。それを手懸かりにすれば国元が判明する。例えば、天明六年七月の病気巡礼者の送り状には、「甲斐国八代郡常葉村／名主五左ヱ門組下／伝五左ヱ門／年五拾九歳」[18] とあり、文化八年四月十八日付けの巡礼病臥届には、相州大住郡矢名村の三右ヱ門という男の名前が記されている。[19] また、天保四年四月二十一日の「札所順礼送り一札」には、「信州善光寺大門町名主吉兵ヱ組下／町人五左ヱ門悴／年三十五才／彦治郎」[20] と書かれている。これに加えて、更に遠隔地からの巡礼者もあった。第十六番札所・西光寺には天保十一年（一八四〇）に、長崎から嘉吉と和三郎の二人が秩父巡礼にきて納めた札が残されている（前節図2－8）。第三十番札所・法雲寺には江戸以前の天文年間に、奥州葛西住赤荻伊

図2－14　『女人講』の常夜灯（秩父郡小鹿野町飯田地区）

図2－15　紀州藩の石碑（第四番札所・金昌寺）

豆守平清定が百観音巡礼をした納札が残されている。岩手県宮古市にも百観音巡礼の供養塔が多く残され、連名で名が刻まれている。このことからも地元や江戸市民に加えて遠隔地からの巡礼者があったことが判明する。

女性の巡礼者の多さ

秩父巡礼の特徴の一つは、西国、坂東巡礼に比べて女性の巡礼者が比較的多かったことである。江戸幕府は「入り鉄砲と出女」を警戒して厳しく取り締まったが、秩父霊場へは江戸から一泊二日の行程で、しかも関所がなかったことから肉体的に虚弱な女性も往来できた。そのため、秩父巡礼は女性に人気があり、天明年間の川柳には、

ちゝぶからかえるのを娵づつう也　（『柳多留』第一九篇）
やくざめに秩父の路銀みなにされ　（『同』）
秩父の留守に戸田川が留れかし　（『川傍柳』第三篇）

などと詠われている。それは姑が秩父巡礼に出かけ、嫁が一息入れていると束の間に帰ってきて嫁いびりが始まることを嘆く様子や、秩父巡礼を楽しみに貯めておいた路銀がヤクザな息子に一文なしにされた母親の心境、更に戸田川が増水して姑が足止めされて欲しいと期待する心理が詠まれている。第十六番札所・西光寺には安永三年（一七七四）に、江戸深川新大橋の東屋利助の妻が納めた札が残されている。また、女性の巡礼を促す慣習も下総地方に幾つかあった。例えば、千葉市誉田町平山地区では女性が四十歳以上になっても秩父巡礼を済ませていないと、一人前の主婦として扱われなかった、という習慣があった。[21] 同じく千葉県佐倉地方でも女が一生に一度は秩父巡礼に行かなければ、一人前の女とみなされなかった。[22] 一人前の女性とは、姑から家の賄いを任され、それが村落共同体で認められることを意味し、年齢的には四十歳を過ぎた主婦が中心であった。千葉県地方のこのような習慣は秩父巡礼が女性の通過儀礼であり、昭和四十年代まで続いていた。また、秩父には女人成仏、安産、嫁姑和合などを願う女性たちの「女人講」が多くあり、その講中たちが巡礼に出かけた。

秩父巡礼が女性に人気があった背景の今一つには、幼くして亡くした我が子や、貧しいために間引きした子、あるいは不義の子を堕胎した供養の側面もあった。第四番札所・金昌寺境内では堕胎が公然と行なわれたともいわれ、[23] それに関するものか、同境内には紀州家と越前家の奥女中たちが寄進した童形石仏像二十六体が残されている。[24]

女性の巡礼者の中には旅日記を著わした聡明な人物もあった。信州長野県埴科郡坂城町の酒造家の未亡人・沓掛なか子は、五十五歳の享和二年（一八〇二）に三男淵魚《えんぎょ》を連れて秩父巡礼に出かけ、その道中記『東路の日記』を著わしている。[25]

秩父巡礼の季節、時期は原則的には農閑期に多かった。それに加えて開帳時の記録をみ

図2-16　江戸・深川の女性の納札（第十六番札所・西光寺）

ると、本尊開帳の二月、三月の時期に集中している。先に掲げた享和四年一月（二月に文化に改元）の「覚」では、二月十五日より四月十五日までの六十日間の開帳を行なっているので、農繁期に多少ずれ込んでいる。江戸市民が多く訪れた秩父巡礼には、農民以外の商人、職人及び女性たちが農閑期以外にも多くみられたものと考えられる。

第三節　江戸時代の四国遍路の動向

四国遍路は江戸時代初期までは中世と同様に僧侶、修験者の修行の性格が強く残り、庶民が遍路に出かけることは少なかった。その理由には二、三の点が挙げられる。その一つは札所寺院の荒廃が激しく、霊場としての形態が整備されていなかったことである。今一つは、遍路における道路、渡渉などの交通事情の劣悪さと、宿泊施設が整っていなかったことである。それに加えて、地図がなく、道案内の不便さなどが挙げられる。特に寺院の荒廃は激しく、信仰面からも遍路の障害になっていた。四国遍路の動向を具体的に述べる前に、遍路の障害になった要因の状況をみてみる。

札所寺院の荒廃

承応二年（一六五三）に、京都・智積院の悔焉房澄禅が書き著わした『四国遍路日記』は巡拝記として貴重な資料である。それには当時の札所寺院の状況が詳しく書かれ、寺院の荒廃や住職の不在などの様子が読みとれる。特に阿波と伊予の札所の荒廃が激しく、それを摘記すると次のような様相であった(1)。

二番極楽寺は、「寺ハ退転シテ小庵ニ堂守ノ禅門在リ」とされ、七番十楽寺も「是モ悉ク退転ス、堂モ形斗」

と記され、九番法輪寺については、「堂舎寺院悉退転シテ少キ草堂ノミ在リ」と述べられている。十一番藤井寺は、「二王門モ朽ウセテ礎ノミ残リ、寺楼ノ跡本堂ノ鋸モ残テ所々ニ見タリ、今ノ堂ハ三間四面ノ草堂也、二天二井十二神二王ナトノ像朽ル、堂ノ隅ニ山ノ如クニ積置タリ」とあり、堂宇を始め仏像が朽ちて無惨に山積みされ、その荒れ方の激しかったことがわかる。十四番常楽寺は「是モ少キ草堂也」と簡略に触れ、十五番国分寺は、「少キ草堂、是モ梁棟朽落テ、仏像モ尊躰不具也、昔ノ堂ノ跡ト見ヘテ、六七間四面三尺余ノ石トモナラヘテ在、衰ナル躰也」と記され、堂宇の朽ちた姿と仏像の損傷の無惨な様相であった。十六番観音寺も、「是モ悉ク退転ス、少キ草堂ノ軒端朽落テ、棟柱傾タル在、是其形チ斗也」と述べられ、澄禅が四国遍路の皮切りした十七番井戸寺は、「堂舎悉ク退転シテ、昔ノ礎ノミ残リ、二間四面ノ草堂在、是本堂也、……寺ハクズ家、浅マシキ躰也、住持ノ僧ノ無礼野鄙ナル様、難レ述ニ言語一」と、これまた堂宇の荒れた姿と僧の行状に憤慨している。そして二十二番平等寺は「寺ハ在家ノ様也」と寺院の形態を失っていた。二十三番薬王寺は、「先年焔上ノ後再興スル人無フシテ、今ニコヤカケ也。二王門焼テ、二王ハ本堂ノコヤノ内ニ在」として焼失による廃退を伝えている。

　阿波のほかにも伊予の札所も荒廃し、その状況は次の通りである[2]。四十三番明石寺は、「本堂朽傾テ本尊ハ少キ薬師堂ニ移テ在リ、……寺主ハ無ク、上ノ坊ト云山伏住セリ、妻帯也」と堂宇の荒廃と、住職の不在を述べている。四十六番浄瑠璃寺は「昔ハ大伽藍ナレトモ、今ハ衰微シテ少キ寺一軒在リ」と、四十七番八坂寺も「今ハ是モ衰微シテ、寺ニハ妻帯ノ山伏住持セリ」と住職の不在を伝えている。そして五十番繁多寺は、「本堂二王門モ、雨タマラス、塔ハ朽落テ、心柱九輪傾テ衰至極ノ躰ナリ」とされ、五十二番太山寺も「五仏堂在リ、悉朽傾テ在」と堂宇の荒廃を述べている。更に五十六番泰山寺については「寺主ハ無シ、番衆ニ俗人モ居ル也」、六十一番香園寺にも「寺ハ在トモ住持無シ」と住職の不在を伝えている。

　このように阿波、伊予の札所寺院の大半は荒廃し、住職もいない状態で寺院としての機能を失っていた。その反面、土佐、讃岐では藩の援助を受けて寺院の整備が行なわれていた。二十五番津照寺は「是モ太守ゟ再興ニテ結構ナリ」とあり、二十九番国分寺では「近年堂塔破損シタルヲ、太守ゟ修理シ玉フ」と、三十一番竹林寺も「本堂ハ太守ゟ修造セラレテ、美麗ヲ尽セリ、塔ハ当寺主有厳上人ノ造工ナリ、鐘楼・御影堂・二王門・山王権現ノ社、何モ太守ノ願ナリ」[3]とある。寂本も『四国徧礼霊場記』の中で、「凡此州の霊場はみな太守より修補せらるとなり」[4]と述べているように、土佐の藩主が寺院の再建に力を入れていたことがわかる。澄禅は更に三十二番禅峯寺付近の浦戸という所の河について、「此河ニ太守ゟ渡シ舟ヲ置テ、自由自在ニ旅人渡ル也」とあり、三十四番種間寺付近の河でも「是モ渡舟在テ、自由ニ渡ル也」[5]と書かれ、土佐藩は人の往来の便宜にも力を入れていた。讃岐でも札所寺院は整備されていた。『四国遍路日記』は次のように述べている。[6]

凡讃岐一国ノ風儀、万与州ニ似タリ、サスカ大師以下名匠ノ降誕在シ国ナル故ニ、密徒ノ形義厳重也。当国ニ六院家トテ、法燈ヲ取寺六ヶ所在、……其外所々寺院何モ、堂塔伽藍結構ニテ例時勤行丁重ナリ。

以上のように土佐と讃岐は札所寺院や渡舟などは整備されていたが、阿波と伊予の札所の荒廃が激しく、それが遍路の障害になっていた。[7]

劣悪な交通事情

寺院の荒廃に加え、陸上交通の障壁、特に河川の渡渉に難渋したことが遍路に立ちふさがる要因でもあった。[8]阿波、土佐の河川には橋や渡し舟がなく、澄禅も渡渉に困惑したことを綴っている。まず、二十番鶴林寺を出て那賀川を渡る時、「此川ハ大河ナレトモ舟モ無ク、渡守モナシ、上下スル舟人ニ向テ手ヲ合、ヒサヲ屈シテ二時斗敬礼シテ、舟ヲ渡シテ得サセタリ」[9]と述べている。二十九番国分寺の手前の言云川と眠り川の河渡りに難渋したことも詳しく述べている。[10]

（前略）道筋ヲ教ヘラル、其如ノ行程ニ彼言云川ニ至ル、水ハ未出来ラ子トモ、石高ク水早シ、渡リ悪キ川也、河中ゟ大雨降来リ、中々蓑モ笠モタマラヌ程ナレハ、民家ニ立寄、雨ノ晴間ヲ待、夫ゟ少晴ケレハ、家ヲ出テ行、爰ニ国分寺ノ近所ニ眠リ川ト云川在、此ハ一睡ノ間ニ洪水出ル川ナリ、前季ノ大雨ニ洪水出来テ、歩渡ノ事ハ不中ニ及、舟ニテモ難渡リ大水也、近所ノ人サエ渡リ兼テ、河原ニ立渡テ在……暮迄待ケレトモ、又雨降ケレハ不及是非、近辺ノ田嶋寺ト云寺ニ一宿ス、（後略）

更に、三十七番岩本寺前の平節川では、「五社ノ前ニ大河在リ、少シ雨降ケレハ、五日十日渡ル事ナシ、舟モ橋モ無シテ第一難所ナリ、洪水ニハ五社ノ向イヘ、坂中ゟ札ヲ手向伏拝テ過ナリ(11)」とある。河川に橋や渡し舟がなく、洪水の時には何日も待機させられたり、参拝できなかったことが多かった。そのために多くの日数が費やされた。澄禅は七月二十五日から十月二十六日までの九十一日を要している。江戸中期以降の遍路が四、五十日で一巡するようになるので、澄禅の日数は二倍に上っている。

道案内と宿泊施設の不備

このように寺院の荒廃と交通の障害が大きかったことに加え、道案内の不便や宿泊施設の不足が庶民の遍路を困難にした。真念は『四国偏礼功徳記』の跋辞で、宿泊施設の不備と道の不案内について次のように述べている(12)。

四国のうちにて、遍礼人宿なく艱難せる所あり、真念是をうれへ、遍礼屋を立、其窮労をやすめしむ、又四国中まぎれ道おほくして、佗邦の人、岐《ちまた》にたゝずむ所毎に、標石を立る事、をよそ二百余所なり、

真念は二十数回の遍路を重ねているが、その間に標石を建てたり、宿泊の遍路屋の整備にも力を注いだ。この

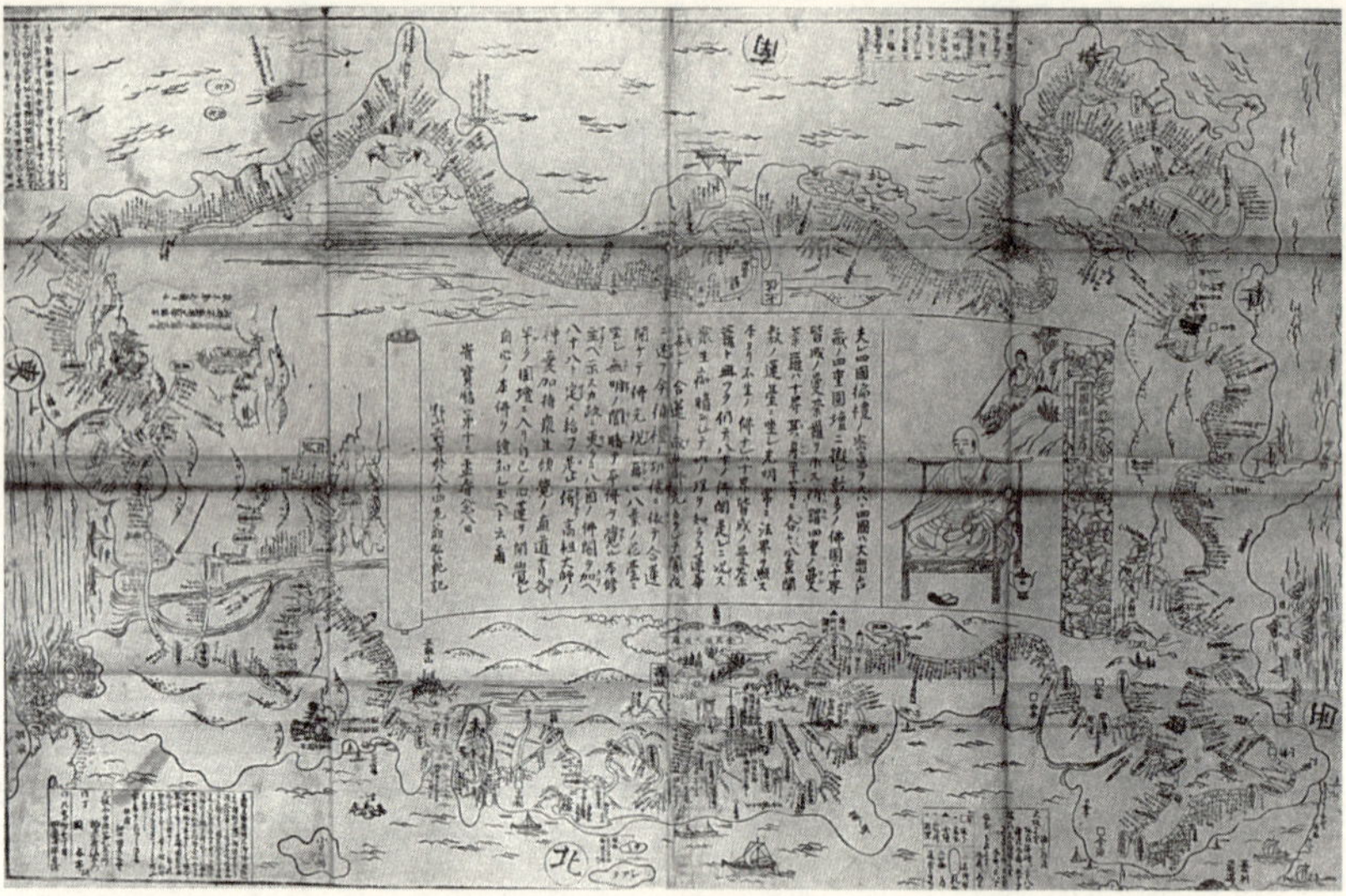

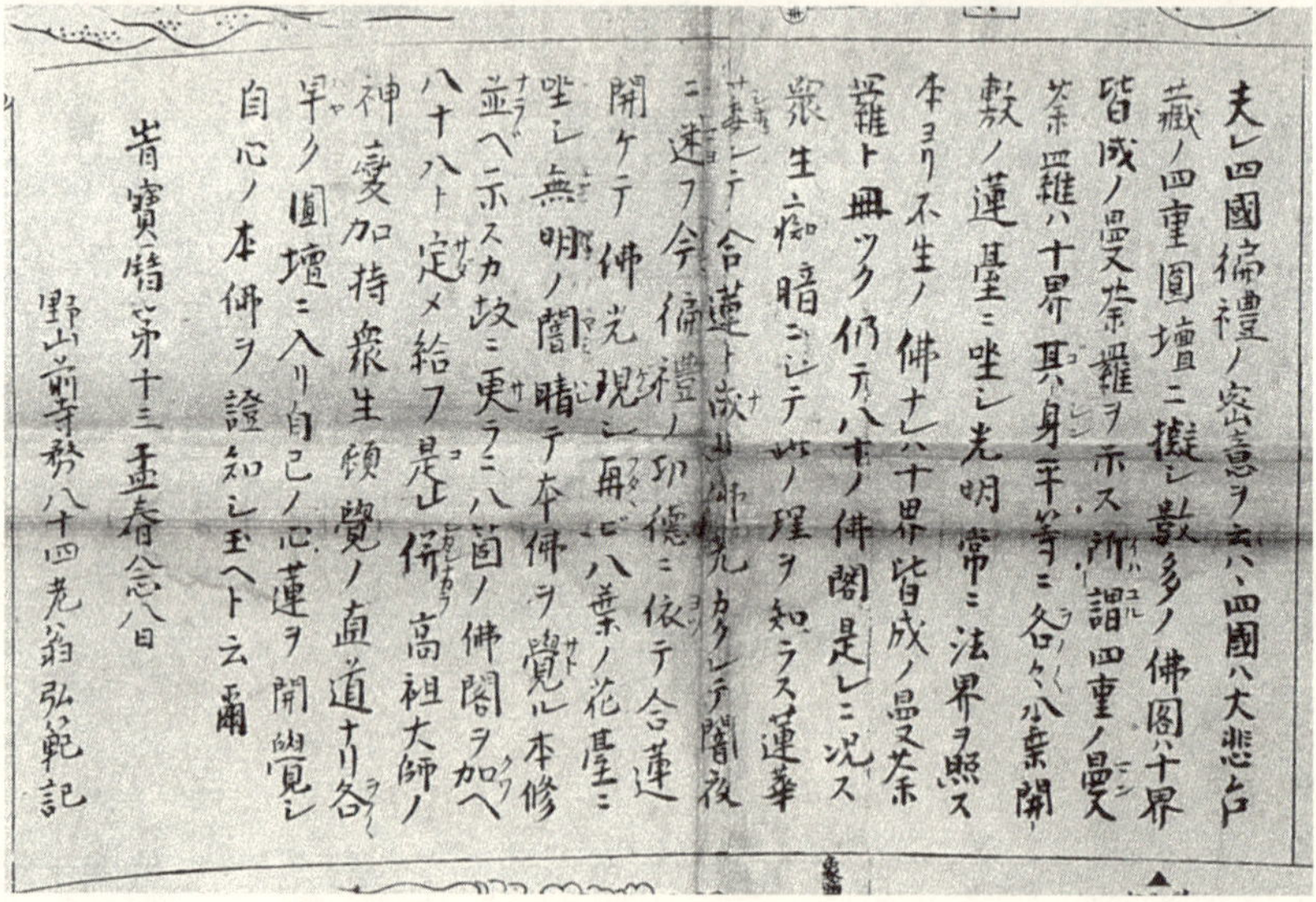

図２－17　『四国徧礼絵図』（宝暦十三年）の全体図（上）と中央部分の拡大（下）
（神戸市立博物館蔵）

功績は真念だけではないが、標石や宿泊施設などが徐々に整い、遍路絵図が出版される江戸中期以降には遍路が増えるようになったと考える。

遍路の動向

さて、四国遍路の動向を具体的に知る手懸かりに、各霊場に残された過去帳を調査する方法がある。前田卓博士は過去帳から一三四五名の遍路を抽出し、年代別に考察した。(13) それによると、寛文年間(一六六一—七三)に江戸からの遍路が初めてみられ、元禄年間には隔年毎に阿波、讃岐、備中などの遍路が出てくる。次の宝永年間には毎年遍路が見出せる。しかし、その人数は極めて少なかった。その数が増加し始めるのは十八世紀中頃の寛保・延享・宝暦の頃からである。やがて寛政年間(一七八九—一八〇一)から急激に増え、江戸の後期の文化八年(一八一一)から嘉永四年(一八五一)までの間には年間二百人から三百人の遍路を記録するほどであった。この調査分析は過去帳に記録された死亡した遍路であるが、その他の資料とも符合するところがある。例えば、土佐藩が遍路規制をしたのが寛文三年(一六六三)であり、(14) それ以前は遍路の数も問題にされなかったが、遍路が増加したための規制である。貞享四年(一六八七)に真念による『四国邊路道指南《みちしるべ》』が、元禄二年(一六八九)には寂本による『四国徧礼霊場記』(全七巻)が、そして翌年(一六九〇)に寂本と真念の編著『四国徧礼功徳記』などの巡拝記が出版され、四国遍路への関心を呼び起こした。更に注目すべきことは、宝暦十三年(一七六三)に細田周英敬豊が各霊場の順路や道程を詳細に絵図した『四国徧礼絵図』を出版したことが、遍路への吸引の役割を果たしたことである。(15) 細田周英敬豊は絵図の左下にその製作趣旨を次のように述べている。

高野大師讃州に御降誕在しヽより……周英延享四年の春真念の道しるべを手鏡として大師の道跡を巡拝せしが、西国卅三所巡礼等には絵図あれども、四国徧礼には無き事を惜んで略図となし……細見図となし普く徧礼の手引きになれかしと願ふものぞかし。

宝歴十三ひつし春

但陰

細田周英敬豊

この頃になると各藩による道路や橋、渡し舟などの整備が進み、更に真念などによって始められた標石の設置や遍路宿が増えるようになった。

ところで、遍路の動向を知る具体的な資料としては土佐藩に記録が残されている。『山内家史料』には宝暦十四年（一七六四）の上書項に次のように記されている。[16]

他国辺路二月より七月まで一日に二、三百人も通り申候、一宿一人前に五銭、八銭ほど宿賃をおき候、

新城常三博士は、この資料の数値を基準に単純に算定すれば年間遍路は三万六〇〇〇人から四万八〇〇〇人になるが、一日に二、三百人という数値には疑問が残り、四月、五月の農繁期には遍路が減少するので、これだけをもって総数を把握するには危険がある、[17]と述べている。新城常三博士は、より正確な資料として伊予小松藩の『会所日記』の記録に注目し、その記載記録から当時の遍路の動向を捉えている。[18]『会所日記』には寛保二年（一七四二）から文久二年（一八六二）までの間の中で、四十年分の同藩から遍路に出た人数が記録されている。それを図式化すると図2－18のようになる。

それを分析すると、遍路は元禄前後にはまだピークに達していないようである。宝暦、明和から安永にかけて相当数になり、この頃に一応の頂点に達したものと言える。天明の飢餓では一時的に落ち込むが、寛政以降に再

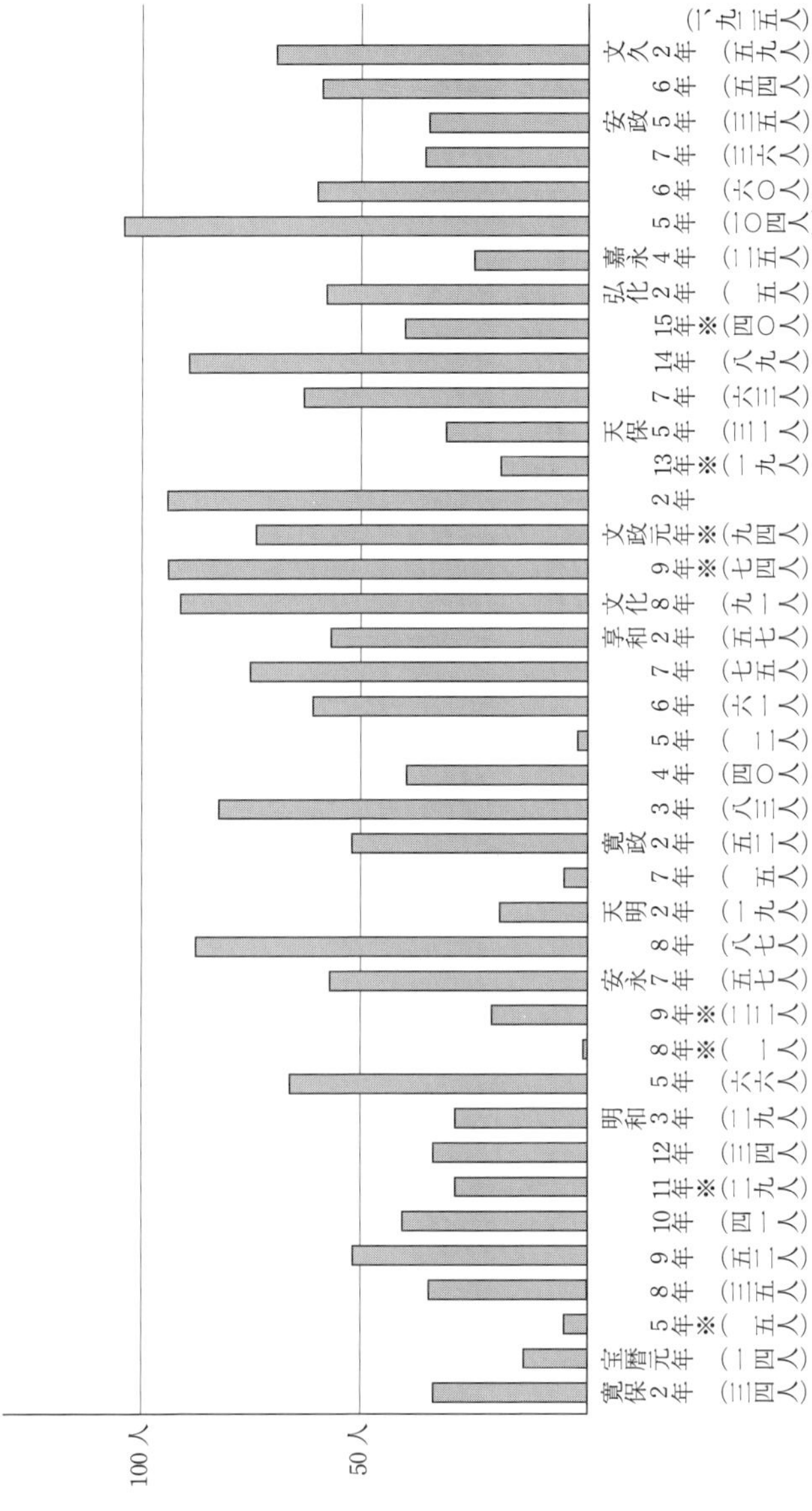

※印は一年間ではなく、一定期間のみである。

註　新城常三『新稿　社寺参詣の社会経済史的研究』を基に作成。

図2-18　伊予小松藩からの遍路数

び増加し、文化、文政初期に第二のピークを迎える。このような傾向は前田卓博士の過去帳のデータとも照応し、全体の遍路動向の手懸かりになる。これをもとに新城常三博士は年間の総遍路数を推計すると次のようになると捉えた。例えば、享保十一年(一七二六)の小松藩の人口が一万一二二二人とみられ、年間平均遍路を四八人とすれば、二三四人に一人の割合で遍路に出かけたことになる。小松藩の遍路数を四国の各藩平均値として試算すれば、四国全体の遍路は五〇〇〇人台から七〇〇〇人台と考えられる。その上で、四国全体の遍路と四国以外からの遍路の比率を勘案して年間の遍路の総数を推計すると、比率を同率とすれば一万人台から一万四〇〇〇人台となり、四国以外の比率を二倍とすれば一万五〇〇〇人台から二万一〇〇〇人台になるだろう[19]、と捉えている。西国巡礼の年間の総数が江戸中期以降では一万人から二万人であったが、四国遍路もほぼそれに近い人数とみることができる。

このような遍路の年間総数の推計を裏付ける貴重な資料が残されていることが近年判明した。江戸後期の寛政年間に土佐藩佐川領を見廻りした役人の記録に遍路数の記載が残されている。明治大学警事博物館所蔵の『寛政十三年改亨和元酉春西郷浦山分廻見日記』の下横目三八には、寛政十三年(改元されて亨和元年、一八〇一)の項に次のように遍路の人数が記されている[20]。

遍路通行当時一日ニ弐百人位、去年分縮高弐万千八百五拾壱人、内千七百九人逆遍路
但盛ニ通行仕候時者一日ニ三百人及申候事

これによると、一日当たりの遍路数は二百人程度として最盛期には三百人にも及ぶこともあった。その上で、寛政十二年の「縮高」を二万一八五一人と詳細に記している。そのうち札所を逆に廻る「逆遍路」は一七〇九人と正確に記している。土佐藩は遍路を厳しく取締まり、出入口を阿波よりは甲ノ浦《かんのうら》口、伊予よりは宿毛口の二ヵ

所に限り、それ以外の口からの出入を認めなかった。しかも、国手形を持つものに限り、滞在日数も制限されていた[21]。そのような土佐藩が記録した『酉春西郷浦山分廻見日記』は、当時の役人が人数を正確に記載したもので、資料の信憑性は極めて高いものである。一日当たりの遍路数が二、三百人という数値は、『山内家史料』でも「二月から七月まで」と期間を限定しながら述べられ、それとも符合する。この資料が四国遍路の年間数を記録した唯一の貴重なものである。寛政年間は前田卓博士の過去帳調査や新城常三博士の試算でも遍路が増加する時期であり、当時二万人を上回る遍路があったと捉えることができる。

このように幾つかの資料を手懸かりに四国遍路の年間総数を検討すると、江戸初期にはその数は少なかったが、中期以降には巡拝記の出版や遍路絵図が出まわることによって遍路は増加する。その後も時代によって変動はあるが、年間平均二万人前後の遍路があったと捉えられる。

遍路の出身地

次に、遍路の出身地をみてみることにする。前田卓博士の過去帳調査によると、国元が判明した一〇七一名中で最も多かったのは阿波で約一割（一二五人）である。次いで紀州（八四人）、讃岐（七九人）、備中（七三人）、摂津（六七人）と続き、これらの五カ国が遍路の多い上位になる。それに次ぐグループとしては播州（四九人）、伊予、安芸、備後（共に四五人）、山城（三五人）である。遠隔地では武州（二五人）、尾張（一二人）、奥州（八人）が挙げられる。その結果、遍路は土佐を除く地元四国と、その対岸にあたる近畿の紀州、摂津、播州、そして山陽道の安芸、

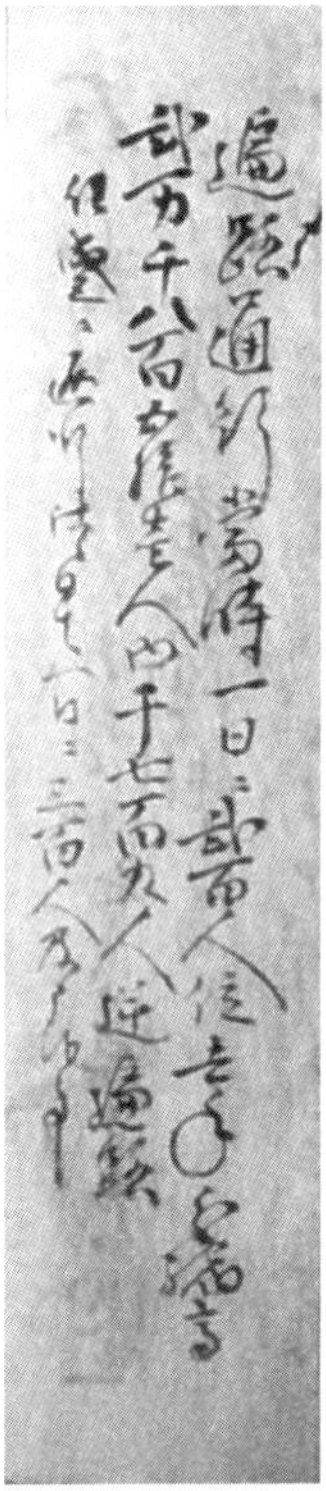
図2-19 『酉春西郷浦山分廻見日記』（明治大学警事博物館蔵）の人数の記録

図2－20　遍路絵図のいろいろ（神戸市立博物館蔵）
上　「四国寺社名勝八十八番」
下右　「四国順拝御土産絵図」
下左　「四国八拾八ヶ所并名所古跡案内」

図２－21※　遍路墓

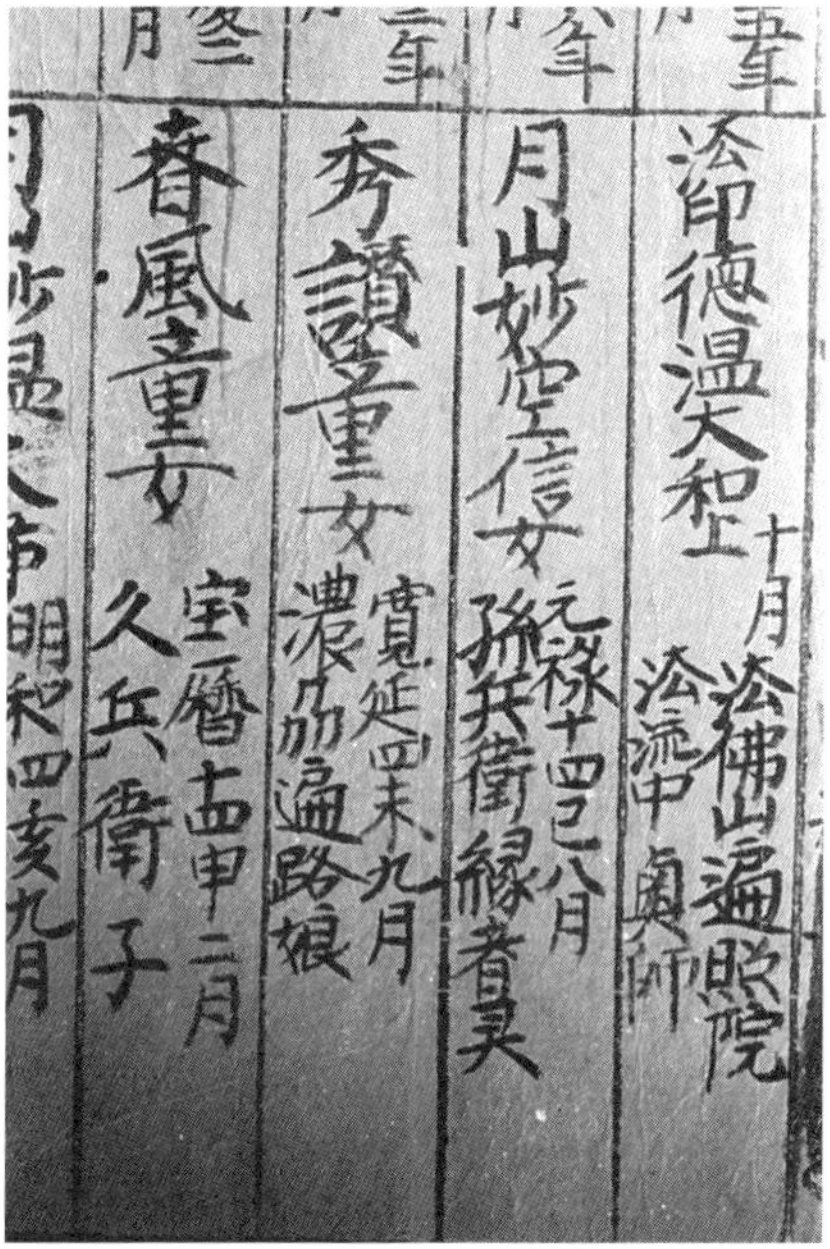

図２－22※　過去帳

備中、備後などが多いことがわかる[22]。

この調査とは別に、第七十六番札所・金倉寺に残された過去帳の調べによると[23]、遍路の輩出地は次のようになる。宝暦二年（一七五二）から慶応二年（一八六六）までの期間に八〇人の遍路が死亡し、そのうちで国元が判明したのは六二人である。その内訳は摂州が九人で、それに泉州と河内の各一人を加えると、現在の大阪府は一一人になる。次いで芸州六人、阿州、備後が各五人となっている。以下讃岐、備中、紀州が各三人、伊予、防州、播州、丹波が各二人となっている。遍路の輩出藩は三〇藩に及んでいるが、遠隔地の相州、武州、下野、常陸などの東国からの遍路もみられる。これによっても地元四国と対岸の近畿、山陽道などが多いことが判明する。遍路の性別は、男性遍路が六六人に対して女性遍路は一四人であった。

遍路の輩出地のこのような傾向は納札調査でも裏付けられる。喜代吉栄徳氏は高知県と愛媛県の三ヵ所に残されていた江戸時代後期から幕末までの納札を出身地別に整理して報告している。[24] 三ヵ所の中でも高知県幡多郡大月町の民家に保存されていた納札が最も多く、資料価値が高かった。それによると弘化二、三年（一八四五、六）頃の納札八五六八枚の半数にあたる五一%は地元四国の出身者であり、その内訳は阿波が最も多く一九・八%を占めている。次いで伊予が一二・九%、讃岐九・八%、土佐八・六%となっている。四国以外では近畿地方が二〇%、中国地方が一八・八%と続く。この三つの地方で全体の九割を占めている。四国以外で遍路を多く輩出している地域は、対岸の備中（五三四人）、備後（三七五人）や紀伊（四〇〇人）などである。これを現在の府県別に分けると、岡山県が全体の一〇・二%、兵庫県七%、広島県六%、和歌山県四・六%、大阪府四%となる。遠隔地では尾張（一〇六人）が注目される。

四国の地理的条件から地元四国と対岸の各国の遍路が多いのは妥当である。小松藩の『会所日記』で年平均四八人の遍路を出しているが、それは地元の遍路の多かったことを示す根拠でもある。対岸の山陽道も遍路を多く出している。新城常三博士は備中浅口郡乙島村から遍路に出かけた記録を取り上げ、幕末の天保十四年（一八四三）から明治三年（一八七〇）までの十六年間で乙島村から遍路に出た人は三六五人に上り、平均すると年二三人となる。[25] その中で最も多いのは天保十五年の六四人、同十四年の六二人である。浅口郡は遍路が盛んで、接待講が近年まで行なわれていたほどであり、山陽地方では平均を上回る輩出地であったと言える。同じく山陽道の安芸藩の江田島村から文政八年（一八二五）に四国遍路に出かけた人数が記録されている。藩は伊勢参宮、西国巡礼を度々禁止していたが、それを抜けるように四国遍路に出た男性四六人、女性三人の四九人があり、その内の未帰還者は五人あった。[26] また、対岸の紀州には弘法大師が入定し高野山があり、人々は古くから大師信仰に篤く、遍路に出かけるばかりではなく、講を組んで四国に渡り、遍路の接待にあたるなどの宗教的風土をもっていた。智積院の澄禅は高野山に参詣後に和歌山から阿波に渡り、札所を一巡した。江戸時代本州から四国に渡るルートの一つに紀州・加太浦より阿波・撫養《むや》、岡崎に上陸する経路があった。その中に遍路も多く含まれ、船賃で優遇していたことが窺える。弘化三年（一八四六）の「阿州江之渡海船引受候者共仲間定」には次のように書かれている。[27]

一　阿州撫養岡崎江十三里渡海乗合船賃壱人ニ付三匁ヅツ、かし切船壱艘ニ付三拾弐匁ヅツ
　　但、難渋之四国遍路者定外ニ軽キ船賃ニて渡海為致極々難渋者ハ無銭ニて乗合取計候筈

和歌山から阿波の撫養、岡崎までの船賃は一人三匁であったが、船主たちは遍路には船賃を軽減し、困窮者は無銭で乗せる取り計らいを申し合わせている。また、和歌山藩士の妻の日記の一節にも「かろき者ハ病或ハこじき又ハ四国へ出る[28]」と書かれ、和歌山から四国に渡る遍路が多かったことを物語っている。

以上のように四国遍路には地元四国と対岸の山陽地方が多く、次いで紀州、摂津、播州などの人々が多かった。但し、地元四国の中でも土佐の遍路は少なく、過去帳では僅か六人に過ぎず、同じ四国でも阿波、伊予、讃岐との格差が大きい。その理由は、土佐藩が他国からの入国する遍路を厳しく規制し、自国の治安維持をはかったことや、「土佐の国人は他国へ不出と云〻[29]」とか、寛政三年（一七九一）に自国の遍路を規制し一村より総代一名としている。[30]これらの事情と土佐藩の遍路の少なさとは密接に関係している。

それに対して、遠隔地になるにつれて遍路は少なくなるが、その中にあって尾張や武州からの遍路が比較的多い。名古屋では元禄二年（一六八九）の町触に、「近年、御城下町中男女、西国順礼四国辺渡仕候者共年々多ク罷成、去年当年は別而多罷出候由相聞へ候。……年々右通り御領より大勢遠国へ罷出候ニ付[31]」（傍点は引用者が付す）とあり、相当数が巡礼、遍路に出かけていたことがわかる。東国の人は四国遍路を単独で廻ったものではなく、西国巡礼と兼ねたり、更に坂東、秩父巡礼と併せて百八十八カ所巡拝として行なわれた。[32]遠隔地の奥州にも四国遍路に出かける風習がみられ、磐城塙地方の代官の触に、「西国四国等之巡礼猶伊勢参宮其外他国之神社仏

閣江参詣いたし候もの共ハ……[33]」と記されている。しかし、遍路の数は極めて少なく、過去帳では奥州全体で八名である。納札でも最も少ない地方になっている。

女性遍路と下層遍路の多さ

四国遍路には女性や社会の下層の人々が比較的多かった点に注目される。女性遍路の多さは、伊予小松藩の『会所日記』の四十年分の記録を分析した新城常三博士によると、一九二五人の男女比率は六七％対三三％で三分の一が女性である。[34] 備中乙島村の場合は女性が半数近くに及んでいる。[35] 女性遍路が多い理由には、女性が大師講の講中として信仰心に篤かったことや、遍路が女性の通過儀礼と結びついていたことなどが挙げられる。宇和島、松山などの四国各地や瀬戸内島嶼などには嫁入り前に遍路に出かける習慣があった。[36]

四国遍路は近世に入っても中世の修行的性格をとどめ、真摯な信仰の求道の場であった。そこには不始末などの事情で国元を追われた人や病気を患いその回復を願う人、物乞いをする人々などが救いを求めて遍路する者も少なくなかった。これらの人々が遍路を続けられた背景には、遍路の経費が他の巡礼に比べて格段に安かったことがある。四国遍路には宿泊施設が整わず、遍路たちは堂宇に寝泊まりしたり、野宿したり、農家で門付けしてその日の食糧を調達した。喜捨されたもの以外に米、味噌を買い求めて自炊するなどして巡拝することができた。それに加え、地元住民や対岸の紀州、備中などの接待講によって費用を切り詰めることができた。そのような環境で財産を失い借金を抱えた人や、故郷に身の置き場を失った人、不治の病を抱えた人々は我が身の救済を願い、遍路に出かけた。和歌山藩士の妻の日記には、「誠ニ此節一統セ間一さく也、かろき者ハ病或ハこじき又ハ四国へ出る見聞も哀至極之事共也[37]」と書かれ、下層の人々が四国遍路に出かけたことが窺える。

これらの遍路に対して住民は宿を提供する善根宿や食糧、草履、手拭などを施し、親切に取り扱った。この喜捨、接待が経済的に貧しかった遍路を支えることになった。紀州有田地方や備中浅口郡などから接待講の講中たちが四国に渡り、遍路に施しを続けてきた。その喜捨や接待で一生涯遍路を続ける人も珍しくなかった。周防山口県大島郡掠野村生まれの中務茂兵衛は、慶応二年（一八六六）に四国遍路に出て以来、大正十一年（一九二二）に亡くなるまで国元には一度も帰らず、その間、喜捨や接待で遍路を続け、標石を建立するなどして二七九度の巡拝を重ねた(38)。

しかしながら、その反面に住民の好意にすがる物乞いや、遍路を装う職業遍路も横行するようになる。元禄以降の年間遍路数は一万五〇〇〇人から二万人とみられるが、その一割強が物乞いする遍路であったのではないかともいわれる(39)。これらの物乞いする遍路や職業遍路は治安を乱す要因として、土佐藩は遍路の行動を厳しく規制した。藩は寛文三年（一六六三）に遍路の出入りのチェックを徹底するように次の通達を出している(40)。

辺路は札所順路ニ而候間、甲ノ浦口・宿毛口ゟ入可申候。其外之道口ゟ堅入申間敷候。右番所ニおゐて、辺路令所持候国手形見届入可申。御国中於村〻ニ無用ニ数日滞留之節は、其所之庄屋江相断、先〻江通可申事。

右寛文三卯八月廿一日

図２－23　布施を乞う遍路

これによると、土佐藩は道路の入国を阿波よりは甲ノ浦口、伊予からは宿毛口に限り、それ以外の口から入国を堅く禁止した。しかも国手形を所持した者だけの通行であり、無用に村々に滞留する者は庄屋に届け出ることを義務付けている。これと同じ主旨の通達をその後も度々出している。それにもかかわらず、物乞いする遍路や職業遍路は絶えず、明治期に入ってからもみられ、治安面から警察が厳しく取り締まる状態が続いた。その名残は大正期まで残り、娘遍路を体験した高群逸枝女史も警察の遍路狩りに出会い、連行されるところを同行の老人の機転で難を逃れている。(41)

遍路の季節

遍路の季節は農民が多数を占めていることから、農閑期を利用した時期であった。伊予小松藩からの遍路の場合、宝暦の末までは田植えの終わった後が断然優勢であったが、明和以降天保の初期までは、年の初めと田植え後農閑期の割合が伯仲するようになる。(42) その後、幕末までは大半が年始めに旅立つように変化している。遍路を多く輩出した備中浅口郡乙島村の場合は、幕末には旧正月、二月、三月に国元を出発している。(43) 農閑期とは地域の気候や栽培作物によって多少異なるが、年始めから三月までは気候も寒冷期であり、農作業には支障はなかった。その結果、この時期を利用して遍路に出かけるように変化していったものと考えられる。それが定着して「春遍路」と呼ばれるようになり、遍路は春の季語になるほど春の遍路が増えた。

第三章　現代の巡礼・遍路の動向

第一節　明治期から昭和の復興期までの札所の状況

江戸時代は前章で述べたように巡礼・遍路の盛況期であったが、明治期から昭和の中期までは一変して停滞期に入ることになる。現代の巡礼・遍路の動向を考察するに先立ち、明治期から敗戦後までの各霊場の状況を述べておくことにする。

明治政府はそれまでの宗教政策を大きく転換した。それは江戸時代までの神仏混淆政策を改め、明治元年（一八六八）に神仏判然令を発布し、併せて同年に復飾令が布告され、僧籍を捨てて、浄衣を着ければ神官として認めた。その後も修験道の解散命令や廻国修行の六十六部の禁止令を相次いで断行した。そして政府は神道を国教化し、伊勢神宮を頂点とした官弊神社を全国各地に設置した。これら一連の廃仏毀釈運動によって、仏教寺院は荒廃を余儀なくされることになり、当然札所寺院もその打撃を大きく受けた。特に四国霊場と秩父霊場の各寺院は混乱と荒廃・衰退が著しかった。

一　明治期以降の四国札所の混乱と荒廃

江戸時代までは神仏混淆であった四国八十八ヵ所の札所は、明治政府の神仏判然令の影響を受けて、混乱と荒廃が起きた。例えば、第十三番、第三十番、第六十二番札所の「一の宮」を始め、十二の神社は明治維新期に札所を廃止し、近くの縁故の寺院が札所になった。(1) その中でも第三十番札所・一の宮は後々まで混乱を引き起こした札所で遍路を悩ました。

その経緯は次の通りである。江戸時代までは土佐一の宮の別当寺として善楽寺と神宮寺が建立され、札所三十番として並立し、納経判も両寺交替で扱ってきた。一の宮は別名高鴨神社と呼ばれ名の知れた神社であったが、神仏判然令で明治元年（一八六八）に善楽寺、神宮寺から分離され土佐神社と改称された。その後神宮寺は善楽寺に合併されたが、明治三年に廃仏毀釈で善楽寺も廃寺となった。そのために本尊や大師像は第二十九番札所・国分寺に移された。ところが、明治九年に廃寺になっていた安楽寺が復興し、国分寺に預けられていた善楽寺の本尊の阿弥陀如来像だけが安楽寺に移され、高知県権令の許可を得てそれ以後安楽寺が第三十番札所として納経を行なってきた。しかし、昭和四年（一九二九）に、廃寺された善楽寺跡に一の宮地区の人々が関東地方の真言宗寺院・東明院の堂宇を移転し、国分寺に預けていた大師像を引き取り安置して「善楽寺」として復興させた。そこで安楽寺と善楽寺とは互いに第三十番札所と称することになり、紛議を起こし混乱することになった。長く混乱状態であったこの紛議は、昭和十七年に善楽寺を第三十番札所として、安楽寺を第三十番札所の「奥の院」とすることで一応の解決をみた。(2) しかし、その後昭和六十二年（一九八七）に安楽寺から派遣された住職の配転問題で訴訟に発展し、紛争が再燃した。その決着は平成四年に、安楽寺の住職が善楽寺の住職を兼ねるという最高裁判所の判決を踏まえ、平成六年（一九九四）からは改めて第三十番札所は善楽寺に統一し、安楽寺は第三十

番札所奥の院とすることが両寺の檀家総代の話し合いで了承され解決した。(3)

また、第六十二番札所伊予・一の宮は廃寺になり、納経は第六十一番札所・香園寺が代行することになった。第六十番横峰寺は明治四年に廃寺となり、石槌神社横峰社と改められた。そこで横峰寺の納経は近くの清楽寺が代行したが、明治十二年（一八七九）に横峰寺の近くに大峰寺を新たに建立し、札所の再開をした。そこで、清楽寺と大峰寺との間に紛争が起こった。やがて、明治四十二年（一九〇九）に石槌神社横峰社が廃止されたことで、尊像などは大峰寺に譲渡され、翌年大峰寺の寺号を横峰寺と改称し、名実ともに復興することになった。(4)第三十七番岩本寺（仁位田五社）も一時廃寺となるが、明治二十三年に復興されている。

図３－１　安楽寺（第三十番札所奥の院）

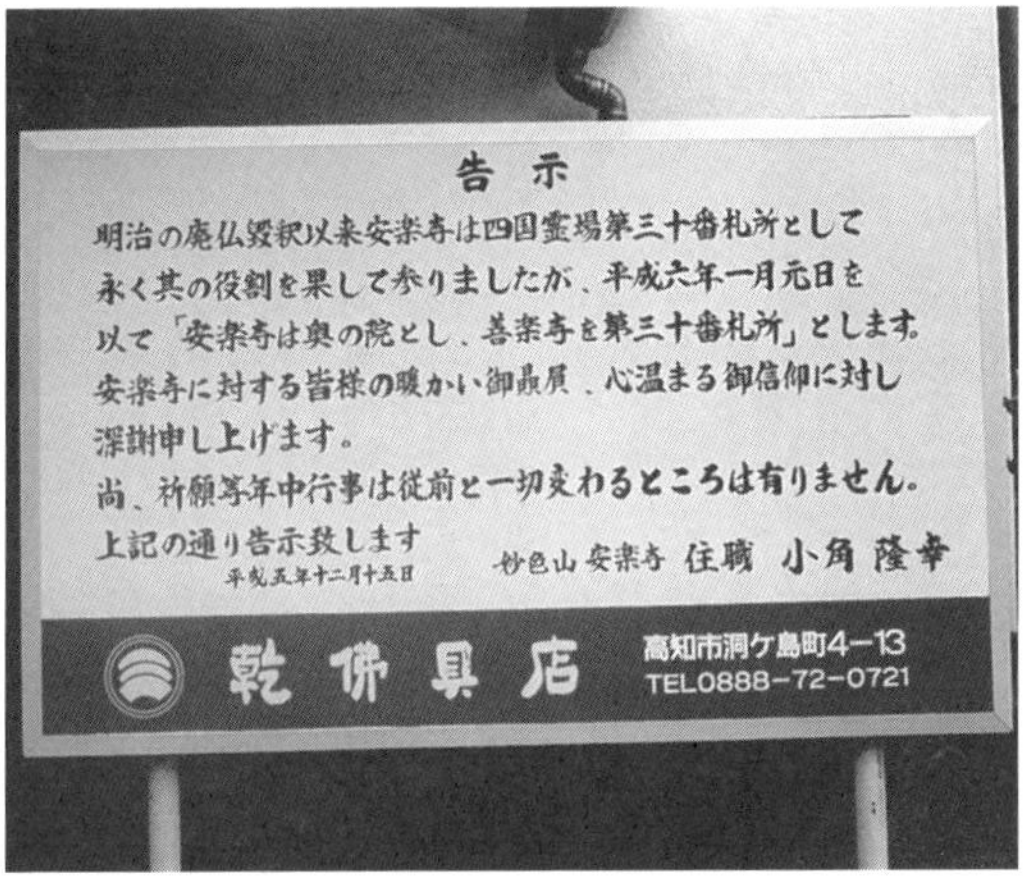

図３－２　第三十番札所の紛争解決「告知」

このように明治期の神仏判然令によって、四国札所は大きな打撃を受け、混乱を引き起こした。それに伴って、遍路も減少し、低調であったものと思われる。

近代に入ってからの遍路の動向は記録が乏しいことから、その実態は詳しくは判明しない。しかし、明治期にも案内記や巡拝記が発行されていることから、低調ながらも相当数の遍路があったことが推測される。その背景には国元を追われた人や病を抱えた人の救済を願う遍路が、接待や喜捨によって続けることができたからである。札所の先代住職の見聞によると、明治二十五年頃の遍路の数は三月から五月までに多く、時には一日五百人ほどあったと言われる。大正時代には一日千人近い遍路もあったという話もある。(5) 大正十四年頃の春秋の遍路時期には、一日五、六百人の遍路が遠くは満州・樺太・台湾から来ていた。しかし、夏や冬にはハンセン病患者や足の不自由な人々に限られていた。(6) 断片的ながら具体的な記録では、星野英紀氏の昭和十年代の宿帳調査によると、七年間で一万一七五人（一部行商人などを含む）の記録が残されている。(7)

ところで、昭和期に入ってから四国遍路に変化が出てくる。その変化は二つ挙げられる。その一つは交通機関の発達による便利さで体験記、案内記が多く出版され始めたことである。今一つは四国霊場札所の四国を離れての「出開帳」の開催であった。それらについて今少し詳しく述べることにする。

第一の四国遍路に関する出版物が相次いで発行された点である。星野英紀氏は、大正後期から昭和初期にかけての出版物について、昭和六年創刊の月刊『遍路』などを手懸かりに体験記、案内記が多くなったことを指摘している。(8) そもそも遍路の盛んであった江戸時代にも案内記は多く出版されているが、その多くは徒歩での信仰心にもとづく遍路を対象とするものであった。明治期にも江戸時代の流れを受け継ぎ、版木の携帯用の案内記が発行されている。例えば、松本善助が編輯・発行した『四国八十八ヶ所　道中独案内』（明治十三年）、発起人・小島勇治郎の『四国道中記』（明治十六年）などがある。

ところが、昭和期に入ると、鉄道や乗合自動車が普及し始めると、それを利用した遍路も出てきた。しかも遍路を宗教的な行為としてだけではなく、観光的な側面から捉える視点が新たに生まれてきたことである。その代表例として昭和五年に出版された島浪男『札所と名所　四国遍路』（宝文館）が挙げられる。島浪男はペンネームで本名は飯島実氏で、当時の鉄道省に勤務し、雑誌『旅』の記者をしていた。島氏は『旅』に連載するために昭和三年二月から翌年四月まで四回に分けて四国遍路を行ない、同誌第五巻四月号から第七巻一月号まで連載された。それを後に単行本として出版したものである。写真も多く掲載され、四百頁以上に及ぶ分厚い案内記である。島氏はその目的を、「今まで一部の信仰本位の旅行者だけにしか為《な》されてゐなかつたこの旅行課目を一般の遊覧本位、観光本位の旅行者のために開拓しやうと言ふにある[9]」とし、「交通機関の利用の出来るだけは利用して、日数を切詰める事にした[10]」と現在の旅行に近い廻り方をしている。そして、時には四人で相乗りでタクシーを飛ばし、「最近かう言う巡拝がちよいちよいあるらしく、万事は運転手の方が呑みこんでゐる[11]」と述べている。宿や食事に関しても、「宿も食膳に相当のカロリーがとれて、寝具にもともかく其の日其の日の疲労が恢復される様な宿を求めなければならない。（中略）虱に苦しめられると言う遍路宿は、ならば御免蒙りたい[12]」として、遍路宿には一度だけしか泊らず、一般の旅館に宿泊している。島氏の目的は雑誌記者として案内記を書き記し、遍路を一般庶民に普及させることであったので、当時としては贅沢な遍路体験であった。しかし、寺院の由来や縁起、霊験記や伝説を紹介し、明治以降の三十番札所の混乱事情の正確な記述や、五十三番国分寺に残された納札に触れるなど記述内容は質的に高い。その上で、交通の便や宿の料金、各地の名所の紹介などを記し、現在のガイドブックの原型とも言えるものである。

案内記の今一つは、昭和九年に安達忠一氏が『同行二人四国遍路たより』（欽英堂書店）を発行している。安達氏は刊行の目的を「正確な道中案内の乏しいのを知り、且は多くの人々の同様な欲求のあつた事を思ひ[13]」と述べているように、数度の調査を重ねた案内記であった。同書は簡潔でしかも順路、交通機関の便、費用などを詳細に記したもので、江戸時代の真念の『四国邊路道指南』や、松浦武四郎『四国遍路道中雑誌』（弘化元年）以来の詳細な案内記とも言える。各札所及び番外札所に関して番号、山号、院号、寺号、宗派、住所、御詠歌を記し、本尊と寺院の説明をしている。その上で、【順路】【車馬】の項目を設け、徒歩巡礼の順路と距離数（参謀本部の地形図を参考にして計算）、鉄道、乗合自動車、船舶などを利用した場合の道程、料金、所要時間などがきめ細かく記されている。併せて名所の説明も随所に挿入されている。

その他にも、僧侶による巡拝記として小林雨峯『四国遍路』（昭和七年、中央仏教社）や尾関行応『四国霊場巡拝日誌』（昭和十一年、立命館出版）などが挙げられる。また昭和十年に遍路を体験し、週刊誌に「事実小説」として投稿して懸賞を当てた多木伸『四国遍路の手記』（「週刊朝日」初夏特集号、昭和十三年六月一日）などがある。更に大正七年、二十四歳の時に遍路体験を記して『娘巡礼記』を著わし、大反響を呼んだ高群逸枝女史が昭和十三年に『お遍路』（厚生閣）を、翌年には『遍路と人生』（厚生閣）をと相次いで出版している。

以上のように、大正後期から昭和初期にかけて遍路に関する出版物が数多く発行され、その中には交通手段の発達で、鉄道、乗合自動車、ハイヤーなどを利用し、観光を兼ねた遍路が出始めていることがわかる。

昭和期に入ってからの四国遍路の変化の第二は、霊場札所の出開帳である。出開帳は明治二十三年頃、大阪で阿波寺院の出開帳があったが、昭和四年にも岐阜県大垣市で伊予の寺院を除く六十二ヵ所の出開帳があった。[14] しかし、その催しは全寺院ではなく、しかも中途で閉鎖するなど成功には至らなかった。[15] ところが、昭和十二年大阪・南海沿線での四十三日間に及ぶ出開帳は無事成功裏に終了し、好評を博したことである。これによって四国遍路が四国以外に広く知られる成果を挙げたと言える。

昭和十二年の大阪での出開帳は、南海電鉄の開業五十周年記念の行事として五月五日から六月十六日まで開催された。出開帳の目的、諸行事予定、実行母胎としての「四国八十八ヶ所霊場出開帳奉賛会」の組織、出開帳の成果など一連の経緯は『四国八十八ヶ所霊場出開帳誌』に詳細に記されている。それによると出開帳の目的は三つあり、その一つは「国民精神の浄化、皇道精神の振作を図り以て弘法大師の鎮護国家の御誓願に副ひ奉り」[16] とある。その二つ目は、昭和九年の大阪市を中心とした近畿地方の風水害被害者の三周忌法要である。第三には、四国巡拝の真意義を宣明することであった。協賛した大阪毎日新聞の四月二十三日付には「空前絶後　今マデモナク　コレカラモナシ」と題し、女性遍路のイラストを描き、予定計画や会場場所などの概略を紹介した広告を一面に掲載されている（図3－3）。大阪での出開帳を開催するまでには紆余曲折があった。その理由は、四国霊場の出開帳に賛成する「出開帳派」寺院と、反対する「非出開帳派」寺院とが対立し、昭和四年の大垣市の出開帳でも「非出開帳派」の伊予（愛媛県）の札所寺院は参加していなかった。「非出開帳派」の反対理由は、「四国霊場の有難味は、其の霊地霊趾と結び付きたる本尊に存するものであつて、単に本尊のみを移動するは意味をなすものに非ず」[17]という宗教信念上の問題であった。南海鉄道側はその「非出開帳派」を説得し、協賛を得て八十八ヶ所全寺院が揃っての開帳であった。会場は南海沿線の遠州園（阿波・土佐の寺院）と、金剛園（伊予・讃岐の寺院）の二カ所に分かれ本堂仮建物と納経所を建設し、大々的に行なわれた。

出開帳の盛況を伝える報道は開始前日の練行から始まっている。開始初日の光景を大阪毎日新聞は二枚の写真付きで、「楽なお遍路！　南海沿線遠州園と金剛園の四国八十八ヶ所出開帳始る」と題して伝えている。その一節には次のようにある。

> 申分のない天候に恵まれた参詣者は「やつぱりお大師さんのお蔭だつせ」と喜び勇んで続々巡拝のコースを辿つた。（中略）緩やかな丘陵を迂回しながら廻るコースは老人、婦人、子供達にとつては快適な〝お遍路ハイキング〟であり、「南無大師遍照金剛」と唱へながら遍路する人々の足取りも軽く「こんな楽な遍路ならほんとに極楽ぢや」と語つてゐた。
>
> （『大阪毎日新聞』昭和十二年五月六日付）

そして、開帳の終盤の六月十五日付では「仏徒の絶賛裏にいよいよあす十六日をもつて閉会されるが、南海鉄

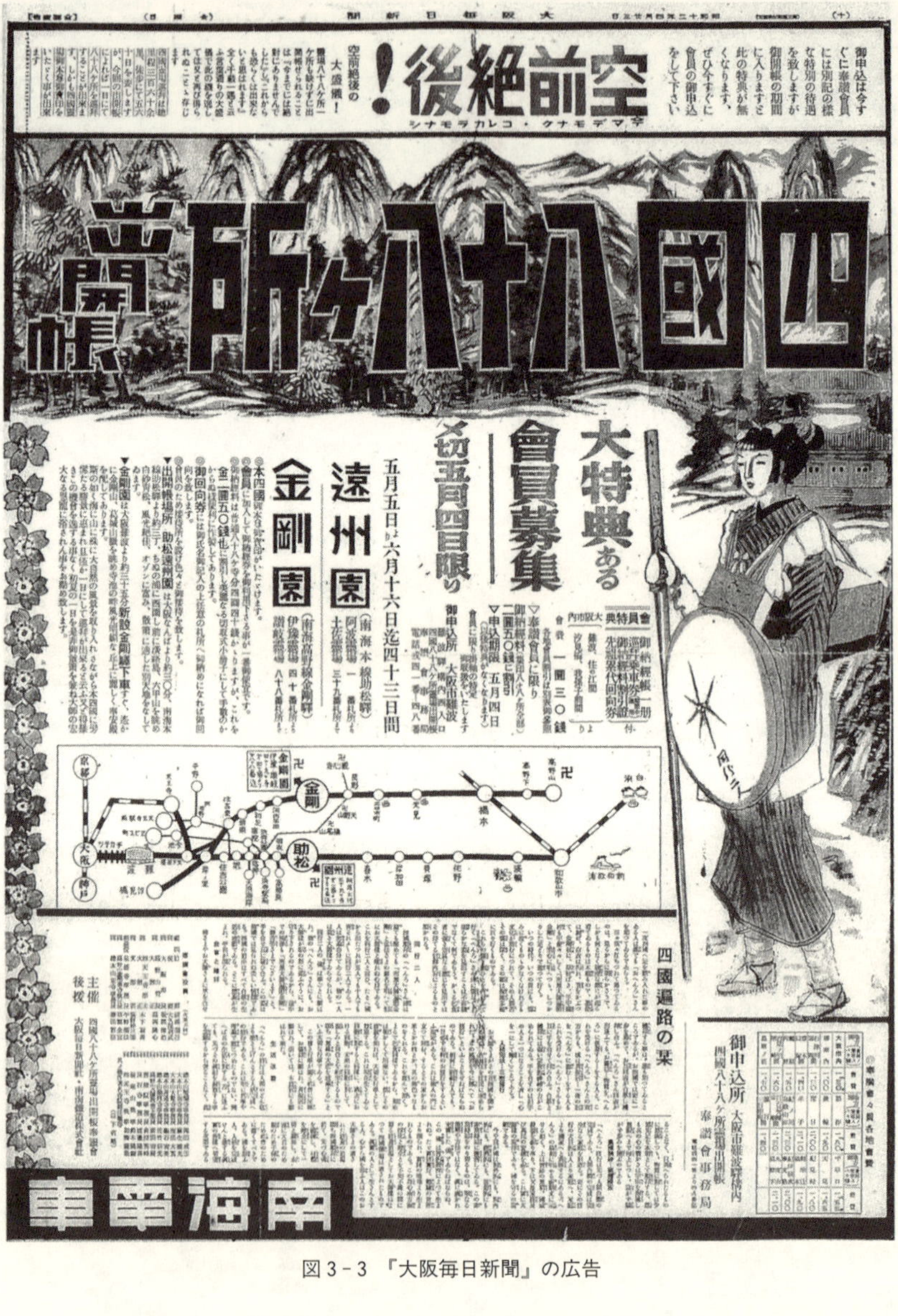

図3-3 『大阪毎日新聞』の広告

道調査による参拝者は十四日現在においてすでに十五万人に達した」と伝えている。なお、参拝者の人数は最終的に、『四国八十八ヶ所出開帳誌』では十七万人から二十万人と述べている。

大阪での出開帳は、四国遍路そのものではないが、四国霊場に出向けなかった多くの近畿地方の人々に喜ばれ、しかもその名を広めることに貢献をした。同時に後の札所寺院の組織としての「四国八十八ヶ所霊場会」の組織化に一役買い、大きな役割を果たしたと言える。

そして、戦後は敗戦で社会・経済が混乱し人々は生活苦に追われた。その復興が一段落すると遍路も増え出した。昭和二十八年には伊予鉄バスが団体バスによる四国遍路の運行を始め出した。翌年には伊予鉄バスに加え、徳島バスと高松バスが巡礼バスの募集を行なっている。その後昭和三十六年の伊予鉄バスの募集では年間三次の募集が行なわれバスの増便が計られているので、遍路の数が増加したものと考えられる。更に昭和三十六年には「ハイヤー」による広告も出始めることになる。従って、昭和三十年代に入り経済的にも余裕が生まれ、車による巡礼が起こり始めている[18]。

しかし、昭和四十年代に入っても四国札所の寺院は荒廃したままのところも残されていた。昭和四十五年の第十五番札所・国分寺の状況を『徳島新聞』は次のように述べている。

> 白いてっこう、きゃはん姿のお遍路さんが、のどかな鈴の音を響かせながら次々と訪れている。しかし、荒れ果てた境内を見て、なんとか修理、保存できないものか――と残念がる人も多い。（中略）この庭を含めて同寺は荒れ放題。本堂や山門の屋根はいたみ、柱にはそえ木が打たれている。
>
> （『徳島新聞』昭和四十五年四月二十六日付）

昭和四十年代から遍路は増え始めるが、戦前までの宗教政策と敗戦からの復興の遅れと財政的に苦しかった札

図３－４※　「四国八十八カ所巡拝バス」
と書いてある伊予鉄のバス

図３－５※　巡拝バスの車中

図３－６※　霊山寺山門

図３－７※　納経風景（昭和40年代）

図３－８※　遍路道を歩く光景

所は荒廃のまま取り残されたところが多かったと言える。

二　秩父札所の荒廃とその復興

明治期における秩父札所の荒廃はより激しかった。神仏判然令で秩父妙見社（秩父神社）の境内にあった第十五番札所・蔵福寺は廃寺になり、還俗した別当が本尊を小鹿野町の十輪寺に譲渡してしまった。その「引譲証文」は明治三年正月の日付になっている。地元住民の要望で大正六年に秩父・柳島にあった五葉山・少林寺が現在の地に移り、第十五番札所になった。しかし、戦後になって十輪寺では第十五番札所の本尊と証文を根拠に十五番観音の正当性を主張した。それに対して、少林寺は既成の事実を踏まえ、黙殺した(1)。

図３－９　明治41年の遍礼供養塔

それ以外の札所でも混乱が起きた。修験系の札所は解散令で住職が神官に転職するか還俗した。第十四番札所・今宮坊の住職は神官に転職し、第十八番札所・長生院（神門院）、第二十四番札所・明星院（法泉院）、第三十一番札所・観音院の住職は還俗したために無住となり荒廃し、廃寺寸前まで追い込まれた(2)。しかし、地元住民は観音堂の廃止には抵抗があり、宗派を変えて名義上は近くの寺院が兼務し、実質的には住民たちが管理する方法で存続させてきた。それにもかかわらず、札所の荒廃、衰退は避けられず、悲惨であった。次に二、三の事例を挙げてその状況を詳しくみてみる。

江戸末期から明治期に各地を旅して記録を残した松浦武四郎は、明治十八年に息子の追悼供養で秩父霊場を逆廻りで巡礼し、それを綴った『乙酉後記《うつゆうこうき》』を著わしている。そこには当時の札所の状況が述べられている。それを摘記すると次のようになる。[3]

図3-10　第十五番札所・少林寺

第二十二番童子堂永福寺。小庵也。無住。
第十七番実正山定林寺。無住。前の農家にて支配すると。
第四番高谷山荒木寺。…二王門。六角堂。札堂。何れも大破なり。
第二番大棚山真福寺。二王門。本堂。共に大破す。…二丈計の羅漢の像数十躰有て手足散乱、彩色剝落す。…側に破れたる布団を被り老僧寝たる、頗る貧地（寺）なりし…三十四番の順礼も減じ、信も薄らぎ、仏の箔もます〳〵剝ることしらるべし……

以上のように明治期の秩父札所は荒廃していたが、一時的に巡礼者が増えた時期があった。それは日清・日露戦争における出兵士の武運長久と戦死者の供養のために巡礼する人々が多く出たことである。[4] しかし、それは戦時下の特殊事情の一時的な増加に過ぎなかった。

戦後の秩父札所も悲惨な状況が続いた。戦後における社会思想の混乱と経済的な収入源の途絶は札所を消滅の寸前まで追い込んだ。[5] 第十四番札所・今宮坊の住職であり、『秩父新聞』を主宰していた田島凡海師の紙面には、三十四番水潜寺の様子を次のように載せている。

札所の中には住職もなく檀徒も全く熱意を欠き、あたら古刹が荒れるに任せて放任され、雨は漏り建物は腐朽し見る影もなく荒廃し、さながらお化屋敷の如く惨情を呈しているものがあり其の最も甚だしいのが日野沢村札所三十四番日野沢山水潜寺だ（後略）

（『秩父新聞』昭和二十四年四月二日付）

図3－11　出開帳が行なわれた大日堂

また、明治五年の修験道解散令で住職が還俗した第三十一番札所・観音院はその後は次のような経過を辿っている。還俗した近藤観法師の曾孫に当たる故近藤昌一氏の話では、観音院は明治二十七年に観音堂を火災で焼失し、寂れていた。昭和十八年に無住の寺は統合するようにという行政指導で、隣の曹洞宗・光源寺に吸収・統合されることになった。名義上は光源寺に統合されたが、実質的に寺の諸行事は村人が協力して行なった。その一つは巡礼者への「納経」手続きを山麓の飯田地区の人々が交代で協力した。その後、寺院境内を含む付近周辺は近藤家の所有であったことから、近藤家を中心に村人が協力して観音院を護持してきた。昭和二十八年から三十一年までは近藤家の個人的運営から切り離し、地域社会の共有という形式をとった。そして昭和三十二年からは有志が「観音院奉賛会」を結成し地域全員の運営から有志組織による民主的な運営に切り替えた。「観音院奉賛会」は積極的に寺院の再建をめざし、当時仁王門しかなかったものを、寄付金を募り、昭和三十七年には本堂を再建した。その後、

図3-12　民家風の納経所（第二十二番栄福寺）

梵鐘、休息所など境内の整備を行ない復興していった。

第十七番札所・定林寺も住職の不在が長く続き、地域住民の手で細々と護持されていた。定林寺の世話役をしている古老の話によると、当寺を管理していた林品次郎氏は昭和三年に家業をたたみ、北海道・釧路に移住した。そこで桜木地区の信徒十七、八人で寺を守り、その内の一人の民家で納経を行なっていた。戦中、戦後は観音信仰も廃れていたが、昭和三十年代後半に町内会長の呼びかけで定林寺の「復興協議会」を結成し、募金を募り本堂の大修理を行なって同三十九年に竣工した。境内地は国有地で昭和二十八年頃に大蔵省財務局からの払い下げの話があったが、資金難で実現しなかった。昭和四十年代に秩父市に払い下げされ、以後市から無償で借りる形式をとり、平成五年からは借地料を払うようになった。その間、定林寺は広見寺の末寺となり、毎年四月十八日には広見寺の住職によって法要が営まれている。

今一つの荒廃と復興の状況は、昭和四十一年には午歳総開帳にあわせて、各札所は堂内外の整備に力を注いだことである。その状況を『秩父新聞』には次のように載せられている。

札所二番寺＝庫裡の新築　三番寺＝観音堂修理、銅板ぶき屋根完工　八番寺＝本堂修理　十番寺＝本堂修理、山門修理　十三番寺＝堂内修理、荘厳具完備　二十七寺＝本堂の瓦葺き屋根大修理　二十八番寺＝本堂改修理、二十九番寺＝本堂改修理　三十一番寺＝道路整備中で（総開帳中山麓の大日堂で出開帳を行なう）　三十二番寺＝観音堂改修　三十三番寺＝本堂改修

（『秩父新聞』昭和四十一年三月十五日付）

総開帳に合せて多くの札所が本堂を始め堂内外の改修、整備を実施している。そのことはそれ以前までは寺院の建物は朽ちて荒廃していたものを、開帳を機に整備したものであった。

昭和四十一年の午歳総開帳をきっかけに秩父札所の復興が始まるが、札所の整備は遅れていた。昭和四十三年に出版された『秩父札所の今昔』では、札所の納経に触れ、「納経は寺の留守居人が扱っている」、「堂前の民家で扱う」とか「鍾乳堂の前の茶店で扱う」、「境内公会堂に住む人が扱う」など住職が不在で地域住民が納経を行なっているのが十四カ寺もある。(6)

やがて、昭和四十三年に西武鉄道が秩父まで延伸され交通のアクセスが向上し、多くの巡礼者が押し寄せるようになる。そして、江戸時代に度々行なわれた「総出開帳」は文化八年（一八一一）以来途絶えていたが、昭和六十一年十月十七日から二十九日まで浅草・松屋デパートで開催された。

秩父巡礼は明治維新から敗戦までは廃仏毀釈による仏教寺院の荒廃による打撃と、敗戦による社会・経済的混乱にあって、低調期であった。それが復興し始めるのは昭和四十年代の時期と考えられる。

三　西国札所の状況

西国札所も廃仏毀釈の影響は免れなかったが、四国、秩父札所に比べると荒廃は和らいでいた。西国札所の復興までの状況を一、二取り上げてみる。例えば、第二十二番札所・総持寺は明治以前までは荘園による収入があったが、その後廃仏毀釈の打撃を受け、明治十年以降大正年間までの同寺住職が埋葬された墓は残されていない。それは檀家を持たなかったので総持寺の住職だけでは生計が成り立たず、他の寺の兼務寺とされていたためであ

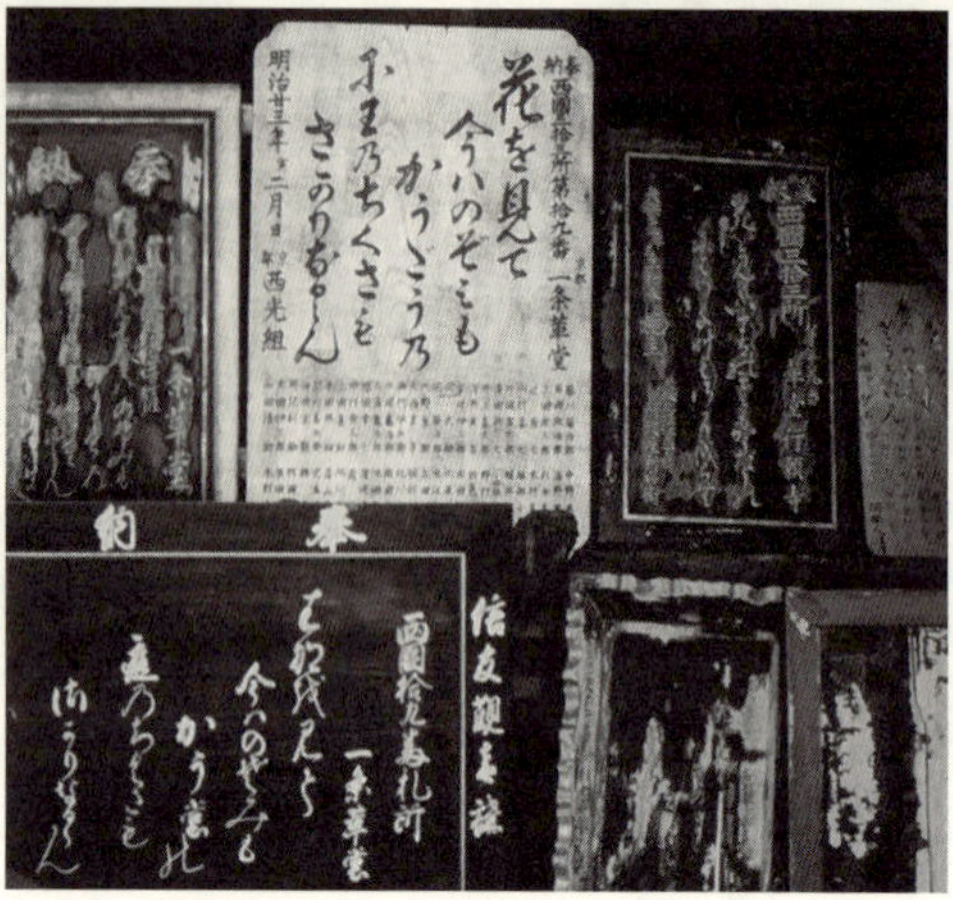

図3－13　革堂（行願寺）の納札

る。兼務寺としては箕面の帝釈寺があった。帝釈寺は戦前までは地主階級などの大きな檀家をもち裕福であったことから、総持寺はその隠居寺の関係であった。昭和三十年代に入っても檀家がなく、経済状況は苦しく、隣接する寺院の檀家の月参りを手伝うなどで切り抜けた。やがて昭和四十年代に入り、万国博覧会の開催など経済成長に伴い、ベットタウン化で檀家が増えたことで経済的に安定するようになった。[1] 加えて巡礼者の納経料金も寺院再建に役立つことになった。

西国札所は大きな伽藍を有し荘園を基盤としてきた。また、檀家を持たないところが多く、廃仏毀釈で寺院としての活動は停止され、その機能は麻痺していた。しかしながら寺院の本堂などの伽藍は強固であったことからかろうじて維持されていたものと考えられる。

西国札所の戦前の状況を知る今一つの出来事は、昭和十年に行なわれた東京での出開帳である。昭和十年十月十日から十一月十一日までの三十三日間に亘って、「非常時護国祈願震災十三年供養」という趣旨で西国札所の出開帳が実施された。場所は京浜沿線と東横沿線の十三カ寺の境内に分散して行なわれた。この出開帳は大成功でその趣旨と観音信仰の普及に貢献した、と言われている。なお、昭和十二年秋には坂東三十三所札所の出開帳が行なわれた。この開帳は、「満州事変殉国将士の追悼大法要を厳修し、更らに供養塔を建立」を目的とする特殊事情であったが、それ相当の基金を集め、しかも残額を本堂の修繕費などに当てることができた。[2] そのことからも西国札所の出開帳でも相応の喜捨を得ることができたと考えられる。

更に平成十五年に、第二十九番札所・松尾寺に昭和六年時の札所を撮影したフィルムが保存されているのが発見され、当時の札所の光景が写し出されている。それによると、寺院の伽藍は多少の荒廃があるものの、外観は壮大な景観を保っている。その中に三々五々笈摺を着た巡礼者の姿も見られる。また、今でも明治期から大正期にかけての納札が各札所に残され、当時富裕階級で観音信仰に篤い信者が巡礼に出かけていたことが窺い知れる。

以上のように、明治以降の宗教政策の変更と、敗戦による打撃は各札所に大きな影響を与えた。それが復興するのは昭和四十年代以降になる。しかし、札所の建物や境内は荒廃の名残を隠せない。次節以降では復興後の現在の巡礼・遍路の動向を詳しく考察することにする。

図3－14　吉峰寺の納札

第二節　西国巡礼の動向

現在の西国巡礼の動向・推移を年間の巡礼者数の動きと、月別・季節別の動きの二つの視点で分析する。西国巡礼は前節で述べたように明治政府の宗教政策と敗戦で大きな打撃を受け、長い間衰退していた。それが戦後の復興を成し遂げ、経済が飛躍的に伸び出した昭和四十年代から巡礼者の数も増え出した。経済成長によって荒廃していた寺院も整備されるとともに、人々の所得も増え始め遠隔地への参詣もできるようになった背景が生まれたことによる。前田卓博士は『巡礼の社会学』で、昭和四十四年当時の巡礼の動向を詳し

図3-15　第一番札所・青岸渡寺の本堂

図3-16　第三十三番札所・華厳寺

く分析している[1]。それを要約すると次のようになる。一年間の西国巡礼は昭和四十年には二万四六八〇人であったが、同四十四年には三万〇四一二人と一万人増加している。それを季節毎や月別に見ると、季節別では秋が最も多く三八・七%、次いで春は三三・一%となり、春秋の行楽シーズンで全体の七割以上を占めている。それに対して夏は一七・八%、冬が一〇・四%と少ない。月別では九月が最も多く五三五〇人である。次いで多いのは四月で四〇〇九人、十月の三四一四人、三月の三一〇四人と続く。反対に少ないのは十二月の三七人、一月の一一〇九人であった。

さて、筆者はその後の西国巡礼の動向を昭和五十年から平成十四年までの二十八年間にわたって捉えてきた。それを図式化したのが図3-17である。この間の動向を便宜上、前半期の昭和期と後半期の平成期の二期に分けて考察することにする。

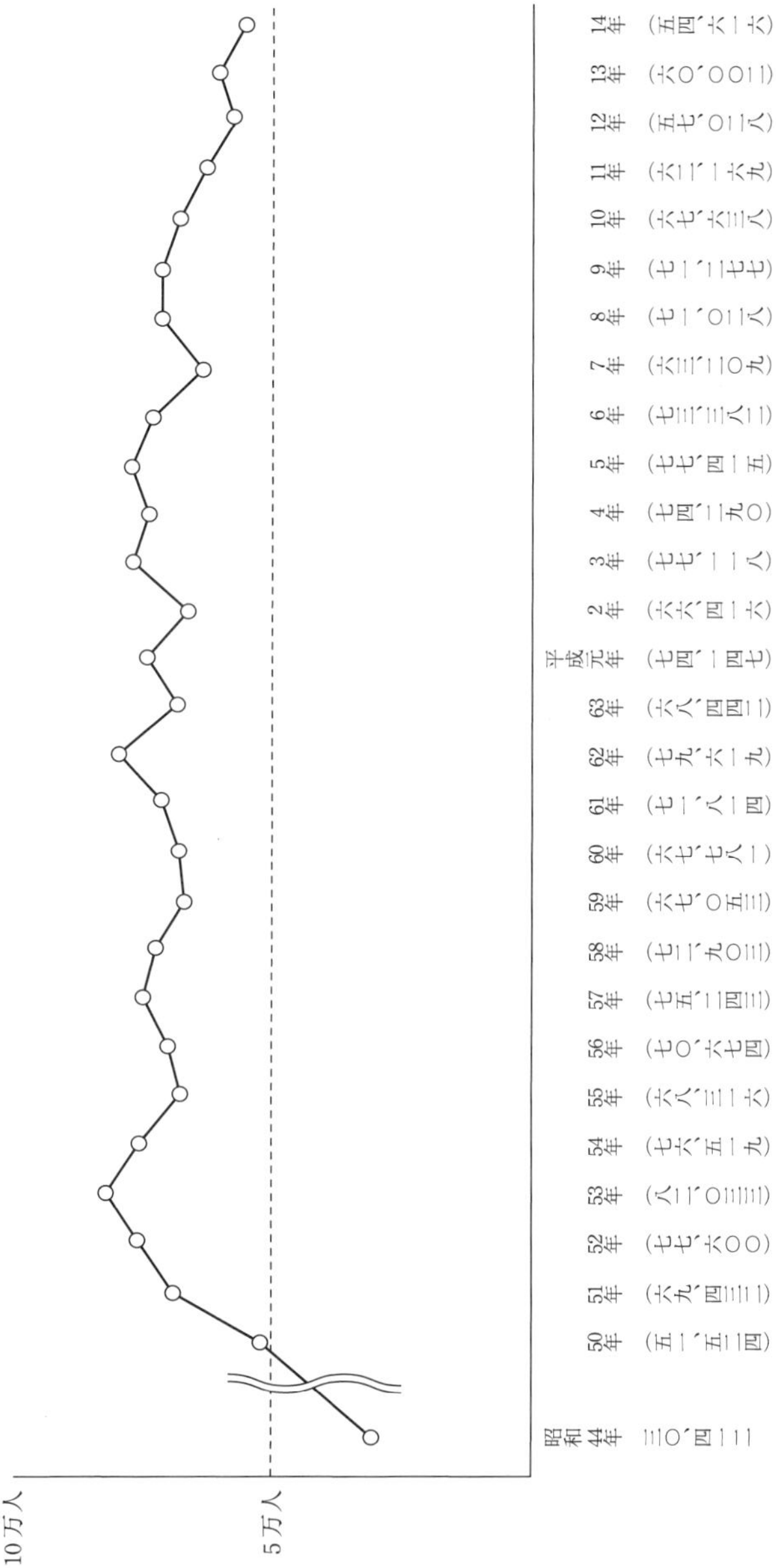

図３－17　西国巡礼の動向・推移　（※　昭和44年は前田卓『巡礼の社会学』による）

一　昭和期の動向

昭和五十年から六十三年までの十四年間の年間の巡礼者は平均七万一三五三人を数える。その中で最も多いのは昭和五十三年の八万二〇三三人であり、反対に最も少ないのは昭和五十九年で六万七〇五三人にとどまっている。この間の動向・推移の特徴は、巡礼者の年間の総数は六万人台後半から八万人台の前半の幅で増減し、二、三年の周期で増減を繰り返す傾向を示している点である。例えば、最も多かった同五十三年の後は同五十四年、五十五年には減少する。しかし、同五十六年、五十七年には増加傾向を示し、五十八年、五十九年には再び減少し、六十一年、六十二年は増加する。その結果、年間総数の増減が二、三年の周期で「波打ち現象」の傾向を示している。

巡礼者の動向を左右する要因としては、経済状況の好・不況を基本に、寺院の御遠忌、本尊開帳などの行事が挙げられる。それに加えて宗教以外の万国博覧会などの各地で催されるイベントや、週休二日制の普及など社会環境との関連も無視できない。それによると、巡礼者は昭和四十年代には三万人余りであったが、同五十年、六十年代には二倍から二・五倍と大幅に増加している。その大きな理由は、日本経済の急激な成長に伴って、個人所得が上昇したことである。高所得によってマイカーを所有し、それを利用して旅行やレジャーに出かけるようになった。巡礼にもマイカーを利用した人々が増え出し、その増加が巡礼者の絶対数を拡大した。

今少し、ミクロ的に分析すると、昭和四十年代から成長を続けていた日本経済は、五十年に入ると急速に円高が進み、対外貿易の体質が強化されて一層ステップアップした時期であった。同四十五年と五十年とでは国民総生産（GDP）は二倍に伸び、同五十五年には三倍、六十年には四倍強と大幅に増えた。それに伴って、国民所得も大幅な伸びを示した。具体的にみると、都市労働者世帯の実収入は同四十五年に一カ月一一万五〇〇〇円から同五十年には二倍の二三万六〇〇〇円、同五十五年には三五万五〇〇〇円、同六十年には四五万円と四倍に伸びている。このような経済的所得の伸びが巡礼にも反映している。その最初が昭和五十二年から五十四年の頃に相当する。その様子を第二十番札所・吉峰寺住職掃部光暢師は、「巡礼は昭和五十二年頃が一番多く、七十二人乗りのバスが何台も見えていました。御朱印を頂くのにも我先にの争いようです。小衲も朱印を押さねばならぬ、口喧嘩は御免、の場が度々でした(2)」と、当時の盛況な状況を述懐している。

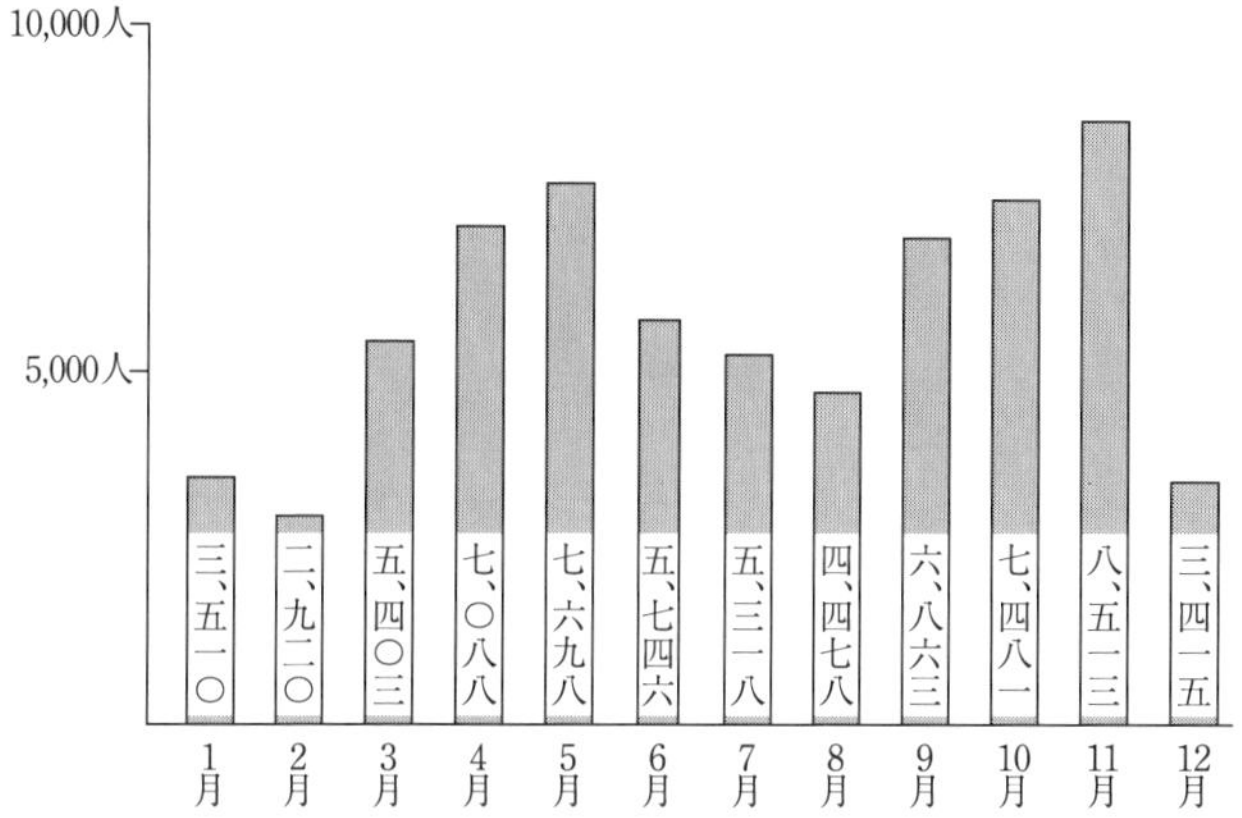

図3-18　昭和期の月別平均巡礼者数

　ところで、西国巡礼は三十三ヵ所を一巡するとその後二回目、三回目と廻る人は極めて少なく、初回だけで終わる(3)。その巡礼者が一、二年かけて一巡すると新たなる巡礼者が新参することになるが、巡礼者の交代時期が一時的に減少する。しかし、再び増加し、それが昭和五十七年、五十八年頃である。その後減少するが、同六十一年頃から増加し、やがて同六十二年には花山法皇が西国巡礼を中興して一千年にあたることから、法皇の供養法要や記念行事が多数催された。これを契機に巡礼者も増加することになった。しかし、翌年は低調期に当たり、且つ昭和天皇が体調を崩し、華美な風潮を控えたことの影響などで大幅に減少する。しかしながら、昭和五十一年から昭和末期までは平均七万一三五三人で六万人台後半から八万人台を二、三年毎に「波打ち現象」の傾向を示している。

　昭和の後半期の月別・季節別動向を見てみよう。図3-18は月別の動向である。最も多い月は十一月で八五一三人、次いで五月の七六九八人、十月の七四八一人、四月の七〇八八人である。逆に少ない月は二月で二九二〇人、十二月の三四一五人となる。それを季節別に分けると、秋が三三・五％、春が二九・五％、夏が二二・六％、冬が一四・四％となる。その結果、昭和四十年代と比べると春秋のシーズンの全体に占める割合が減少し、反面夏、冬の季節が増えたことで、四季に分散する傾向が出始めてきた。

図３－19　掛軸の乾きを待つ風景

二　平成期の動向

次に、平成期の西国巡礼の動向・推移を元年から十四年までを分析すると次のようになる。十四年間の年平均総数は六万五九八五人となり、最も多いのは平成五年の七万七四一五人で、逆に最も少なかったのは同十四年の五万四六一六人となる。これを昭和の後半期と比較すると、年間総数で五〇〇〇人余りの減少となっている。特に注目すべきことは、平成十年以降五年間の減少が著しいことである。それ以前の平成九年までは昭和後期の傾向を継承していた。今少しミクロ的に分析するならば、昭和六十三年は前年の花山法皇の中興一千年記念で諸行事が催され、多くの参詣者があったことの反動と昭和天皇の健康問題などで減少した。翌平成元年には再び増加し、以後一、二年間隔で増減を繰り返し、七万人台半ばを維持していた。平成三年には翌年に納経料金が値上げされることで秋頃から駆け込みの増加があった[4]。しかし、納経料金の値上げにも関わらず平成四年には大幅な減少にはならなかった。いわば昭和期の「波打ち現象」を継続していた。

その中にあって注目すべきことは二つ挙げられる。その一つは平成七年一月に起きた阪神・淡路大震災である。

この震災は関東大震災以来の大規模な地震で死者六四〇〇人余りを出し、負傷者や倒壊・焼失で家屋を失った住民も数多く出た。その惨事が巡礼にも影響し、平成七年は昭和五十一年以降で最低で、前年比でも約一万人減少している。西国巡礼の出身者は最も多いのが大阪府でそれに次ぐのは兵庫県である。巡礼者の多い府県が被災地となったことが減少の大きな要因である。特に震災直後の二月、三月の巡礼者の減少は著しく、例年の半減に近い状況であった。巡礼シーズンの四月、五月でも大幅な減少が続き、夏頃から徐々に回復し始め、秋には例年並みに戻っている。震災は一時的な災害であり、翌八年には七万人台に回復し、平均的な数値に戻っている。

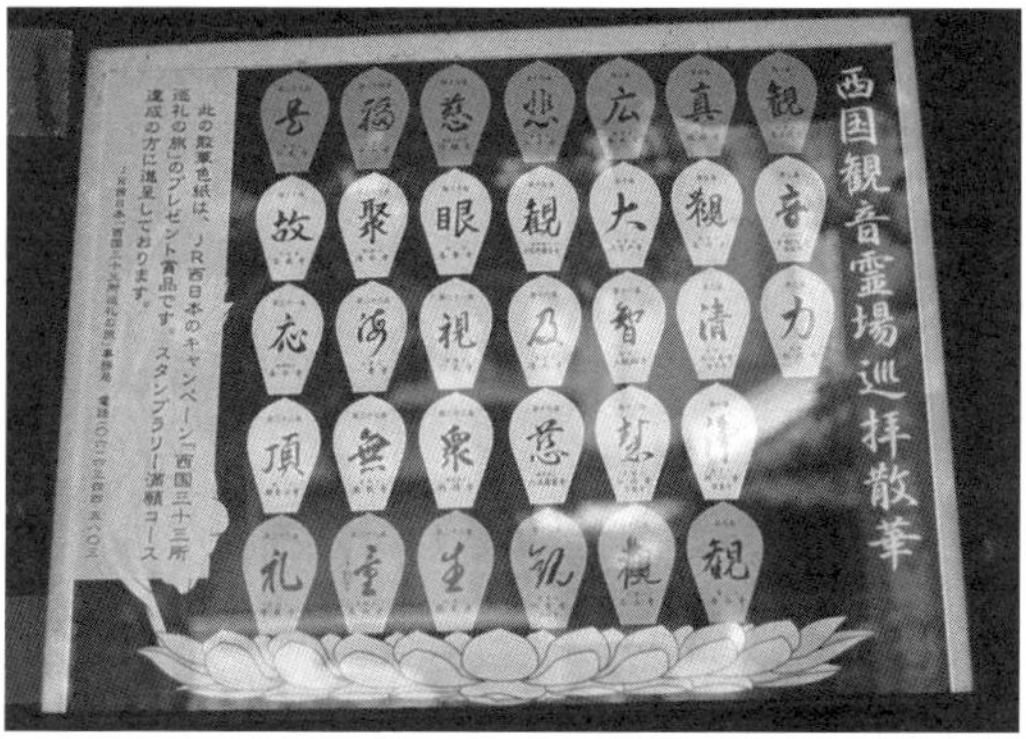

図３－20　西国観音霊場巡拝散華

　今一つは平成十年以降の大幅な減少である。この減少の要因は日本経済の混迷が大きく関わっている。平成三年にバブル経済が崩壊し第一次の平成不況が始まり、平成九年頃から第二次の平成不況が荒れ狂った。長びく不況で事態は一層深刻化し、中小企業を始め、それまでは最も安定していた銀行、証券会社などの金融機関は倒産、合併を繰り返すことになり、失業率は五・五％まで上がり、その実数は約三五〇万余りを超えた。それに関連するかのように平成十年には年間の自殺者が三万人を超え、以後五年連続するなど未曾有の不景気が続いている。そのような経済状況にあって庶民の収入は減り、先行きの見えない経済の閉塞感から極力出費を抑制する心理に追い込まれている。特に、旅行代理店が募集する団体や遠隔地からのバスを利用した巡礼者の減少が著しい。併せて、集印で人気の高かった掛軸への集印は大幅に減少するなど、昭和五十年代の盛況期の巡礼とは様相を異にしている。

　低迷する巡礼者の回復のために、西国札所会は平成十五年から「西国

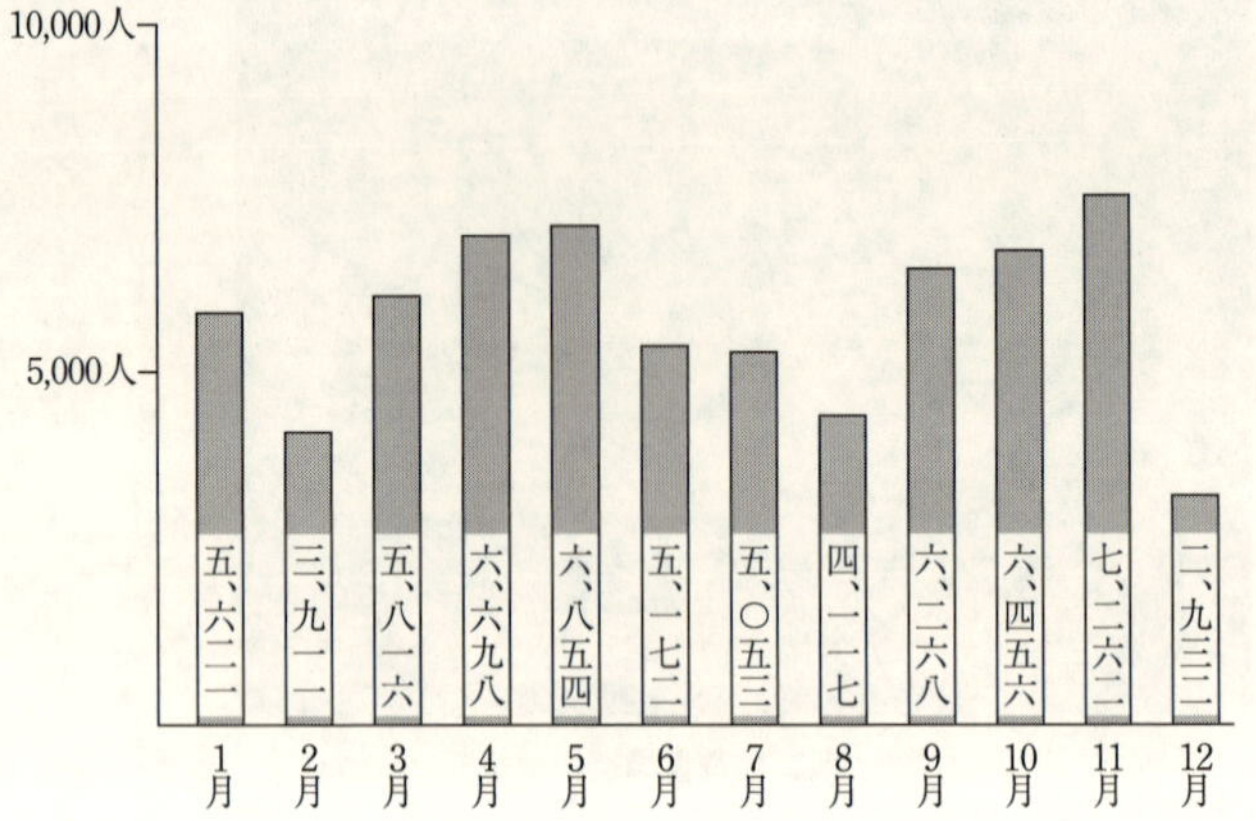

図３－21　平成期の月別平均巡礼者数

巡拝興隆一千年記念」と題してＪＲ西日本の後援を受け、「西国三十三所巡礼の旅スタンプラリー」を実施した。その期間の巡礼者には各札所の山主（住職）が書いた揮毫《きごう》の散華《さんげ》と、その台紙で各種プレゼントが貰えることなどとＰＲに努めた。その宣伝効果が出たことで巡礼者も再び増え出している。

その結果、巡礼者の増減の動向・推移には既述のように個別的には幾つかの要因が働いているが、西国巡礼の動向を要約すると次のようになる。西国巡礼の動向・推移には数年毎に増減を繰り返す「波打ち現象」が特徴である。昭和五十年から同六十二年まではおおよそ二、三年の周期で増減の波を打っていたが、同六十三年から平成九年頃までは一年毎で増減を繰り返すようになり、その周期が短くなっている。そして、平成十年以降は年々減少する下降化の現象に変化してきた。年間の総数は昭和五十一年から平成九年までは平均七万一六九二人で、六万人台から八万人台の後半の幅で波打っていたが、平成十年以降は絶対数が減少し、五年間の平均は六万〇二九人と一万人余りの減少になっている。

次に、平成期の動向を月別・季節別に見てみよう。図３－21は月別の平均を表わしたものである。最も多いのは十一月で七二六二人である。次いで五月の六八五四人、四月の六六九八人と続く。いわば、春秋のシーズンが多い。それに対して、少ないのは年の瀬の十二月の二九三二人、厳寒の二月は三九一一人である。更に季節別に分類すると、最も多いのは秋の三〇・三％であるが、春も二九・四％と拮抗している。夏が二一・七％、冬は一八・六％の割合である。

ところで、昭和四十四年と昭和後期、平成期との季節別動向を比較すると、微妙に変化していることが解る。図3－22は昭和四十四年時と昭和後期及び平成期の三つの時点の季節別の割合を比較したものである。それによると、三時点とも巡礼者が多いのは秋、春の行楽シーズで、逆に少ないのは暑い夏と寒い冬である点では変わりない。しかし、秋・春の占める割合と夏・冬の占める割合に変化が起きている。つまり、秋・春の占める割合が徐々に減少し、冬の占める割合が増える傾向になってきた。ここに季節別格差が少しずつ縮まる傾向が見られる。その理由には、巡礼の交通手段が自家用車に依存し、暑さ寒さに左右されなくなったことが挙げられる。今一つ注目されることは、四国遍路では「春遍路」と呼ばれ、春のシーズンが全体の四割を上回るのに対して[5]、西国巡礼では秋のシーズンが多いことである。その背景には、西国霊場は近畿の都市を中心とした立地条件にあり、日の暮れの早い秋でも、紅葉見物などの行楽を兼ねて廻る人が多いことなどが関わっている。この点は巡礼の目的とも関わり、後に詳しく述べることにする。

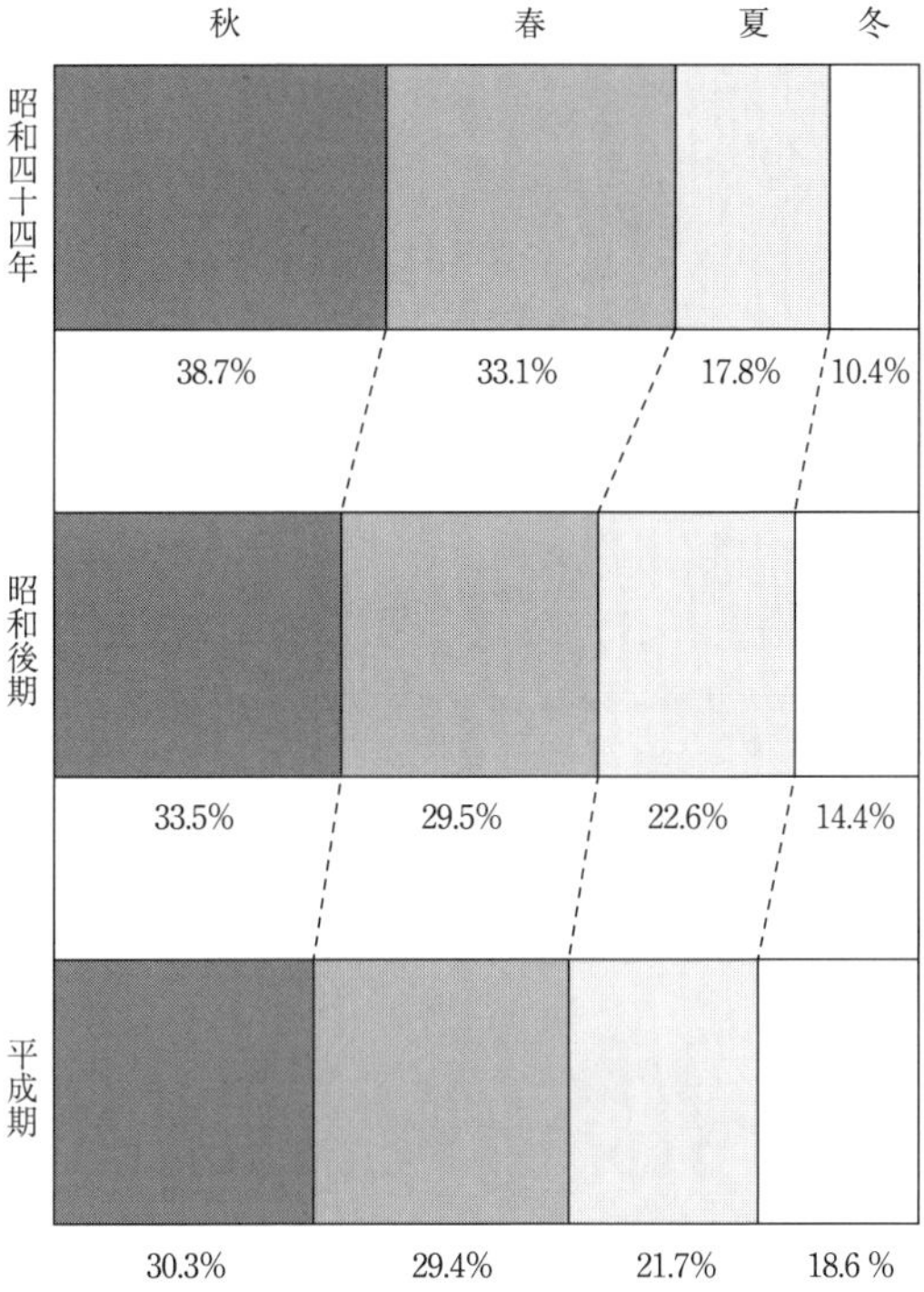

図3－22　昭和期と平成期の季節別比較（昭和44年は前田卓『巡礼の社会学』による）

第三節　秩父巡礼の動向

江戸時代の秩父巡礼は開帳時に大いに賑わった。それが明治以降から昭和中期までは政府の宗教政策の変更や敗戦で停滞を余儀なくされてきた。その復興は昭和四十年代から始まり、同五十年代には一段落する。そこで、秩父巡礼は年間に果たしてどのくらいあるかを捉え、その動向・推移を分析する。その上で月別・季節別の動向、更にミクロな視点で曜日別の三つの視点から考察する。

一　年間の動向

最初に、年間の巡礼者の動向・推移を昭和五十年から平成十四年までの二十八年間にわたって図式化したのが図3-23である。まず、その動向・推移の概略を述べ、その上で個別な分析を行なうことにする。その概略は次のようになる。

（一）開帳時を除く通常の巡礼者は、昭和五十年代前半（同五十年－五十四年）には一万人台から二万人台であった。同五十年代後半から六十年代までは徐々に増加し、年間二万五〇〇〇人から三万人となる。平成期には更に増加し、三万人から四万人となる。しかし、平成九年以降は減少傾向になり、昭和五十年代後半の二万五〇〇〇人台に戻っている。

（二）過去二十八年間で開帳は五回あった。昭和五十三年と平成二年、同十四年は十二年毎の午歳の開帳であり、昭和五十九年は「秩父霊場開創七五〇年記念」の特別開帳である。そして平成八年は「日本百観音霊場報恩総開帳」と題する開帳であるが、「中開帳」と呼ばれ、午歳の十二年の中間の開帳である。この「中開

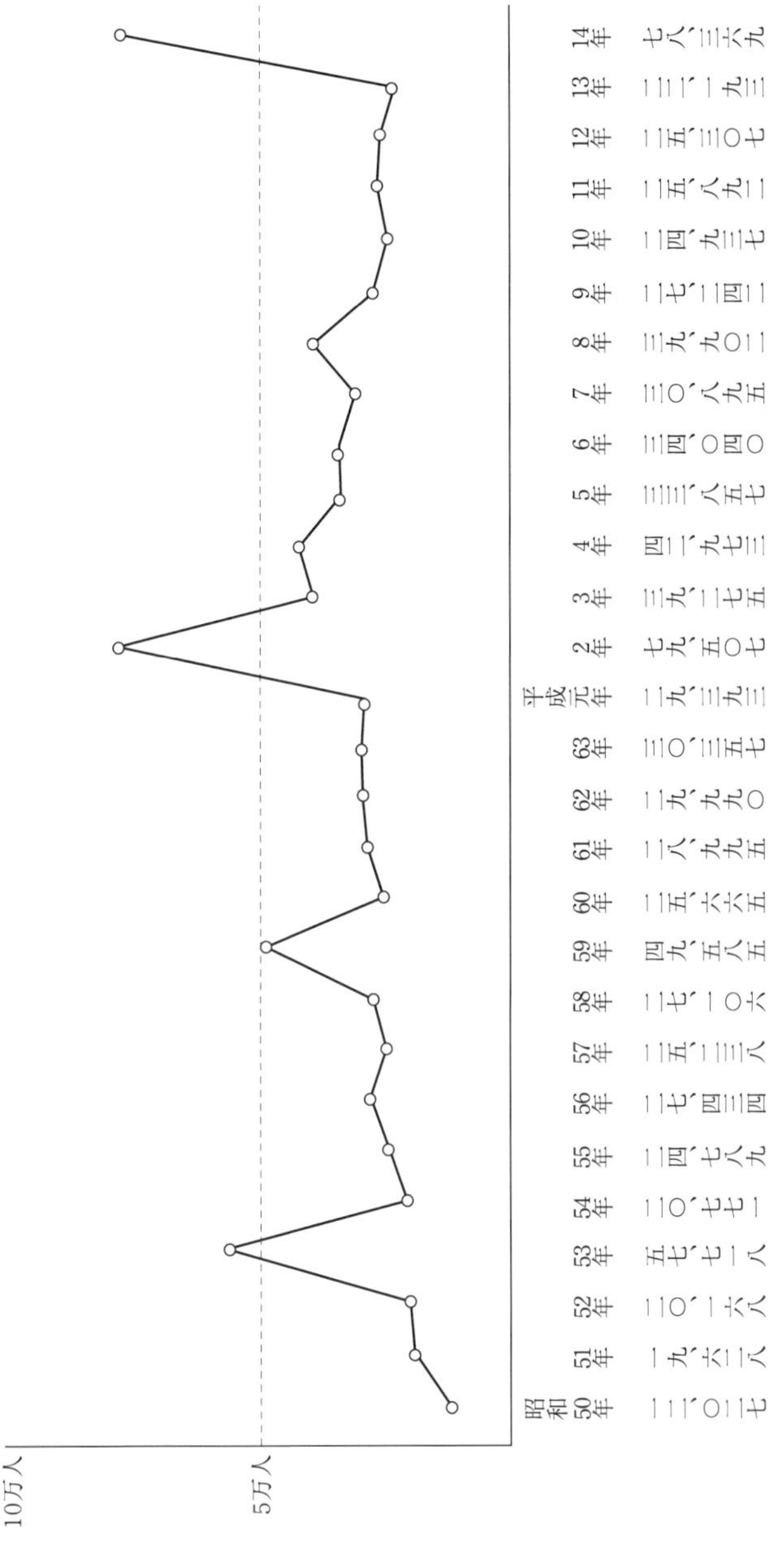

図3-23 秩父巡礼の動向・推移

帳」は、開帳間隔が十二年では長すぎるという配慮から新たに設けられたものである。その開帳時には通常の二倍から三倍の巡礼者が出ている。

(三) 開帳前後には多少の減少はあるものの、開帳を契機(平成八年の開帳年を除き)に巡礼者が増加する傾向にあった。

以上のように概略することができるが、今少し詳しく考察を加えてみる。それを通常時の動向と開帳時の動向に二つに分けて検討する。

一 通常時の動向

最初に、二十八年間をマクロ的に見たとき、昭和五十年代、六十年代と平成八年までは巡礼者は増加する傾向にあった。昭和五十年代前半には開帳時を除くと一万人台から二万人台弱であった。それが五十年代後半になると、一万人余り増えて平均二万五〇〇〇人台を推移するようになる。六十年代に入ると三万人台弱になる。そして平成初期には急激に増加し、三万人から四万人台を推移する。その結果、通常時の巡礼者が最も多いのは平成四年の四万二九七三人であり、それを最も少なかった昭和五十年と比較すると三・五倍に増加したことになる。マクロ的視点で見ると秩父巡礼の年間総数は多少の増減はあるものの、増加傾向になっていた。しかし、平成九年以降は二万五〇〇〇人前後と低調が続いている。

このような巡礼者の増加と減少の動向の背景には幾つかの要因が考えられる。その第一に、秩父札所連合会などによる巡礼の宣教活動の成果が挙げられる。既述のように秩父霊場は近代に入り衰退期を迎え混乱した。とりわけ、敗戦後の混乱期には檀家をもたない祈願寺の荒廃は激しかった。それを打開するために田島凡海師が主宰する「秩父観音奉賛会」による観音霊場の宣教活動が行なわれた。同会の事業として、秩父観音霊場の宣伝、観音霊場の整備及び関係文化財の保護、観音巡礼の主宰及び巡礼の案内などであった。その後、札所三十四ヵ所の組織である「秩父札所連合会」は観音巡礼の主催、札所案内図や各種パンフレットを発行し、郷土観光事業と協賛するなど積極的な活動を展開してきた。その成果が巡礼者の増加につながった。

第二に、交通網の整備、及び交通機関の発達が秩父巡礼の増加に大きく影響したことである。交通機関として大きな働きをしたのが西武鉄道の秩父線の開通である。秩父線の開通は昭和四十三年で、これによって東京と秩父とが直結し、僅か二時間ほどに短縮された。かつて江戸時代には秩父札所は江戸市民に大いに人気を博した。それが現代でも鉄道の開通によって観光、行楽の地として魅力になっている。景勝地に立地する秩父霊場は大都市の人々を吸収することで復興した。

交通機関で今一つ見過ごすことのできないのは、乗用車の普及であった。経済成長に伴い、個人で所有するマイカーの普及がめざましく、遠隔地に出かける乗り物として大いに利用されるようになった。乗用車の普及は昭和四十五年には二二%と少なかったが、同五十一年には五〇%、平成二年には八六%まで急速に伸びた。その乗用車を利用した家族連れの巡礼者が増え出した。三十、四十歳代の夫婦がその子供、あるいはその両親を乗せて巡礼するケースである。子供連れの場合は行楽を兼ねて、親を伴った場合は「親孝行」の巡礼になっている。

第三に、日本経済の発展と日本人の行動様式の変化が、巡礼という宗教文化に与えた側面である。日本経済は戦後めざましい発展を遂げ、ついに世界一の経済大国とまで言われるようになった。経済大国になるにつれて国民も物質的な生活の潤いを感じた。家電製品の普及を始め、乗用車の所有、そして所得の上昇に伴なうレジャー支出の増大など住宅事情を除けば、物質的な生活に満足してきた。そして、昭和の末期には未曾有のバブル経済に狂乱していた。その時期は宗教面では「新新宗教」が登場し、第三次新興宗教ブームとも言われた。それは物質的な経済発展と精神や心の間のギャップを生じさせ、それに悩む若者たちが新興宗教に走り社会問題になった。その実態を捉えるとき、次の二つの視点が考えられる。

その一つは、経済発展に伴って、社会の様々な分野において規範の枠組みが崩れ、行動様式に混乱が生じ始めた。例えば、拝金主義に走り金儲けには手段を選ばない商法や土地の高騰による成金主義が道徳、倫理を欠如した行動を引き起こした。いわば金権万能主義の風潮がそれまでの価値観や精神の乱れを引き起こした。この社会の矛盾が若者を始め弱者にしわ寄せとして押し寄せた。そこに新興宗教が人気を得るようになったと考えられる。

経済発展に伴う今一つは、物質文化に対する価値観の変化が出始めてきたことである。物質文化がある程度浸透すると、次に求めるのは「精神的な豊かさ」であった。総理府広報室の調査によると、昭和五十年までは「物の豊かさを重視」（五十一年＝四一・三％）とする割合が、「心の豊かさを重視」（三六・八％）よりも多かった。その後五十四年までは両方の割合は四〇％程度で拮抗してきた。しかし、同五十五年には「心の豊かさを重視」とする人の割合が大きく伸びるようになり、以後もその割合が増加する。そして平成八年には最高の五八・八％にも上った。ここに、これまでの物質的なものを求める志向から精神的なものへの志向に転換された。心の豊かさの一つに宗教文化への関心が含まれていると見ることができる。日常の生活に追われ、時間的、経済的な余裕のないときは遠隔地への参詣は難しい。それが経済的な豊かさの中で遠出の条件はそろい、精神的なものを求めて巡礼に出かけようとする環境になってきた。

以上のように、秩父巡礼の増加の背景、要因として三点を取り上げた。それ以外にも首都圏に近く観光、行楽を兼ねた巡礼も多く、景勝地としての秩父がおかれた要因も見逃せない。特に西武鉄道の秩父線開通によってハイキングコースが幾つか設けられ、子供連れの夫婦や中高年に人気が出た。また、農地を利用した観光農園も好評で、行楽と巡礼を兼ねたケースも少なくない。

2　開帳時の動向

開帳時の巡礼者の動向については、江戸時代にも午歳の開帳や江戸での出開帳で賑わったことは第二章で詳しく述べた。ところが、時代を超えて現代でも開帳時には多くの人々で賑わっている。昭和五十年以降平成十四年までの二十八年間で定例の午歳開帳は三回と、昭和五十九年には「開創七五〇年記念特別開帳」と平成八年の「日本百観音霊場報恩総開帳」があり、合計五回開催された。しかし、昭和五十三年以前にも開帳が行なわれている。その状況について概説すると次のようになる(1)。

秩父札所の開帳は原則的には十二年毎の午歳の総開帳であり、昭和二十九年、同四十一年にも開帳は行なわれた。昭和二十九年の総開帳は、戦後の初めての開帳にあたり、大いに期待された。札所連合会は、会長たちが千葉県と群馬県に出向き宣教をしたり、銀行から寄進されたポスターを駅や電車内に貼るなど宣伝活動を行なった。地元の商店街や篤志家も開帳に協賛し、幕、提灯、荘厳具の寄進や堂宇の改修事業に協力した。地元紙の『秩父新聞』も開帳に関する記事を大々的に報じ、その上、自社が主催する「秩父観音霊場宝物展」を市内のデパートで開催するなど盛り上げた(2)。しかし、まだ戦後十年で社会復興の途上で、巡礼者は多くはなかった。

昭和四十一年の開帳には社会復興がほぼ終わり、経済成長期に入り、秩父札所も復興の兆しを見せ、巡礼者も増え出す。札所は荒廃していた寺院の改修や境内の整備を進めている。三十四カ所の札所のうち三分の一を起える十三カ寺が本堂や庫裡の改修を行なっている。札所連合会も東京にカラーコルトン二基を設置して東京都民にPRしている。その結果、開帳前に地元秩父市や周辺の町村の観音講の講中を中心として、遠隔地の山形、大阪からの巡拝者の申し込みがあった。第十四番札所・今宮坊の住職・田島凡海師の主宰する「秩父観音奉賛会」は、二日間で廻る巡拝バスの運行予告と募集の広告を新聞に掲載している(3)。従って、昭和四十一年の開帳が秩父巡礼の復活に足がかりになった。但し、それを知る全体的な統計資料は乏しく、詳しくは判明しないが断片的な芳名帳のデータでは、第二十番札所・岩之上堂では二一四三人、第二十九番札所長泉寺では三〇八九人、第三十三札所・菊水寺では一四二七人となり、通常の年に比べ三～五倍と大幅な人出が窺える(4)。

昭和五十三年の午歳の総開帳には巡礼者が急増し、これまでの開帳と様相を異にする。その第一は、開帳期間を三月から十月までの八ヵ月と大幅に延長したことである。その理由は、三月からの三ヵ月に限定すると宿泊しきれない巡礼者が出るおそれがあり、秩父市観光協会からの要請を受けての会期延長であった。第二は、世相の悪化と経済的な余裕による巡礼者の増加が挙げられる。それを『秩父新聞』は次のように報じている。(5)

十二年前と比べにならぬほど巡礼者が多いのは、暴行・殺人・政治汚職などが大手をふるって罷り通る荒れた世相が、信仰心を呼び起こし、心のやすらぎを求めて観音巡りを志す人が激増したためとの見方が支配的だが、生活の裕りができた点を見逃すこともできないだろう。

そして、巡拝状況を「陽春四月から風かおる五月にかけては、連日のように大型バスを利用した団体客がつめかけ、札所では納経にテンテコ舞いといった風景も見られた」と、その盛況の様子を述べている。札所の住職もこれまで体験したことのない忙しさであった、と当時を述懐している。このことは巡礼者の統計的なデータでも裏付けできる。同年の一年間の総数は五万七七一八人と激増するが、四月には九八九二人、五月は九四三四人、開帳の最終月の十月は駆け込みもあって一万一四一八人と最高を記録し春、秋に巡礼者が殺到している。この三ヵ月で年間の五三%を占めるまでになっている。いわば、昭和五十三年の開帳は、期間延長と経済的豊かさを要因として大幅に巡礼者が増えたことになり、その後の開帳に弾みをつける役割を果たしている。

さて、五回行なわれた開帳時の巡礼者の動向を見ると、何れの年も例年を大きく上回る。特に定例の午歳開帳には巡礼者は急激に増加している。昭和五十三年には五万七七一八人、平成二年には七万九五〇七人、平成十四年にも七万八三六九人と通常の年の二倍から三倍と大幅に伸びている。その中でも平成期の二回の開帳の年には八万人弱を記録している。平成十四年の開帳時は久しく低調が続いていた中での大幅な人出になっている。それは開帳始まって以来の九ヵ月間（三月から十一月まで）の長期間に亘ったことも影響している。しかも、秋の十月、十一月は一万五〇〇〇人から二万人弱と平年の五、六倍と急増していることに注目される。それに対して、昭和五十九年と平成八年の特別開帳は当時の通常の年の二倍以下と人出は少ない。その理由は、昭和五十九年と平成八年の開帳時にはその期間が三ヵ月と短かったことや、前の開帳から六年と間隔が短く新鮮さがないことも影響している。

開帳は日頃公開されない本尊の厨子が開扉され、それを礼拝することができることから、観音信仰に篤い人々はことのほか敬虔の念を抱き参詣する。それは十二年に一度という希少価値が巡礼者の意欲をかきたてている。その上、信仰心の薄い人でも物珍しさにつられ、あるいは観音菩薩の御利益にあずかろうと巡礼に出かける人々も少なくない。西国札所でも本尊の開帳は個別に行なうことはある。例えば、第十三番札所・石山寺は三十三年に一度の開帳を行ない、昭和三年、昭和三十六年、平成六年と行なわれた。第十七番札所・六波羅蜜寺は十二年ごとの辰歳に開帳が行なわれるほかに、平成十五年十一月一日から一ヵ月間、開祖空也上人の生誕一千百年年記念法要に併せての開帳が行なわれた。また第十六番札所・清水寺では、平成十五年三月七日から十二月七日まで寛永再建三七〇年記念として奥之院本尊を開帳した。しかしながら、西国札所では三十三ヵ寺が一斉に開帳する慣行はない。従って、午歳の総開帳は秩父霊場の特徴であり、それは江戸時代から受け継がれたものである。

開帳に限らず、神社、仏閣の御遠忌や記念行事には昔から御利益にあずかりたいと願い、多数の参詣者が訪れる。例えば、西国巡礼では昭和六十二年に花山法皇中興一千年記念行事が催され、当時の通常の巡礼者を五〇〇〇人余りを上回る八万近い人出になっている。(6) 四国遍路でも昭和五十九年に弘法大師入定一一五〇年記念行事が行なわれ、四国遍路が急激に増加した。当時の年間の遍路数は約三万六〇〇〇人であったが、記念行事の年には約一万人増え、四万七〇〇〇人を数えている。(7) しかしながら、西国巡礼、四国遍路では秩父巡礼のように通常の二、三倍と大幅に増えることはない。その意味で秩父巡礼の開帳時に大幅に増加することは大いに注目されるところである。

図 3－24　西国第十七番札所・六波羅蜜寺の御開帳告知

図 3－25　西国第十六番札所・清水寺の御開帳告知

開帳時には巡礼者が大幅に増加するのに対して、その前後の年には多少の影響が出て巡礼者が減少する傾向がある。昭和五十二年と五十四年には僅かながら増加し、その影響は見られないが、昭和五十九年の開帳時にはその前後の五十八年と六十年には巡礼者は減少している。これは開帳時に巡礼者が吸収された余波とみることができる。平成二年の開帳時でもその前年の元年に減少している。それは翌年に開帳が行なわれることで手控えた結果と捉えられる。平成八年と同十四年の開帳時の前年にも同じような傾向が見られ、その数は減少している。その結果、開帳時に多くの巡礼者が参詣することから、その前後の年に手控えや巡拝した安堵の心理が働き、減少する傾向がある。

なお、開帳時の巡礼の動向に関連して、今一つ注目すべき点が挙げられる。それは開帳を契機に巡礼者の絶対数が増加する傾向が見られることである。開帳時の前後の年は多少減少するものの、やがて増加に転じ、次の開帳までの期間に三〇〇〇人から一万の増加がある。昭和五十四年は開帳による余波はなく減少していないが、五十五年から五十八年までの間に五〇〇〇人以上の増加が見られる。同六十年には開帳の余波で減少するが、六十一年以降には再び増加し、開帳前に比べて三〇〇〇人ほどの増加になっている。そして平成三年には前年の開帳の余波は起こらず、むしろ開帳の前年よりも約一万人増えている。このような傾向の原因は、開帳というイベントが人々にインパクトを与え宣伝効果として働いているものと考えられる。つまり開帳時には札所連合会による宣教活動を始め、マスコミによる宣伝の影響で大きく盛り上り、それを契機に再び巡礼に出かけたり、あるいは知人・友人を勧誘する効果を果たしている。

しかしながら、平成九年以降の減少は西国巡礼と似た傾向を示している。つまり日本経済の長びく不況は行楽や遠出を極力控えようとする庶民の心理が影響している。特に都市郊外にあって観光、行楽を兼ねた巡礼の場合には、経済動向に左右される傾向が強い。その中にあって平成十四年の開帳は午歳の定例の開帳で久しぶりに賑わい、その数が大幅に増えている。

二　月別・季節別の動向

次に、巡礼者の月別・季節別の動向を分析してみる。昭和五十年から平成十四年までの二十八年間の平均月別の巡礼者を図式化したものが図3－26である。

それによると、最も多いのは五月の五一〇五人で、次いで四月の五〇一五人である。以下十月の四九九四人、十一月の四一〇〇人と続く。それに対して巡礼者が最も少ないのは一月の五九〇人、十二月の七三四人、二月の

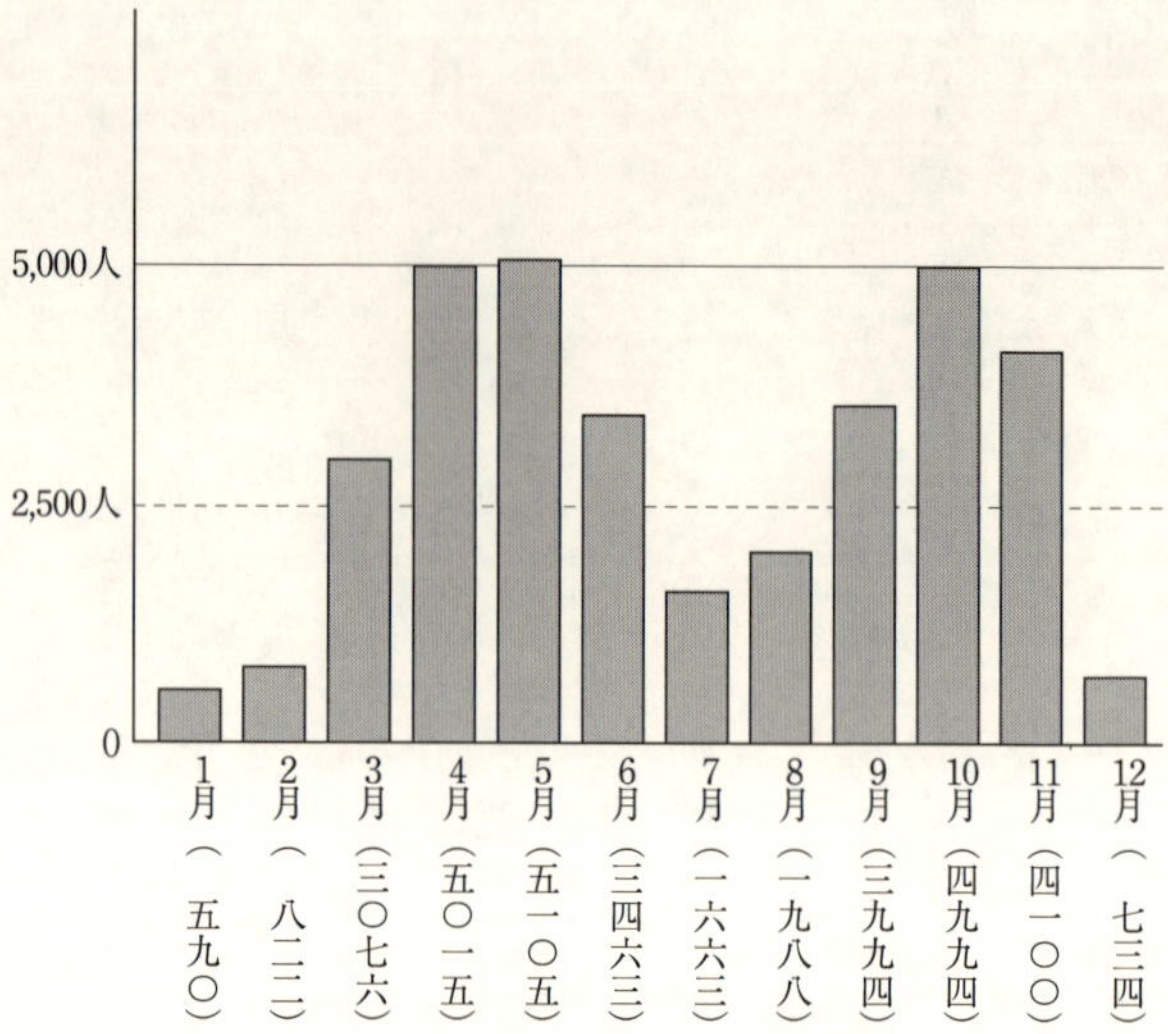

図３－26　秩父巡礼の月別平均巡礼者数

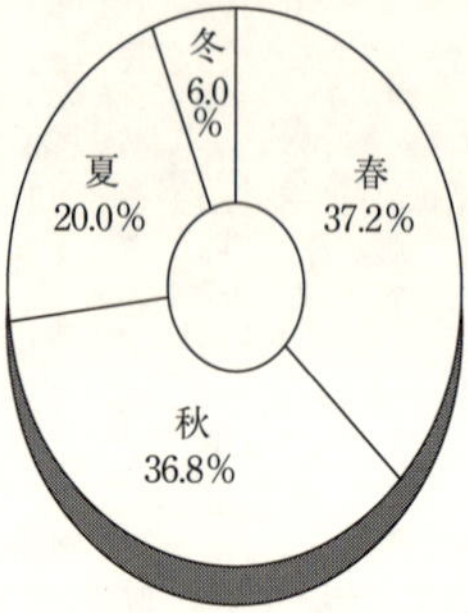

図３－27　季節別巡礼者の割合

八二二人となる。

更に季節別に分類したのが図３－27である。それによると巡礼者が最も多い季節は三月から五月にかけての春のシーズンで全体の三七％を占めている。次いで秋のシーズンで三六％となる。秋と春の二シーズンで全体の七三％を占めている。

春と秋の季節は気候が快適で遠出にも適した時期である。この二シーズンが巡礼にも適した時期である。それに対して、夏は二〇％、冬は六％と減少する。特に冬の季節は大幅に減少する。冬の季節は年の瀬から正月の繁忙期にあたると同時に、山間部に位置する秩父盆地の冬の寒さも敬遠される大きな要因でもある。一月、二月には巡礼者が一人もない日が幾日かある（平成五年には一月に一日、同六年にも一月に一日、二月に四日、同七年では一月に一日、二月に三日などとなっている）。更に見落としがちな要因として、開帳期間に冬は含まれず、春から秋に開催されることである。開帳の年は冬の巡礼者の占める割合は低下し、五回の開帳で冬の季節の平均は四・一％で二十八年間の平均よりも二％少なくなる。それに対して、気候的には暑い夏の季節には二割前後の巡礼者がある。それは寒い冬とは異なり、ハ

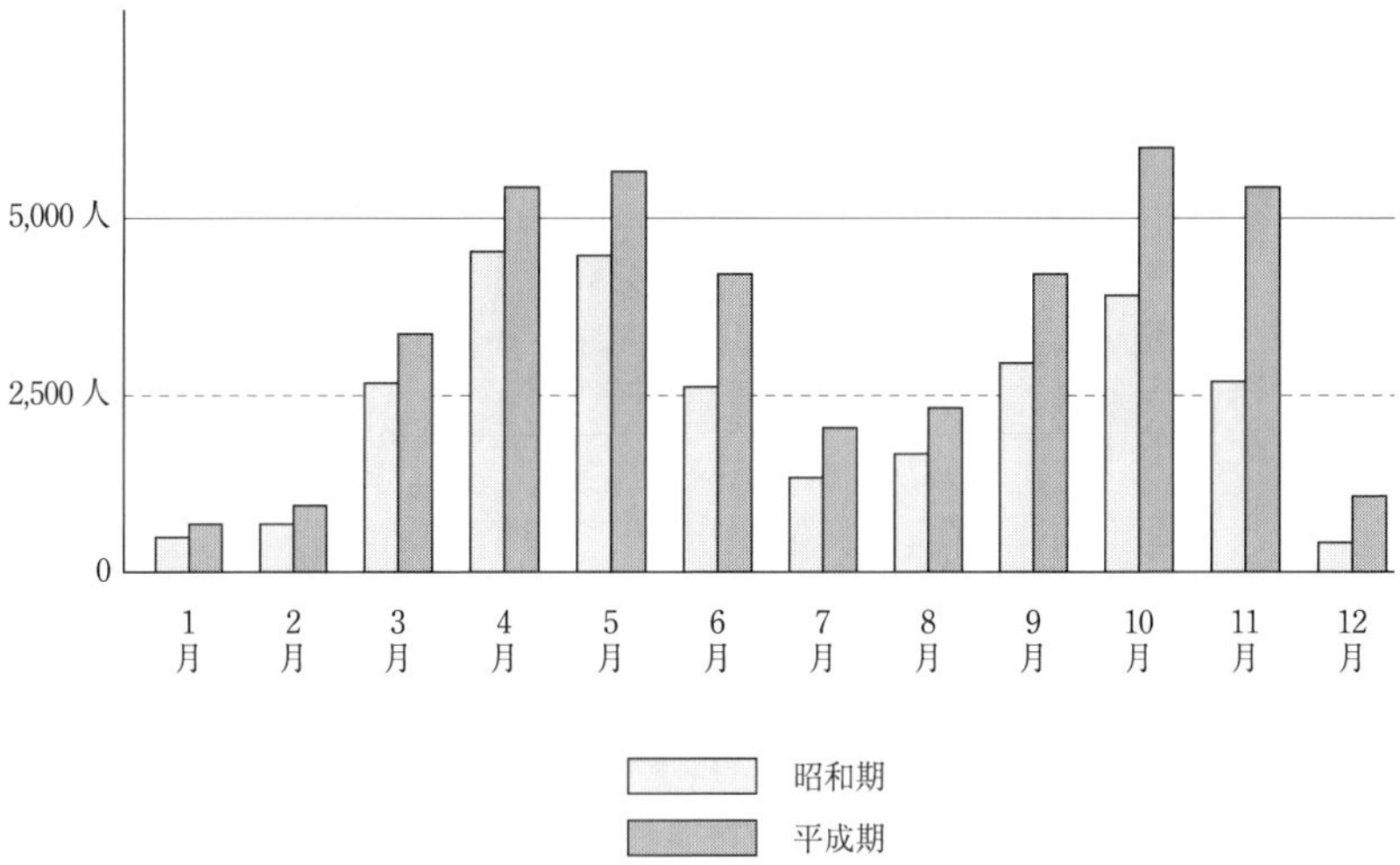

図3－28　昭和期と平成期の平均月別比較

イキングや果樹園などへの行楽を兼ねた中高年や家族連れの巡礼者があるためである。

ところで、昭和後期から平成期における二十八年間の季節別動向にも微妙に変化が起きている点に注目すべきである。昭和期の十四年間と平成の十四年間の月別平均を取り出し、比較したのが図3－28である。それによると幾つかの違いが見られる。

その第一は、昭和期で最も多いのは四月（四五四八人）で、次いで五月（四四九八人）、十月（三九一四人）と続く。それに対して、平成期では最も多いのは十月（六〇七五人）で、次いで五月（五七一二人）、四月（五四八二人）となる。その結果、最多の月が昭和期と平成期では四月から十月に変わった同時に、平成期では四月の占める割合が減少し十月、五月、十一月が増加している。

第二に、十一月の巡礼者の伸びが著しい点である。単純には二倍の伸びで、全体に占める十一月の割合は昭和期には九・六％であったものが平成期では一三・〇％となっている。しかも同じ秋の季節で昭和期と平成期では九月と十一月との割合で逆転する現象が起きている。

第三に、その結果、昭和期では春は四月、五月、秋は十月、

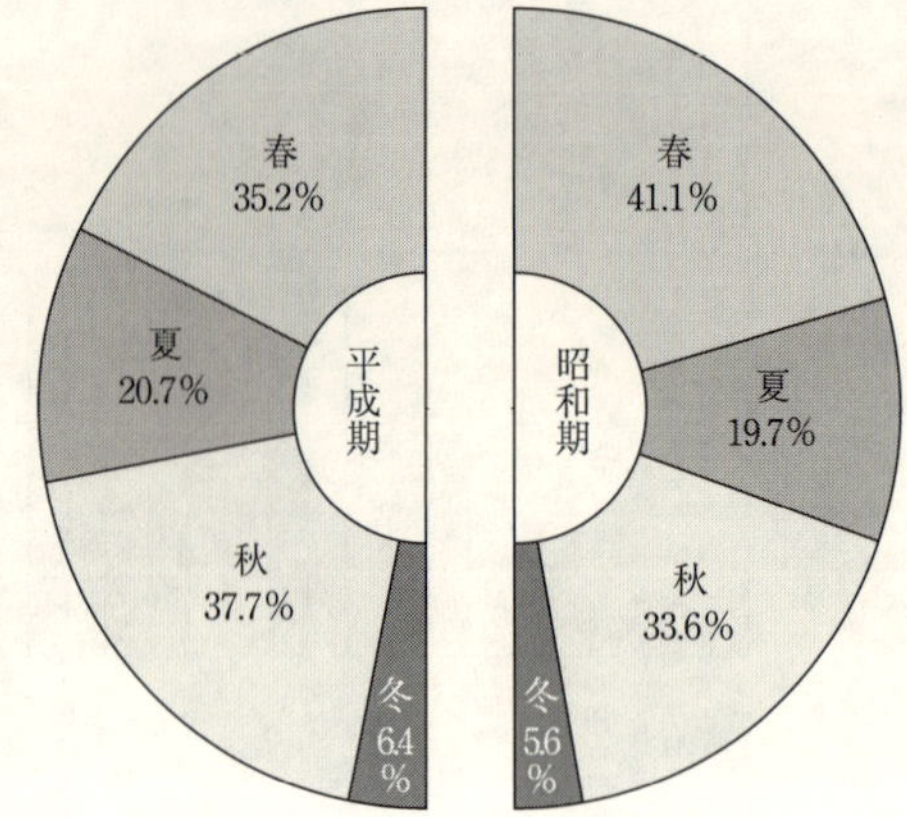

図３－29　昭和期と平成期の季節別比較

九月、十一月の順位であったものが、平成期では春は五月と四月が逆転し、秋は十月、十一月、九月と順位が入れ替わっている。

月別の巡礼者の動向に変化が起きていることから、昭和期と平成期の季節別の割合にも変化が出ている。両者を比較したのが図３－29である。

それによると、昭和期では春が最も多く、全体の四一・一％を占めていたが、平成期では秋が最も多くなり全体の三七・七％と入れ替わった。昭和期と平成期では巡礼者の絶対数が増加していることを考えあわせると、秋の巡礼者の増加はいかに顕著であるかがわかる。この現象を引き起こしている理由は、十月の増加と十一月の著しい増加によるものである。

それでは十月、十一月の巡礼者の増加はどのような理由によるものであろうか。その一つに、気象条件とライフスタイルの変化を挙げることができる。気象条件としては近年地球の温暖化現象ということが社会問題にまでなっている。それは暖冬や酷暑といった気象状況を招いている。そのために、九月には残暑が続き、その反面十一月になっても寒さが訪れないという異常気象を呈している。本来ならば十一月になると肌寒くなり、しかも日の暮れが早いので外出を避ける時候である。しかし、暖かさが残っているならば戸外に出かける心理に誘われよう。また、マイカーの利用によって行き、帰りの便利さが働いているとみられる。今一つのライフスタイルの変化とは、週休二日制や祝日法で三連休などの休暇が増えたことで遠出ができやすい条件になったことである。その意味からして五月、十一月の増加につながっていると考えられる。

その結果、秩父巡礼の月別・季節別動向を昭和期と平成期とで比較すると変化が起きている。それは春の巡礼者が少なくなったということではなく、既述のような要因が働き、十月、十一月の秋の巡礼者が大幅に増加したことで春の巡礼者の占める割合が相対的に低下したとものである。事実、春の巡礼者の実数そのものは増加し、昭和期、平成期とも四月、五月には五〇〇〇人を超えている。その変化の理由には巡礼者の絶対数が増加したことと、巡礼の目的や交通手段の多様性で季節に制約されない、むしろ季節に合わせた目的と兼ねて巡礼を行なうようになってきた。その意味で、平成期の動向は西国巡礼の季節別動向に類似してきている。

表3－1　曜日別の一日平均巡礼者数

年次＼曜日	祝日	日曜日	土曜日	平日
平成３年	247	184	125	102
４年	210	160	115	82
５年	243	201	193	67
６年	193	131	103	94
合計	223	169	134	86

三　曜日別の動向

秩父巡礼の動向を最もミクロな視点で分析してみる。それは曜日別に日曜日、祝日と平日に分けて巡礼者を捉えるものである。開帳時を除く平成三年から六年の四年間をモデルに第三十一番札所・観音院のデータをもとに、祝日、日曜日、土曜日、平日の四つに分類し、一日当たりの平均人数を示したのが表3－1である。

それによると一日当たり巡礼者が最も多いのは祝日であり、二二三人となる。特に五月のゴールデンウィークの三日から五日までの連休と、十一月三日の文化の日と二十三日の勤労感謝の日に多くの巡礼者が訪れている。五月を見てみると、平成三年は振替休日を含み四連休となり、この期間に一二四八人で、一日当たり三一二人となる。平成四年は三連休で一〇三三人、平成五年は二日の日曜日から四連休で一三四四人、一日当たり三三六人となる。また、秋の祝日では平成三年は三日、二十三日とも日曜日と重なり、翌日は振替休日となり連休となっている。この四日間で一五三八人を数え、一日当たり三八四人となる。平成四年は二十二日と二十三日は連休となり、三日の祝日と併せた三日間で一〇六五人で、一日当たり三五五人となる。そしてこの四年間で一日で最も多かった日は平成五年五月四日に六二五人を記録している。このように春、秋の気候のよい時節の祝日には多くの巡礼者が訪れている。しかしながら、一概に祝日に多いとは言い切れず、年次による天候の不順や、一月や二月、七月、十二月などの気候の厳しい時節には平日より多少上回るほどに過ぎないこともある。

祝日に次いで巡礼者の多い曜日は日曜日である。一日平均一六九人になる。休日を利用しての日帰りの巡礼は日曜日になる。気候のよい春、秋の日曜日には一日当たり二〜三〇〇人の巡礼者がある。日帰り行程にある秩父巡礼は日曜日の巡礼も定期的で計画的に行なえる利点がある。

近年、週休二日制が公官庁や大手民間企業を中心に徐々に定着してきている。そこで土曜日（週休二日制では休日）を利用した巡礼を参考までに見てみると、一日当たり一三四人となり、祝日の約半分、日曜日の七割程度にあたる。週休二日制の普及度を考えると、土曜日の割合は祝日、日曜日と平日の中間的な割合と言える。

それに対して、祝日、日曜日、土曜日を除く二五〇日前後は平日である。平日の一日当たりの巡礼者は八六人で少なくなる。平日の巡礼者は日曜日以外に休暇をとるサラリーマンや農民、自営業、そして定年退職した高齢者などである。それに高齢者を中心とした団体バスを利用した遠方からの巡礼者などである。

第四節　四国遍路の動向

四国遍路は密教ブームなどの根強い大師信仰に支えられてきたが、平成期に入ってからはことのほか注目されるようになった。それは新聞、テレビのマスコミを通じて報道されることによって四国遍路への関心を呼び起こしたことによる。その一つに、平成十年五月十六日付朝日新聞夕刊に『空飛ぶお遍路さん』というタイトルでヘリコプターの機内で笈摺を着た遍路が合掌する写真が掲載されている。その記事には次のように述べられている。

ヘリコプターを使って、四国霊場八十八ヵ所を巡礼しませんか。（中略）寺の上空で空中停止し、おさい銭を入れ、お経を唱える。途中は渦潮や大橋などの観光もする。三泊四日で、八十八万円。さて、安いか、高いか？

本来の遍路は徒歩であったが、その後バスや自家用車を利用した遍路へと変化してきた。それが平成期に入ってヘリコプターを使った遍路という奇抜なアイデアが注目を浴びることになったものである。それ以外にも四国遍路はテレビ番組で度々取り上げられてきた。それはドラマ仕立てのテレビ番組であったり、著名な女優の遍路体験の放映でもあった。更に新聞社などが企画・募集して行なわれた「空海のみちウォーク」と銘打ったイベントなどである。それに加えて体験の手記や案内書・解説書の出版も後を絶たない。このようにマスメディアで取り上げられることによって視聴者や購読者に感心を呼び起こすことになり、遍路の動向にも深く影響することになった。その詳しいことは後に述べるとして、最初に年間の総数の推移から考察してみる。

一　年間の動向

一年間の遍路の総数を捉え、昭和五十三年から平成十四年までの動向・推移を図式化したものでが図3－30である。その期間を昭和期と平成期の二期に分けて考察する。

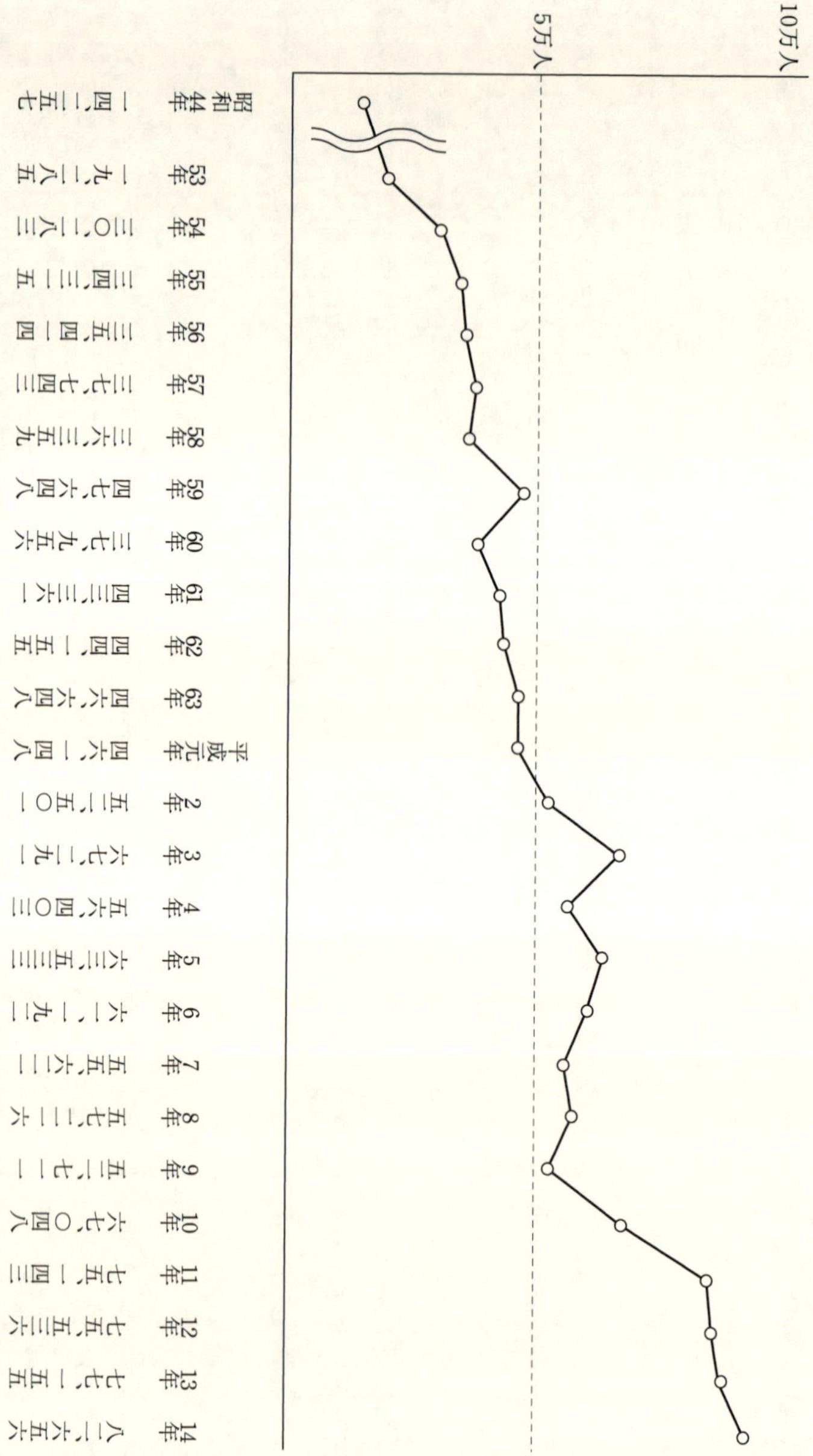

図3-30　四国遍路の動向・推移　（＊　昭和44年は前田卓『巡礼の社会学』による）

1　昭和期の動向

現代に入ってからの四国遍路の年間総数の正確なデータは、前田卓博士の『巡礼の社会学』に載せられた昭和四十年代のものが最初である。[1]それによると昭和三十九年頃には年間僅かに七一四七人であった遍路が、同四十四年には二倍の一万四二五七人と増加している。そして昭和四十八年に弘法大師生誕一二〇〇年記念行事が催され、遍路が増え始め出す。筆者が調査した昭和五十三年以降は遍路は徐々に増加している。五十三年には一万九二八五人と二万人弱であったが、翌五十四年には一万近くと大幅に増加し、三万台を突破した。五十年代は三万人台を微増していたが、同五十九年は弘法大師入定一一五〇年にあたり、過去最高の四万七六四八人を記録している。四国霊場は弘法大師と縁の深い寺院で構成されている。大師は承和二年（八三五）に高野山の奥の院に入定されたが、それから一一五〇年にあたる昭和五十九年には真言宗各寺院では盛大な記念法要が行なわれた。寺院内外でも宝物の展示や講演会など様々な行事が執り行なわれた。このような気運の中で遍路は一万人以上も増えることとなった。

但し、同五十九年前後の五十八年と六十年には手控えと反動現象が起き、若干の減少は見られるが、大幅な落ち込みにはなっていない。昭和五十九年の記念行事は、それまでの静かなる密教ブームの延長線で、その人気をより一層加熱する作用を果した。それは翌年以降に表われる。単なる一過性の現象なら、翌六十年には減少すると考えられるが、同年は通常時では過去最高の三万七九五六人となっている。更に六十一年以降も増え出し、遂に四万台を突破することになる。以後昭和末期の六十三年までは微増する傾向にあった。その結果、昭和五十年代中頃からは三万人台、六十年代には四万人台と増加してきた。

2　平成期の動向

平成期に入っても遍路の年間総数は増加の傾向を辿った。特に平成二年には初めて五万人台に突入し、翌三年には過去最高の六万七〇〇〇人余りを記録した。しかし、翌四年には前年の反動によるものか減少するものの、同五年には再び増加する。その後同六年から同七年には停滞傾向になる。その間平成三年から増減を繰り返す「波打ち現象」の傾向が出始めた。しかし、平成十年には再び大幅に増加し、以後増加傾向に転じる。そして、平成十一年には七万人を超え、同十四年には最高の八万人台と、急激な増加になっている。

四国遍路の平成期に入ってからの動向・推移の背景には幾つかの要因が挙げられる。これを個別的に考察すると次のように捉えることができる。その第一は、昭和後期から平成期にかけては日本経済のバブル期で活況を呈し、消費の盛んな時期でもあった。また、昭和六十三年には四国と本州を結ぶ架け橋として、岡山県と香川県の間に瀬戸大橋が開通し、人の往来は一層盛んになり、遍路の増加をもたらしたことである。第一番札所の所在地・愛媛県に影響を与えるのは二、三年後とみられる。但し、それが調査地札所の所在地・愛媛県に影響を与えるのは二、三年後とみられる。第一番札所から順番に廻る「順打ち」で、しかも分割で巡拝する場合、徳島、高知の次に愛媛県となり、瀬戸大橋の開通直後の増加ではなく、その影響は少し遅れて出て、それが平成二年、三年の大幅な増加の一因と考えられる。

第二に、マスコミの報道で遍路が多く取り上げられたことが、遍路の増加に大きく影響していることである。マスコミの報道には二つあり、その一つはテレビ放送である。NHKが昭和六十年から六十三年にかけて毎年、「花へんろ」のドラマを放映した。更に平成二年八月二十一日には、大病から復帰した大物女優・左幸子を登用し、遍路道を題材にしたスペシャル番組「聖路」を放送した。その反響は非常に大きく、テレビ局には視聴者から「遍路に出てみたい」という投書が多く寄せられたと言う。更にNHKは平成十年四月から十二年三月まで著名人やタレントを登用して霊場紹介の番組を放送した。それが平成十三年にも再放送されている。この効果が平成十年以降の急激な増加の一因でもある。マスコミの今一つは新聞の報道である。朝日新聞社は、自社などが主催する「空海のみちウォーク」の行事に関する記事を平成二年二月から度々掲載した。この記事以外にも平成二年には「〝お遍路学校〟初の卒業生」「お遍路道 トイレもきれいに」など、遍路関連の記事が多くみられる。このような平成二年のマスコミの報道が翌年に効果として現われ、前年より約一万五〇〇〇人を上回る急激な増加と大きく作用している。

平成四年になると、前年の反動によって減少に転じた。ところが、同五年には再び増加し、六万三〇〇〇人台に回復する。これには、翌年に納経料金の値上げが予告され、そのために駆け込みで参拝した影響も出ている。具体的には、例年ならば十一月は四〇〇〇人台であったものが六〇〇〇人台に増え、十二月にも例年の二倍以上の三三〇〇人と大幅に増えている。四国霊場は八十八ヵ所と札所の数が多いので、納経料金の値上げは遍路の動向に微妙な影響を与えている。納経料金の値上げにも関わらず、同六年は多少の減少はあったものの、六万人台を維持している。

第三に、平成七年には五万五〇〇〇人台に大きく減少した。しかも同八年、九年とも停滞する。その原因は平成七年一月に発生した阪神・淡路大震災の影響である。西国巡礼ではその影響が大きく、例年に比べ一万人余りの減少になっている。四国遍路の輩出する地域は近畿地方の大阪府、兵庫県が地元四国地方に次いで多いことから、震災の影響が表われているとみられる。

しかし、震災後の八年以降も五万人台にとどまっている。その理由は、バブル崩壊後の日本経済の影響を無視できない。長びく経済不況と、金融破綻などによって中小企業は相次いで倒産し、しかも銀行、証券会社も倒産、合併し、それに伴うリストラなどで失業する中高年が増えた。そのような社会・経済状況で庶民は遠出を控え、出費を抑えて自己防衛するようになった。それが遍路数の伸び悩みになっている。今一つの減少の原因は、地元四国など各地にある大師講の講中の高齢化が進み、高齢者層の減少が挙げられる。ある札所の住職の話によると、「重ね印」が少なくなったと言う。「重ね印」とは納経帳に寺印を受領し、一巡した遍路が二回、三回と廻る場合、同じ納経帳を持参し、それに重ねて寺印を押すことである。「重ね印」の減少は、幾度も遍路を重ねる人の減少でもある。

第四に、平成六年から同九年までは五万人台と停滞していた遍路が、平成十年になると再び増加し、六万七〇〇〇人余りとなる。その大きな理由は、既述のテレビ放送の効果に加え、本州と四国を結ぶ二本目の橋にあたる明石海峡大橋の開通であった。平成不況と呼ばれるさなか、明石海峡大橋の開通は経済の活性化として注目され、関西圏と四国とを短時間で結び、人と物資の往来が盛んになったことである。このことが遍路の増加に大きく影響している。瀬戸大橋の開通直後には、調査地の関係ですぐには遍路の増加はみられなかったが、二、三年後に大幅に増えた。明石海峡大橋の開通はその年の遍路の増加に影響を与え、しかもその後の急激な増加への足がかりとなる。かつて近畿圏から四国に渡る遍路は、船で鳴門の撫養港に着いたが、明石海峡大橋の開通によって大阪から車で淡路島を経由し、鳴門及び徳島まで二時間前後と短縮され、第一番札所・霊山寺にも便利になった。明石海峡大橋の開通以外にも、それ以前から建設が進められていた四国内の高速道路の整備も進み、車の利用がより活発になったことも増加の一因となっている。交通のアクセスに加え、平成十年に四国八十八ヶ所霊場会が明石海峡大橋の開通を記念して、巡拝する遍路に記念にと本尊の御影（「お姿」）を配るなどの企画も効果的であった。

更に平成十一年には広島県・尾道と愛媛県・今治を結ぶ三本目の橋・西瀬戸大橋自動車道（通称「しまなみ海道」）が開通した。それによって中国地方と四国とがこれまでの船便に代わり車で渡れるようになった。山陽道は江戸時代から遍路の多い地方でもあり、大橋の開通は遍路の増加に拍車をかけた。このような社会状況の中で、平成十年以降急激に増加した要因には、関西圏の旅行業者の格安バス遍路の募集があった(2)。明石海峡大橋の開通で関西圏と四国とは大幅に時間が短縮され、それを機に旅行会社は関西から日帰りで巡拝できるツアーを企画・募集した。大橋の開通前までは日帰りには無理があり、宿泊しなければならなかった。それが格安料金で先達付きで、添乗員が朱印集めを代行、昼食付き、トイレ付きバスなどの様々な特典は不況下では魅力となった。それが過熱し、料金も大阪以西からの発着は当初五九八〇円であったものが四九八〇円、更に三九八〇円と値下げ競争が遍路の増加に拍車をかけることになった。その結果、徳島、高知エリアの札所では十万人を超える遍路が出ているともみられる。しかし、それより遠方の高知県西部や愛媛県のエリアは料金も高くなり、その地域の巡拝を断念する人も少なくない。従って、大師講や寺院募集の遍路は大幅に減少する中で、全体の遍路が増加しているのは旅行会社の過熱した募集競争が大きく影響している。

ところで、昭和期から平成期の遍路の動向・推移の個別的要因は既述の通りであるが、長期的視点でみると、遍路は昭和五十年代から徐々に増え始め、平成期にはその二倍に増加した。そして、西国巡礼や秩父巡礼が平成十年以降減少する傾向に対して、四国遍路は増加するという相反する現象が起きている。その背景を検討するならば、先に指摘したマスコミの報道の効果と交通のアクセス以外に四国遍路のもつ特異性を挙げることができる。四国霊場は日本の中心から離れた狭い島という立地条件にあって、その行程の長さや札所の数の多さ、地元住民の接待などに特異性がある。その遍路に出かけるには幾つかの障害が横たわる。そこで遍路に出かける条件として、一般には「金、時間、体力」と言われる。この条件が満たされる時が遍路に出るチャンスでもある。その要件について順次触れてみる。

第一の「金」としての費用については、日本人の所得や支出の増加の点で裏付けられる。日本人の所得は大幅に伸びた。旧総務庁の「家計調査報告」によると、勤労者世帯の一カ月の平均実収入は昭和四十五年には一一万二九四九円であったが、同五十五年には三倍の三四万九六八六円、同六十三年には四倍の四八万一二五〇円、平成八年は五七万九四六一円と大幅に伸びた。その間、物価も上昇したものの収入と支出の差額、即ち家計の黒字の額をみても増えている。昭和四十五年の黒字は二万一〇五二円であったが、同六十三年には九万八七二三円、平成八年には一三万六七八二円と着実に増えた。収入の伸びに伴ってレジャー関連の支出も大きく伸びた。一年間の「一世帯あたりのレジャー関連支出」の中で旅行にかける費用は、昭和五十年には四万六二〇五円であったが、同六十年には九万六〇二一円、平成七年には一四万三三五四円と大きく伸びている。このように所得の上昇による物質的な豊かさと、消費支出で旅行に出かける費用の大幅な伸びが、人々の移動・往来を活発にしてきたと言える。しかも平成十年以降は不況下にもかかわらず、関西圏から日帰りの格安バスが登場し、遍路を飛躍的に増やすことになった。

なお、四国遍路の費用の概算は交通手段によって異なるが、次の通りとなる。バス巡拝の盛んな昭和四十年代中頃では四国出発のバス料金は十二泊十三日で四万六〇〇〇円が標準価格であった。昭和五十四年頃は、徒歩で四、五十日で宿料、食費などを含めた概算で約十万～十二万円である。一般募集の団体遍路バスは十一泊十二日で九万八〇〇〇円、タクシー中型（五人乗）貸切料金は一日二万五〇〇〇円、九泊十日で二五万円余りに、宿泊費と食費及び運動手の宿泊・食費が加わる。(3) 現在では徒歩巡拝が最も高く一日一万円を用し、総計で四、五十万円となる。団体バスは約十四万円、タクシー小型（四人乗）料金では二十四、五万円に宿泊料、食費などの諸費用を加え、約三十五万円となる。

第二に、遠出をするには一定の時間、期間が必要とされる。日本のサラリーマンは長時間労働を強いられ、しかも長期休暇を取得することができなかった。しかし、所得が上昇すると、労働時間の短縮に関心が出始めた。因みに昭和四十五年の全産業の月間実労働時間は一八六・六時間であった。それが同六十年には一七五・八時間、平成九年には一五七・六時間と着実に短縮されてきた。労働時間は産業別や企業別による格差が大きいが、公官庁や銀行などの金融機関などは週休二日制が定着し、確実に短縮されてきた、それによって旅行や遠出ができやすくなった。六十歳代の定年退職した人々には、時間に拘束されることはなくなり遍路が余暇利用に適している。

第三の要件である体力も遍路には欠かせない条件である。特に徒歩巡拝では全行程を一ヵ月以上も自分の体力で歩くので、足裏、膝、腰などに疲労が起き、厳しい道程である。その間、雨風や炎天、厳寒に耐えなければならない。途中で挫折することも少なくない。周囲を海に囲まれ、山の多い四国は交通事情は立ち遅れていた。しかも四国霊場は市街地から離れた山間地の不便なところに立地している。現在でも鉄道や路線バスなどを利用しても不便さは改善されていない。例えば、第八十八番札所・大窪寺は結願寺であるが、香川県の山中にあって徳島県との県境の人里離れたところにある。大窪寺には高松から私鉄で最終駅の長尾駅まで行き、そこから一日に二、三便の路線バスに乗り換え三十分余り山を登る。更に途中の停留所から登り坂を約一時間半近く歩かなくてはならない。

しかしながら、交通手段がバスや自家用車が主流になった現在では体力の要件は大きく緩和されてきた。それは各寺院が自動車の乗り入れのために参道を改修し、遍路に便利をはかったことである。例えば、第二十番札所・鶴林寺には三キロ余りの急斜面の山道を登らなくてはならず、しかも道幅も狭く、岩石が多く危険であった。それが山頂までドライブウェーが開通したことで車で十分足らずで山門に着ける。また、「遍路転がし」と呼ばれ険しかった第十二番札所・焼山寺にも車を乗り入れることができるようになった。最盛期には地元タクシー会社は路線バスから下りた遍路を乗せてピストン運転するほどである。大窪寺も県道から十キロ余りのかつての遍路道が舗装され、車で容易に辿り着けるようになった。その結果、車を利用するならば老人や病弱な人には体力の要件は薄らぎ、二次的になってきた。

図3－31　舗装された遍路道（大窪寺に通じる）

四国遍路の増加の要因を「金、時間、体力」の視点から捉えたが、経済不況が長びく中で、消費を抑えようとする庶民の心理とは裏腹に平成十年以降の遍路の増加していることは四国遍路の特異性を示している。それは既述のように、明石海峡大橋や西瀬戸大橋の開通と高速道路網の整備などの交通のアクセスが大きな要因ではあるが、それ以外に四国遍路の魅力が混迷し、閉塞状態の社会に脚光を浴びていると考えられる。その魅力とは、遍路を体験して自らの生き方を問い直すとか、苦悩や挫折に陥った人々に光明を与えてくれる効果を果たしていることである。

四国遍路では人が自然と接し、苦労を重ねて札所を廻ることで自己を返りみるチャンスにもなる。それはあくせくした日常生活から離れた時間でもある。遍路途上で遍路同士が助け合い、地元の人に接待を受けるなど数々の体験を重ねる。それは日常生活では味わえない新鮮な体験そのものになる。苦悩を抱え、挫折や絶望に追い込まれた人々の中にはこれまでの人生を振り返るとか、希望を求めて遍路に出かけることが少なくない。その割合は混迷した時代になると多くなる。それが西国、秩父巡礼とは異なり、四国遍路の特徴でもある。

二　月別・季節別の動向

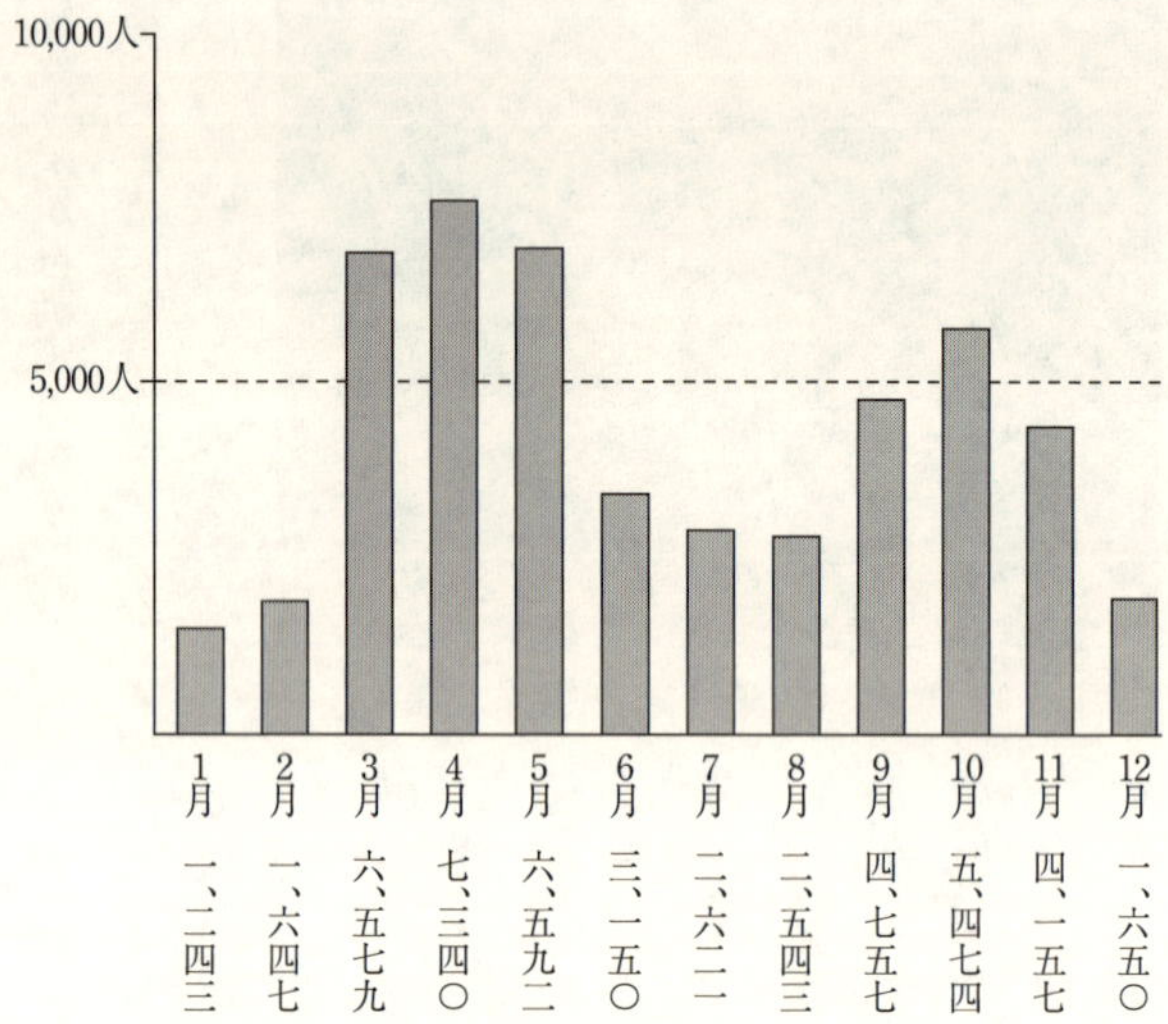

図3－32　月別平均遍路数（昭和53年～平成10年）

次に、遍路の月別及び季節別の動向をみてみる。図3－32は昭和五十三年から平成十年までの月別の遍路の平均を図式化したものである。最も多いのは四月で七三四〇人で、次いで五月の六五九二人、三月の六五七九人と続く。その結果、春の季節の三カ月で全体の四二・九％を占めている。いわゆる「春遍路」が多い。春以外では十月が五四七四人、九月が四七五七人と比較的多い。秋のシーズンは全体の三〇・一％を占めている。春秋の二シーズンに遍路が集中するのに対して、冬は大幅に減少する。最も少ないのは一月で一二四三人、次いで二月の一六四七人となり、冬のシーズンは全体の一割弱に過ぎない。夏は従来は敬遠されていたが、自家用車を利用した遍路が増えたことで全体の一七・四を占めるようになった。

季節別の遍路の割合を昭和四十四年と昭和末期（同六十年～六十三年）、平成期（同八年～十年）とを比較すると、そこには割合に変化が起きている。図3－33によると、昭和四十四年では春が六三・八％と圧倒的に多かった。以下秋は二一・九％、夏は一一・四％、そして冬が二・九％と僅かであった。(4) 昭和末期では春が四五・六％、秋が二八・四％、夏が一七・五％、冬が八・五％となる。更に平成期では春が三九・六％、秋が三四・六％、夏が一五・九％、冬は九・九％と変化する。その結果、春の遍路の全体に占める割合が減少し、それ以外の秋、夏、冬の季節の割合が増加するようになった。

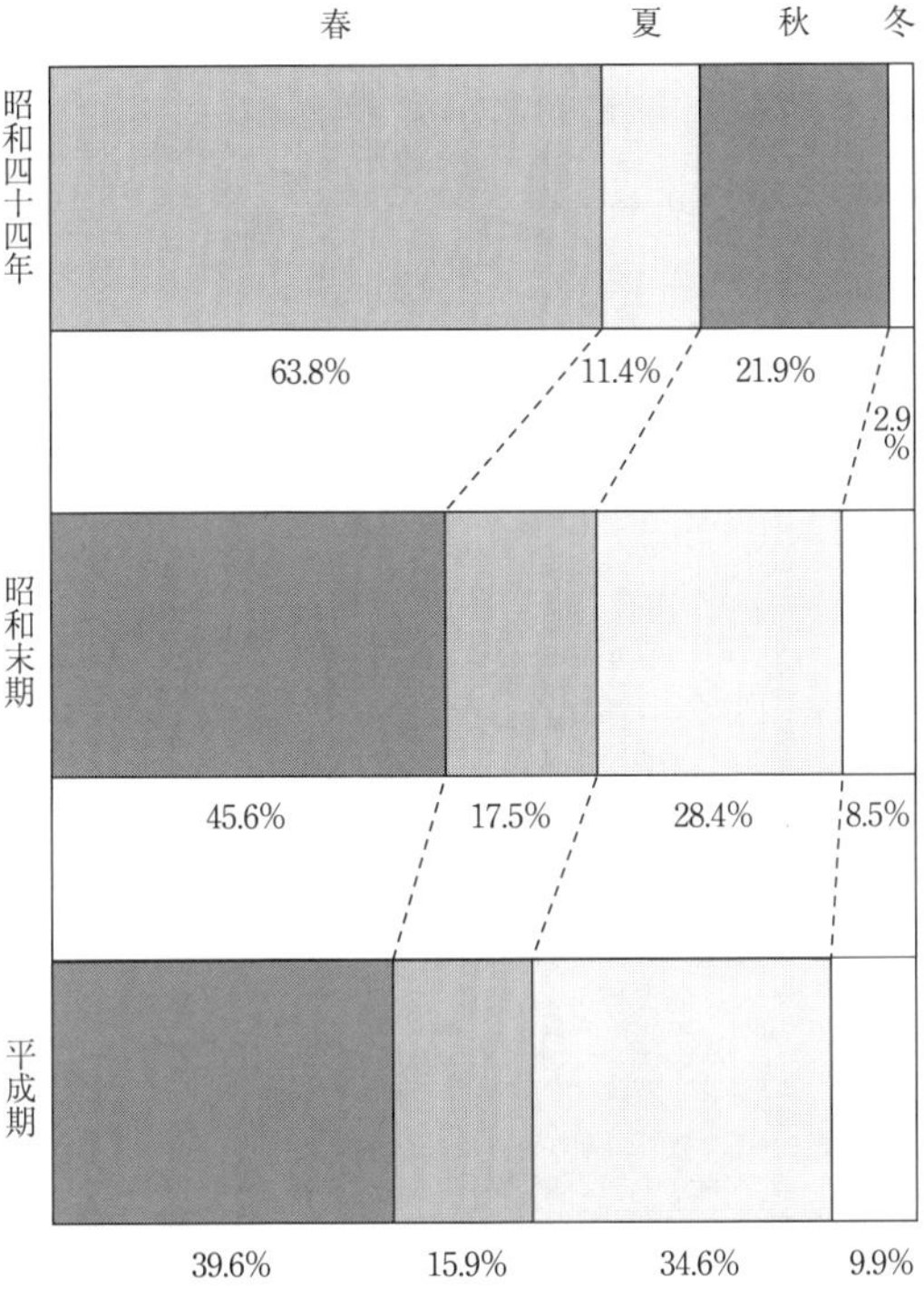

図3－33　昭和期と平成期の季節別比較（昭和44年は前田卓『巡礼の社会学』による）

遍路の季節動向の変化は、遍路を迎える寺院側の受け入れ態勢にも変化をもたらしている。遍路が春に集中していた時代には、寺院に手伝いにきていた雇い人は、五月中頃には暇を貰って実家に帰っていたが、春以外にも人手が必要になっている。ある札所の住職は、「春、お線香を売る堂守さんを三人雇っていたが、秋の二季になり、さらに六、七月も伸びて、いまでは年中きてもらっている」[5]と述べていることが、その変化を如実に物語っている。

季節別動向の変化の理由には幾つかある。かつては「春遍路」と呼ばれ、気候が温かくなり、農作業の始まる前に地元の農家の人々は遍路に出かけていたので、春は遍路の季節とされてきた。歩き遍路にとってはこのシーズンは最適であった。しかしながら、遍路の交通手段が徒歩や団体バスから自家用車に変化するにつれて、特定のシーズンに集中するのではなく、四季に分散する傾向が出て、季節間の格差が縮まった。むしろかつては敬遠された夏と冬の遍路の増加が注目される。自家用車の利用は冷暖房が完備し、夏・冬の季節でも容易に巡拝できる点にある。今一つの理由は、遍路の総数の増加や目的の多様化が季節別遍路の割合に変化をもたらしている。年間の遍路の総数は昭和四十年代に比べ平成期には約四倍から五倍に大幅に増加している。その増加した遍路には中高年も多く含まれ、夫婦でドライブの遠出と遍路とを兼ねたケースも多くなった。また、夏の時期には若者や中高年が休暇を利用して徒歩や自転車、バイクで精神修養を目的として遍路に出かけるケースも少なくない。このような目的の多様化が、春の季節の占める割合を相対的に減少させ、秋、夏などの季節の増加を促している。そのような変化の中でも、四国遍路の特徴は「春遍路」であり、その割合が多いことには変わりない。

第四章　現代の巡礼・遍路の実態

西国、秩父巡礼と四国遍路の約三十年間の動向・推移を考察したところで、次にそれぞれの巡礼・遍路の実態を分析、考察することにする。その方法として各霊場で巡礼者にアンケート調査を実施した。巡礼・遍路の実態も時代によって変化することから、西国巡礼と四国遍路では昭和期と平成期の二回の調査を行ない、四国遍路では納札調査も試み、比較検討を行なった。秩父巡礼ではアンケート調査以外に芳名帳を分析するなど多角的に考察することにした。

第一節　西国巡礼の実態

巡礼者はどこからきているのか、その出身地や男女の比率と年齢層、巡礼の目的、巡礼の交通手段や同行者の編成など、巡礼者に関わる様々な要素を分析、考察する。その実態を捉えるために札所で朱印を授与された人にアンケート調査を実施した。調査は京都市内の西国観音霊場第十九番・行願寺（革堂）で昭和六十二年四月から同六十三年三月までの一年間に亘り一一〇六名からと、平成八年四月から同九年三月までの一年間に亘り、一三五二名から掲出の調査用紙を用いて聴き取りした。その集計結果をもとに、平成期のデータを中心に以下項目別に考察して行くことにする。

巡礼のアンケート調査

まことにご面倒でございますが次の質問にご協力お願いいたします。該当するところを○印で囲んで下さい（複数でも結構です）、その他の場合は具体的にご記入下さい。

1　あなたはどちらから来られましたか。

（　　　　　　　）都・道・府・県

2　あなたは今回で何回目の巡礼ですか。

（イ）３３カ所を全部巡拝した（　　）回　（ロ）ところどころ巡拝した（　　）カ寺
（ハ）今回が初めて

3　あなたはどんな目的で巡礼を行っていますか。

（イ）信仰　（ロ）祈願　（ハ）精神修養　（ニ）行楽　（ホ）信仰と行楽　（ヘ）納経帳、掛軸に関心をもって　（ト）健康のため　（チ）その他（　　　　　　）

4　あなたが初めて巡拝におでかけの時、どのような動機で出かけましたか。

（イ）自分からすすんで　（ロ）親や親類の人が巡拝していたので　（ハ）友人・知人に誘われて　（ニ）団体募集を知って　（ホ）その他（　　　　　　　　　）

5　あなたの巡拝の交通手段は何ですか。

（イ）自家用車　（ロ）タクシー　（ハ）団体バス　（ニ）電車と路線バス　（ホ）徒歩

6　あなたは今回何人で巡拝していますか。

（イ）１人で　（ロ）家族　　人　（ハ）友人　　人　（ニ）団体　　人

7　あなたの信仰する宗教は何ですか。

（１）佛教　（イ）禅宗・曹洞宗・臨済宗　（ロ）真言宗　（ハ）天台宗　（ニ）浄土宗
（ホ）浄土真宗　（ヘ）日蓮宗　（ト）その他（　　　　　　）
（２）その他の宗教（　　　　　　）
（３）なし

8　あなたの職業をお聞かせ下さい。

（イ）公務員　（ロ）会社役員　（ハ）会社員　（ニ）専門職　（ホ）農・林・漁業
（ト）商業　（ヘ）自由業　（チ）無職　（リ）その他（　　　　　　）

9　あなたのお歳はいくつですか。

年齢　　歳（男）　年齢　　歳（女）

アンケートにご協力ありがとうございました。

図４－１　調査用紙

1　地域別巡礼者

最初に、巡礼者はどの地域からの人々が多いのか、巡礼者の出身地についてである。巡礼者の出身地を都道府県別に示したのが表4－1である。それによると、最も多いのは大阪府で全体の四一・四％を占めている。次いで京都府が一四・八％、兵庫県が一二・九％と続き、以下奈良県、三重県、和歌山県、滋賀県、愛知県などの近畿・中部地方の各県である。その結果、近畿二府四県の占める割合は八三・四％となり、圧倒的に多い。それに三重県、愛知県、岐阜県の中部地方の三県を加えると九二・八％を占めることになる。それ以外の遠隔地からの巡礼者は一割にも満たず、極めて少ない。全国三二都府県から巡礼者はみられるが、その大半は近畿地方からの人々である。

このような地域別の傾向は昭和六十二年の調査にもみられた。昭和六十二年の調査では近畿地方の占める割合が八五・八％で、それに愛知・三重両県を併せると九四・二％であった[1]。それに比べると平成期はこれらの府県の占める割合が若干減少している。巡礼者の多い上位三府県は変わらず、それ以外の各県についても昭和期と平成期とでは多少の増減の変化をみるに過ぎない。

表4－1　都道府県別の巡礼者

都道府県名	実数（％）
大　阪	560（41.4）
京　都	200（14.8）
兵　庫	174（12.9）
奈　良	94（ 7.0）
三　重	65（ 4.8）
和歌山	51（ 3.8）
滋　賀	47（ 3.5）
愛　知	40（ 3.0）
岐　阜	22（ 1.6）
福　井	21（ 1.6）
東　京	10
千　葉	6
石　川	6
福　島	5
茨　城	5
埼　玉	4
神奈川	4
長　野	4
富　山	4
愛　媛	4
岡　山	3
広　島	3
鳥　取	3
香　川	3
長　崎	2
静　岡	2
山　口	2
徳　島	2
大　分	2
青　森	1
島　根	1
福　岡	1
合　計	1,352名

近畿地方の巡礼者が圧倒的であり、その中でも大阪府は四割を占めている。それは大阪府下に多くの人口を抱え、それが巡礼数にも反映している。地元近畿の巡礼者が多い理由は、地元に霊場があるという地理的条件と人口の多さである。現在では巡礼の交通手段の殆どが車になり、マイカーの利用が目立ち、家族で気軽に巡拝する風潮になってきた。近畿一円に分散する霊場札所は、車を利用して日帰りができるコースになっている。車以外の場合でも、友人と電車や路線バスを利用するケースは地元の人に多くみられる。それに加えて、地元の旅行会社などが募集する団体ツアーの利用も見逃せない。バスツアーの利用者の大半は車を持たない女性や高齢者で、近畿地方の人々で占められる。

それに対して、遠隔地からの巡礼者はマイカーの利用以外に募集による団体バスが中心になる。例えば、旅行会社や寺院が募集した巡拝である。遠隔地から関西にきて個別に巡拝すると、日数もかかると同時に費用も割高になる。その点、団体バスの利用は費用が割安で、道中の不安もなく巡拝できる。最近では一〇名程度でマイクロバスを利用するケースが増え始めた。

ところで、西国巡礼の出身地が札所の存在する地元に多いという現象は、西国巡礼だけはなく、関東一円に展開する坂東巡礼にもみられる。坂東巡礼では札所寺院が所在する一都六県の出身者が九四・七%を占め、それ以外の遠隔地からの人々は僅か五%に過ぎない。(2) それに対して、四国遍路や秩父巡礼では多少異なった傾向になる。四国遍路では最も多いのは地元四県で約半分を占めるが、次いで近畿地方(二〇%)、中国地方(九%)の遍路が比較的多い。(3) 秩父巡礼では地元埼玉県が最も多く三五・九%であるが、その周辺の東京都(三三・六%)、千葉県(七・七%)、神奈川県、群馬県(共に四・四%)などが半分以上を占めている。(4) 四国遍路、秩父巡礼とも地元の人は多いが、全体に占める割合は西国、坂東巡礼に比べ大幅に低下する。

西国、坂東、秩父の各巡礼と四国遍路とにおいて、巡礼者の出身地の割合に差が生じる理由の一つに霊場の立地条件が考えられる。西国巡礼は大阪、京都の都市圏を中心に、坂東巡礼も東京、鎌倉などに霊場が立地している。そこには多くの人口が密集し、その住民が行楽・散策を兼ねた巡礼をする「都市型」巡礼が多いことが挙げられる。それに対して、四国遍路と秩父巡礼は日本社会の中心地から離れた四国や秩父盆地の狭い地方に留まり、しかもその地域の人口は少ない。従って、各巡礼、遍路は霊場の位置する地元住民が最も多いことには変わりないが、全体に占める比重は低下する。その反面、周辺の地域からの巡礼、遍路が増え、それらの人々によって支えられてきた。とりわけ人口密度の高い東京からは秩父巡礼に、大阪、兵庫からは四国遍路に多く出かけている。江戸時代の秩父巡礼には多くの江戸市民が参詣していることが残された石碑などで判明する。江戸から秩父までの行程は一泊二日で気楽に往来できたことから女性に人気があった。四国遍路でも、江戸時代末期から明治期にかけての遍路札調査でも大阪、兵庫、和歌山などのからの遍路が多かった。(5) 四国霊場と秩父霊場は、日本社会の中心地から離れながらも地元以外の周辺近郊や遠隔地からの人々を吸収し、独自の性格を形成して発展してきたと言える。

中部圏の愛知県には札所は存在しないが、近畿に次いで巡礼者が多い。それは歴史的にも多くの巡礼、遍路があったことが資料に残されている。江戸時代の元禄年間の町触には、「近年、御城下男女、西国順礼四国辺渡仕候者共年々多ク罷成、去年当年は別而罷出候由相聞へ候(6)」と述べられ、名古屋から西国巡礼や四国遍路に信仰心の篤い人々が多く出かけている。その風潮が現代にも受け継がれている。

2　男女別、年齢別巡礼者

巡礼者を男女別に分けて、その上で年齢別に分類したのが図4－2である。まず、男女の性別による巡礼者を分析すると、全体的にみると女性が五四・六%、男性が四五・四%を占め、女性が男性を上回る。過去のデータでは昭和四十四年では女性五七%、男性四三%で女性が上回っていた。(7) 昭和六十二年の調査では男女半々(女五〇・六%、男四九・四%)で、僅かに女性が上回っていた。(8) その結果、調査年時によって多少の差はみられるも

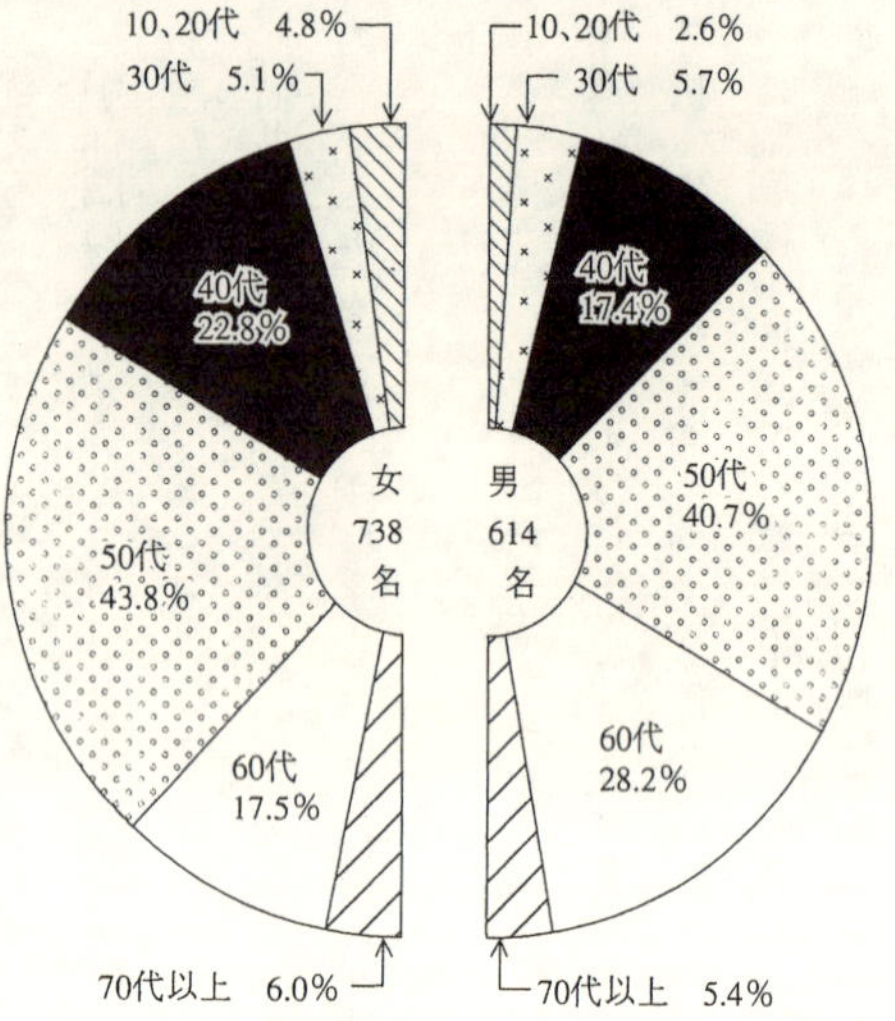

図４－２　男女別及び年齢別割合

のの男女の比率は僅少で、女性の巡礼者が男性よりも多い。

男女の割合を年齢別にみると、六十歳代を除き各年代で女性が男性を上回る。しかし、三十歳代までと七十歳以上の巡礼者は全体の占める割合が少なく、巡礼者の中心は四十歳代から六十歳であり、四十歳、五十歳代の女性が多いことに注目される。それに対して、六十歳代は男性が女性を上回る唯一の年代である。その大きな理由には、この年代の男性は定年を迎え現役を退き、時間的余裕ができることに加え、過去の人生を振り返るとともに将来の目標を模索する意味を込めて、巡礼に出かける人が増えることである。

次に、年齢別の巡礼者の割合をみてみると、最も多い年齢は五十歳代で全体の四二・三%を占めている。次いで六十歳代が二二・八%、四十歳代は二〇・一%と続く。四十歳代から六十歳代までの中高年齢層が全体の八五%を占めている。それに対して、三十歳代までの若い年代は九・一%、七十歳代以上の高老齢層は五・七%と極めて少ない。このような傾向は昭和六十二年の調査でも指摘されていた。それ以前の昭和四十四年の時点では、巡礼の最も多いのは六十歳代で四〇%を占めていた。次いで五十歳の二二%、七十歳代の一六%であった[9]。しかし、昭和六十二年では五十歳代が最も多く四一%、次いで四十歳代が二九%、六十歳代が一五%と変化し始めた[10]。いわば巡礼の年齢層の若返りの現象が出始めてきた。かつての巡礼者の中核は六十歳であったものが五十歳代に変わり、その割合も四割を占めている。次いで四十歳代か六十歳代が多いという傾向がみられる。それに対して七十歳以上が少なくなってきた。その結果、中壮年層の四十歳、五十歳代を併せると六割を上回り、この年齢層が中核になる傾向を示している。

昭和四十四年の時点で年齢別の男女比率をみると、四十歳代から六十歳代までは男性が女性に大幅に下回っていた。特に五十歳代、六十歳代の男性の低下が著しかった。それは職業生活に力点をおく男性の生活スタイルで、時間的に余裕がなかったことによる。しかし、昭和四十年代と昭和後期から平成期にかけては、社会状況が大きく変化した。経済的豊かさと労働時間の短縮で余暇が大幅に増えた。少子化で子育てからの解放が早くなり、家事労働は軽減された。このような状況の中で余暇利用の一つとして四十歳代後半から五十歳代の男性の巡礼が増える傾向がみられる。巡礼の目的や交通手段、及び同行編成の人数については後述するが、信仰心以外の行楽を兼ねた巡礼や集印を目的とする人が増え、しかも自家用車を利用した家族単位の巡礼が目立つようになった。その年代層は四十歳代、五十歳代に多い。平成期と昭和後期のデータを比較すると、昭和後期では四十歳代が全体の三割弱で六十歳代の二割を上回っていたが、平成期は六十歳代が四十歳代を上回っている。その原因の一つは定年を迎えた六十歳代の男性の大幅な増加によるものと考えられる。

3　巡礼の目的

西国巡礼の目的を尋ね、その答えを図式化ものが図4－3である。最も多いのは「信仰心と行楽を兼ねて」と答える人で二八・一％を占めている。次いで「信仰心にもとづいて」が二四・八％と続き、以下「納経帳や掛軸の集印に関心をもって」が二一・二％、「行楽」と「健康のため」が各々一〇・一％などの順になる。

昭和中期の巡礼の目的では「信仰心にもとづいて」が四割弱を占め、中心的存在であった。それに「信仰心と行楽を兼ねて」が二割前後占め、信仰心に伴う巡礼が主流であった[11]。ところが、時代とともに目的にも変化が出てきている。それは「信仰心にもとづいて」の割合が減少し、「納経帳や掛軸への集印に関心をもって」や「健康のため」などの目的が増える傾向になってきた。いわば純粋に信仰心にもとづいた行為としての巡礼は減少し、それ以外の目的とを兼ねた多目的の巡礼が増加する傾向が出てきている。その中で目立つのは、納経帳や掛軸に

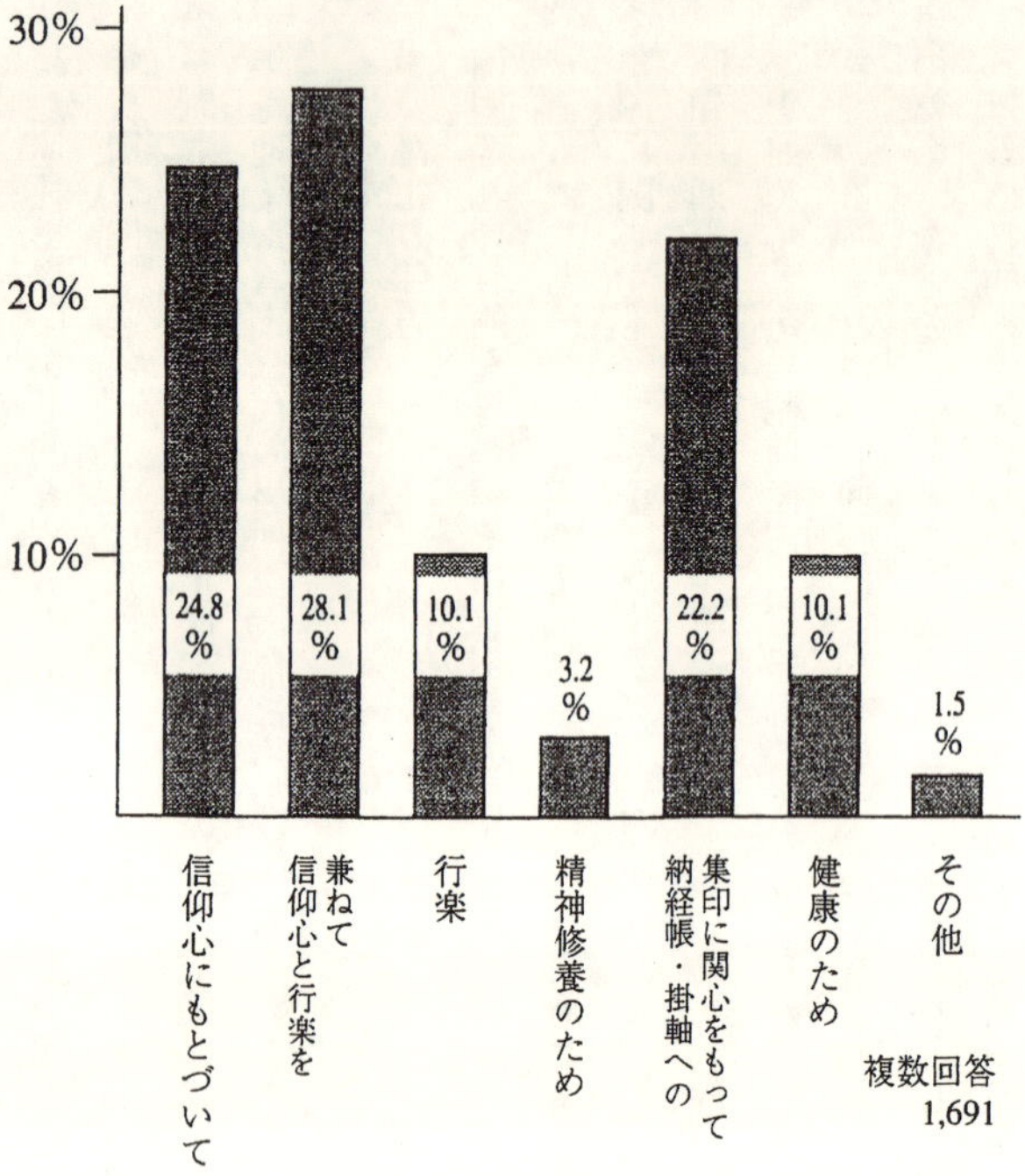

図4-3　巡礼の目的別割合

集印することや、健康のために巡礼を始める人が増加している点である。昭和四十四年と同六十二年、そして平成期の時点における「信仰心にもとづいて」と「信仰心と行楽を兼ねて」、「行楽」及びそれ以外の目的の割合を比較すると図4-4のようになる。それによると、「行楽」の割合は殆ど変化がなく、一割少々である。「信仰心と行楽を兼ねて」は徐々に増加するが、その反面「信仰心にもとづいて」は減少する。この三つの目的の占める割合が七四%から六三%と少なくなってきた。それに対して、それ以外の集印や健康維持などの目的が増加してきた。

　巡礼の創設期にはその目的は僧侶の修行であった。やがて貴族や武士などの上流階級に巡礼が普及すると、自らの救済や祈願のための目的で巡礼は行なわれた。その後、江戸時代に入ると経済的に豊かになった農民や商人たちが巡礼に出かけるようになる。それに伴って巡礼の目的にも変化が出始める。もちろん宗教的な救いや祈願のために巡礼する人は多かったが、それに行楽を兼ねた目的が出てくる。上方と呼ばれ文化の中心地であった近畿地方に展開される三十三ヵ所の観音霊場には名利が多く、豪華な伽藍に有名な仏像も祀られている。それらの鑑賞も巡礼の目的の一つであり、その上、道中での各地の祭り見物も目的に含まれていた。

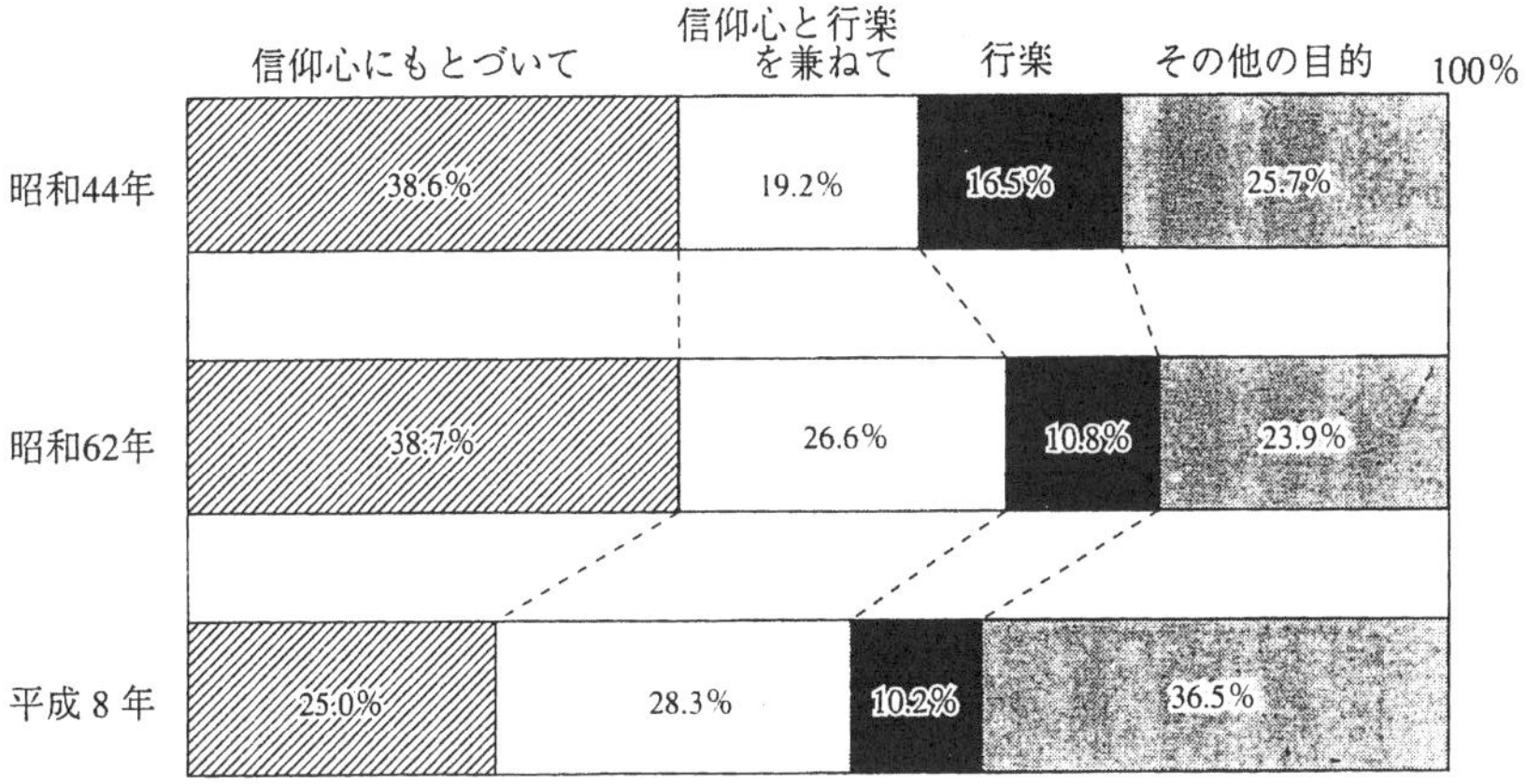

図4－4　年代による巡礼の目的別割合の変化
(昭和44年のデータは前田卓『巡礼の社会学』による)

例えば、江戸時代は東国から多くの西国巡礼がみられたが、その巡礼の目的には寺院の参詣の他に祭りや内裏の見物が含まれていた。奥州磐城藩の資料には、「諸人紀州熊野ヲ信仰シ、男子ハ必ズ参詣スル事ニテ、序《ついで》ニ西国三十三所観音ヲ巡礼ス。……尾州津島祭ヲ掛ケ、盆中京都ニ至リ禁裏御燈籠見物ヲ心掛ケテナリ(12)」と書かれ、巡礼と祭りや禁裏の燈籠見物を兼ねていたことがわかる。遠隔地に参詣する場合、それは日常生活からの解放であり、見知らぬ異国での見聞という目的も兼ね合わされていた。このように歴史的に宗教的行為としての巡礼に行楽が兼ねられ、それが現代にも受け継がれ、近年では巡礼と行楽を兼ねた目的が主流になりつつある。しかし、信仰心と行楽の二つの要素のどちらかに力点が置かれているかは、各個人によって微妙に違いがみられる。

近年の目的における特徴は、複数の目的をもつ多目的な巡礼である。その例が納経帳や掛軸への集印であったり、健康維持の巡礼である。納経とは本来、参拝時に写経を納めることで、その印として寺院から寺印が授けられた。それが現在では写経を納める習慣は廃れ、寺印だけを貰うようになった。納経帳に加え、掛軸にも集印するようになってからは、その風潮に人気が出てきた。特に観音菩薩像を描いた掛軸は荘厳性の高まりで宗教的、芸術的に人気がある。そのため、巡礼の目的を集印に力点を置く人が増え出した。但し、集印への関心をもつ人には二つのタイプがみられる。その一つは、単に寺印を集印することに力点を置き、スタンプラリー気分で収集そのものを目的とした宗教性の希薄なタイプである。それに対して、信仰心をもちながら巡拝し、その儀礼作法として納経帳や掛軸、笈摺に集印するタイプである。地域によっては法事の荘厳に掛軸を掛ける習慣がみられたり、納棺の際に笈摺を一緒に納める習俗があり、その備えで集印する巡礼者も少なくない。このタイプは前者とは異なり宗教性が関わっている。ところが、その中には自身が集印していることについて、既述の両者のどちらかであるかを自覚しているタイプと、それが曖昧にされているタイプもみられる。

健康維持を目的とした巡礼は、運動の不足がちな現代の日本人の状況をよく反映している。交通機関が発達しなかった時代には徒歩巡礼であった。歩くことは肉体の強化を促すと共に、精神の安定をもたらす。しかし、車や電車などの発達によって、現代人は歩くことが極度に少なくなり、運動不足を解消するために、ジョギングやハイキングをする中高年が増えた。そこで健康管理を巡礼の目的とする五十、六十歳代の人が出始めた。但し、後に述べるように西国巡礼では全行程を徒歩で廻る人は殆どなく、電車の駅や最寄りのバス停から歩く程度の運動量に過ぎない。しかし、巡礼で外出することによって身体を動かし、併せて精神的な解放につながるメリットはある。

このように西国巡礼の目的には時代の変化に伴って多様な目的がみられ、しかも複数の目的を掲げる多目的型の人が増えている。

4　巡礼の回数

三十三ヵ所の札所を一巡すると「結願」あるいは「満願」になる。巡礼者の中には一度結願を果たし、再び巡礼する人もある。江戸時代の西国巡礼には、「三十三度行者」が「組」をつくって活躍していた。彼らは「セタ」

（背陀）と呼ばれる仏像や荘厳具を納めた小型の祭壇を背負い、結縁の宿や檀家に泊まりながら、年に三回の巡礼を行ない、十一年で三十三度の満行を果たした[13]。これは専門的、職業的修行で特殊な巡礼でもあった。

一般の巡礼者は二度、三度と廻るであろうか。そこで何回目の巡礼にあたるのか、その回数を調べたのが図4－5である。それによると初めての巡礼と答えた人は八一・二％を占め、圧倒的に多い。二回目の巡礼は一五・八％、三回目は一・七％と回数を重ねる毎にその割合は少なくなる。初めての巡礼者が圧倒的に多いことは過去にも指摘されてきた。その割合は昭和四十四年では八四・二％[14]、同六十二年では九〇・二％を占めていた[15]。

ところで、巡礼の回数に関して西国巡礼とそれ以外の四国遍路、秩父、坂東巡礼と比較すると西国巡礼の特徴が出てくる。四国遍路では初めての遍路は五〇％台であり[16]、秩父巡礼では七二・五％[17]、坂東巡礼では七四・三％となる[18]。その結果、西国巡礼が最も高い比率になる。言い換えれば、四国遍路では二回以上巡拝する人が四割以上あり、多度巡拝が盛んである。それに反して、西国巡礼では多度巡拝が最も少ないことになる。西国巡礼で多度巡拝が少ない理由を検討してみると、次のように捉えられる。

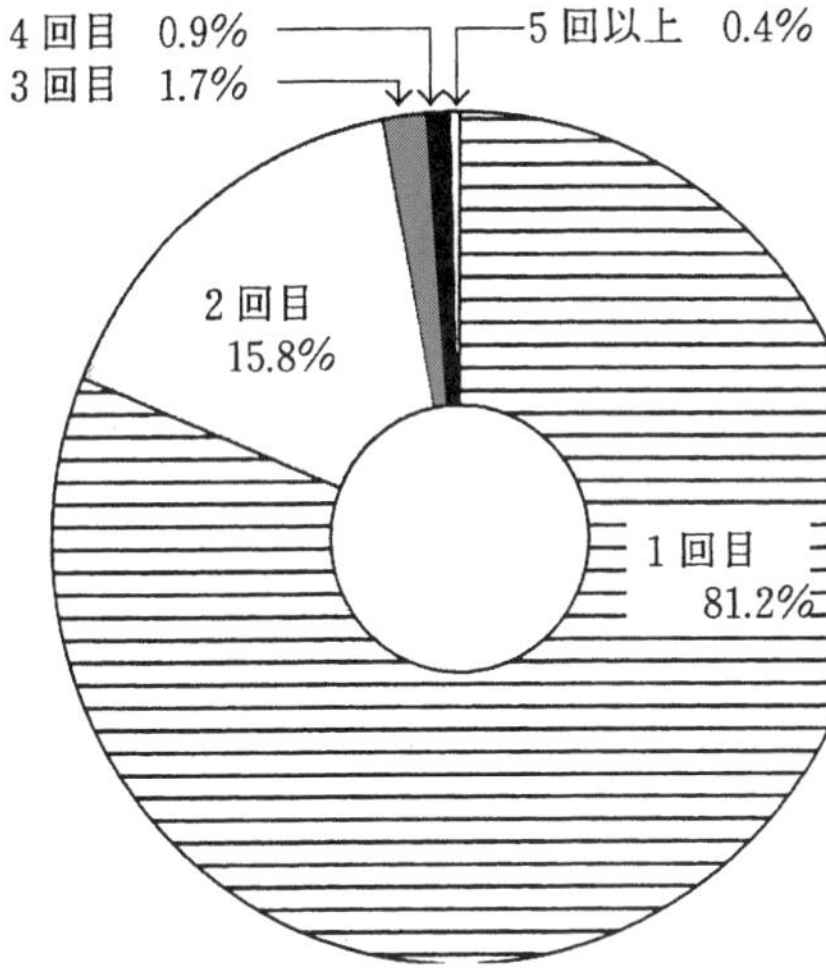

図4－5　回数別巡礼者の割合

巡礼の目的や交通手段の違いによる影響も無視できないが、札所の設定と巡拝の形式の違いに大きな原因が考えられる。四国遍路は出身地が地元四国以外の人が約半分を占め、遠隔地から訪れる遍路である。遍路は白装束に菅笠をかぶり、金剛杖をつき、納札を奉納して巡拝する。しかも八十八カ所を長期間にわたって一巡するタイプや、分割巡拝でも二、三泊の日程で廻るケースが多い。そこに一定期間、日常生活から離れて世俗からの解放と宗教的雰囲気の厳粛さ、緊張感を体験する。例えば、道中で住民から接待を受けた時の感謝の念や、宿泊した宿坊で志を共にした人と語らい、早朝の勤行などが貴重な体験になる。遍路の行程は交通事情がよくなった現在でも決して楽ではなく、苦労が尽きない。幾多の苦労を重ねたことで、満願した遍路たちは満足感や充実感をかみしめられる。一段落した後、新たなる気持ちで再び遍路に出かけるものと捉えられる。

ところが、西国巡礼は多度巡拝が少ないのは、霊場が都市に集中し、観光寺院も多く含まれ、雑踏に心がもみ消され、宗教的厳粛さを体験する環境設定にはない。確かに西国霊場の寺院は豪華な伽藍や華麗な庭園、有名な寺宝を所蔵する札所が多く、巡拝者には感動を与える。しかし、巡拝を続けて行くうちにその印象は薄れ、当初受けた新鮮な感動は消え、やがてどこの寺院であったのかその記憶は混濁するようになる。その結果、西国霊場の巡拝は寺院の伽藍、荘厳、寺宝のすばらしさに目を奪われ、信仰の対象というよりも鑑賞へと心は知らず知らずのうちに変化させられていく。

また、巡拝形式は普段着姿で自家用車やバス、電車などを利用し、日帰りの行程となり、巡礼が日常生活の延長線上に位置付けられ、巡礼の感動が湧きにくいことが挙げられる。そのために、巡礼の印象が薄れ、余韻が残らないことが多度巡拝の少ない原因になっている。二回以上廻る人でも集印に関心を示すなどの宗教的要素以外の理由である。一回目は納経帳に集印したが、二度目は掛軸に集印することを目的にするケースが多い。従って、多度巡拝する人でも西国巡礼と四国遍路では内容を異にしている。

5　巡礼の交通手段

巡礼の交通手段は時代によって最も大きく変化してきた。とりわけ戦後の経済成長に伴い、交通機関の発達や道路網の整備が巡礼にも大きな影響を与えた。交通機関の発達は巡礼者の増加を促す反面、巡拝の形式を変える働きもした。そこで、どのような交通手段を用いて巡拝しているかを図4－6でみてみよう。それによると、最も多いのは自家用車の利用で全体の四五・三%を占めている。次いで多いのは、自家用車と電車や路線バスとを組み合わせたタイプで二四・四%となる。電車と路線バスとを組み合わせたタイプは二二・〇%、団体バスだけのタイプ、団体バスと電車・路線バスを組み合わせたタイプが共に二・四%などとなっている。それ以外には電車とタクシーの組み合わせ、バイク利用などがあるが、徒歩巡拝は殆どみられない。

　徒歩巡拝は交通機関の発達する以前には基本であった。しかし、交通機関の発達によって人々の生活は大きく変化し、巡礼でも自動車、電車の利用者が大幅に増えた。近年の傾向では、ワゴンタイプやワンボックススタイルの車種が人気を呼び、広い車内でくつろいで遠距離移動ができるようになったことから、家族や友人と巡礼するスタイルがみられる。自動車の利用が、巡礼を神聖なる宗教的行為から日常的な俗なる行為へと変えることになった。

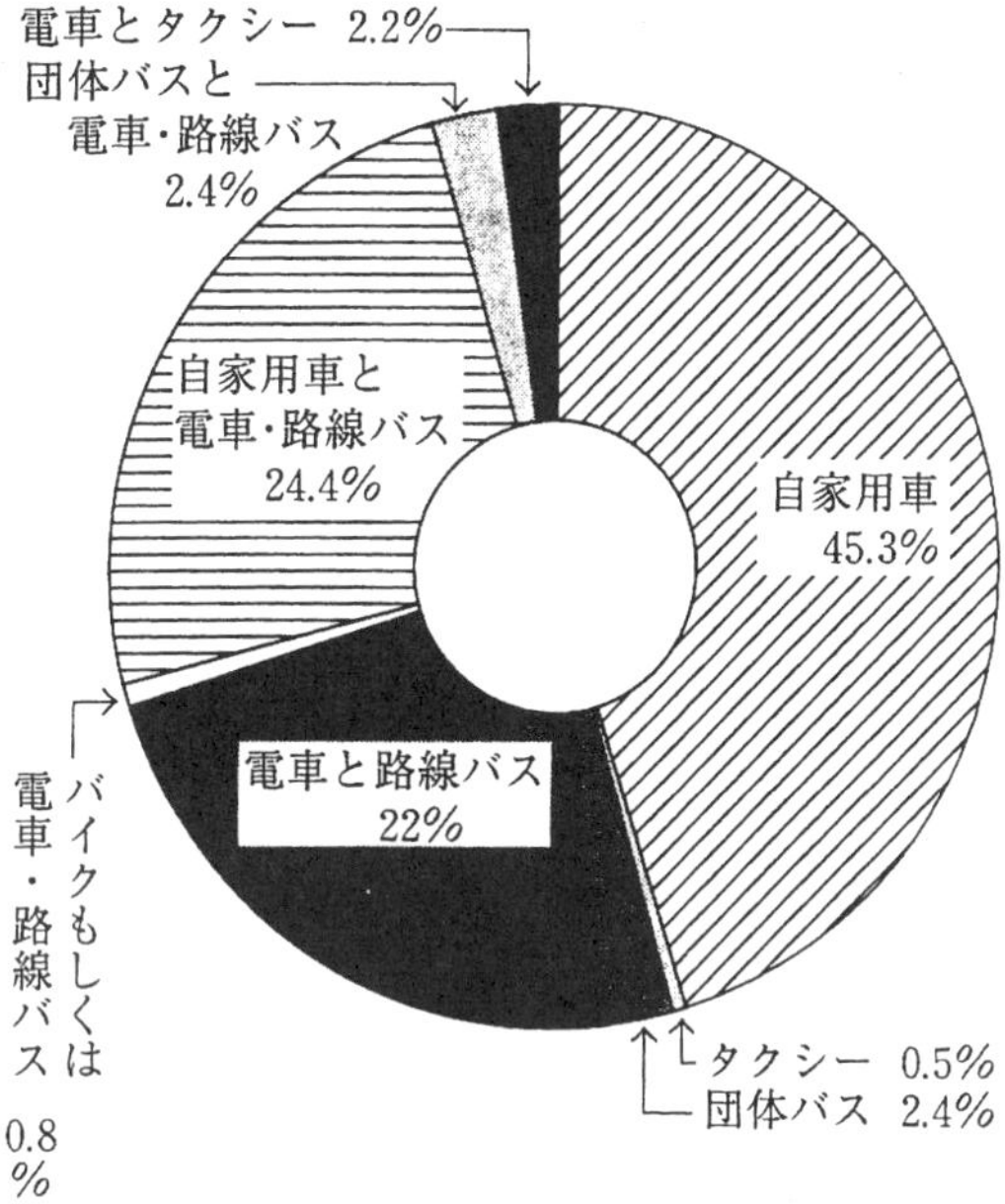

図4－6　交通手段の割合

　今一つの傾向は、団体バスの利用者が少なくなったことである。昭和四十四年の調査では約六割が団体バスの利用者であった[19]。ところが、現在では二・四%と激減している。その原因は自家用車のめざましい普及であった。昭和四十五年の自家用車の普及率は低く二二・一%に過ぎず、高所得者に限られていた。そのために、当時の巡礼の交通手段は団体バスが主流であった。昭和四十年代後半から五十年代にかけて自家用車の普及は著しく伸び、現在では八二・六%を超え[20]、約四倍の普及率になっている。その結果、団体バスの利用は遠隔地からの集団巡礼や、定期的なバスツアーに限られ、近距離や地元の人は自家用車の利用が急増した。団体バスの利用にも変化が出ている。大型バスの利用は少なくなり、中・小型のバスの利用が目立つ。かつて団体バスのサイズは四、五〇人乗りの大型のバスが主流であった。今でも旅行会社の募集するツアーや、寺院が引率する檀家の巡礼には大型バスの利用はみられる。大型バスの利用は交通手段をもたない巡礼者にとっては、安い費用で案内を全て任せて廻れるメリットがあった。その反面、人数の多い団体は個人の自由が少なく、不便でもあった。そこで大型バスに代わって中・小型バスの普及で気心の知れた少人数で融通性を生かしたスタイルへと変わってきた。

自家用車の利用が五割弱と多い中で、今少し細かく分析すると多様な側面が含まれている。その一つは、京都市内の札所を巡拝する場合である。通常は自家用車を利用している人でも、京都市内に存在する第十五番札所・今熊野観音寺から第十九番札所・行願寺までのコースは、電車・バスを利用したり徒歩で廻るスタイルがとられる。その理由は、入り組んだ京都市内の地理に不案内で且つ駐車場不足などで車を敬遠するからである。また、市内の散策、見物を兼ねた行楽の要素が含まれていることによる。今一つは、車の利用ができない中高年の女性は団体バスと路線バスを併用したり、時には知人の車に相乗りするなど、状況に合わせた多様な手段をとっている。巡礼の交通手段としての自動車、バスの利用はその時代の交通事情を反映している。

6　巡礼の同行編成

江戸時代の西国巡礼では、巡拝時にその印に納札する習慣があった。納札には名前、出身地、年号などが書かれている。それによって巡礼者の身元が判明するとともに巡礼に同行する人数がわかり、一人で廻る巡礼から十数名の集団の巡礼もみられた。集団巡礼の代表例としては、京都の旧物集女村の若者たちによる巡礼が挙げられる。当地域では青年たちが西国巡礼を済ませないと嫁を貰うことができなかったという習慣があり、若者は十数名のグループで巡礼に出かけた(21)（図2－5参照）。それ以外にも江戸時代、関東から若者の集団巡礼が盛んであり、それを禁止する願いが次のように出されている(22)。

関東筋百姓之忰共、西国三拾三所観音順礼として、年齢十五六才ゟ二拾四五才之もの三拾才ト申は希ニ而、年ゞ六月朔日前後七八人拾人弐拾人相催シ出立仕候儀夥敷有之候、此儀第一田畑草穫最中農業大切之砌（後略）

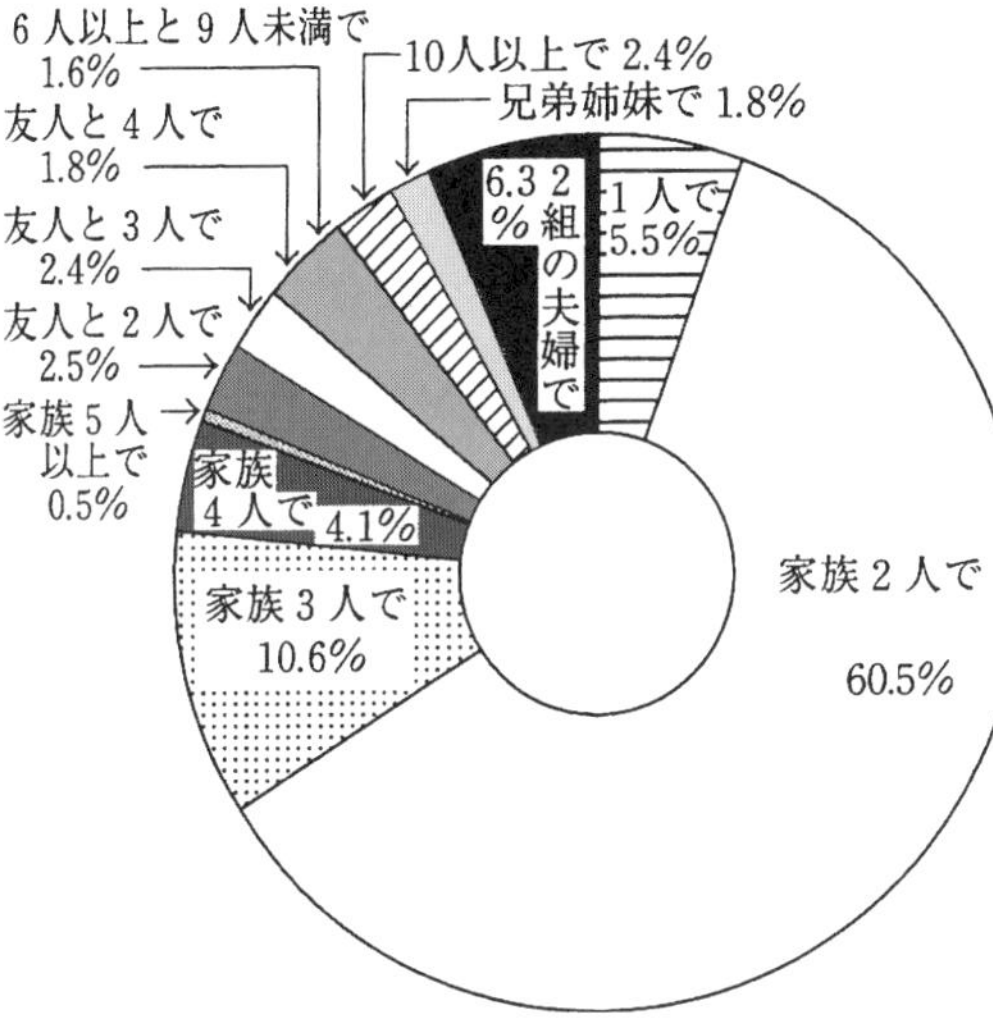

図4－7　巡拝の編成人数別割合

これは十五、六歳から二十四、五歳の若者たちが七、八人、一〇人あるいは二〇人が集団で西国巡礼に出かけることが盛んになり、農業を大切にするように戒め、それを禁止することを願い出た一節である。

ところで、現在の西国巡礼では納札の習慣が廃れたので、調査項目で同行の人数を尋ね、その回答を整理したのが図4－7である。最も多いのは「家族二人で」と答えた人が六〇・五％を占めている。次いで「家族三人で」が一〇・六％、親子の関係を除く「二組の夫婦で」が六・三％、「一人で」が五・五％と続く。その他には四、五人の家族単位や二、三人の友達同士の編成が含まれ、「一〇以上の団体」は二・四％と少ない。

その中で、「家族二人で」が全体の六割を占めて、他の同行編成を圧倒しているのが注目される。その二人の家族の間柄とは、中年の息子とその父や母の親子の組み合わせもみられるが、大半は夫婦二人の組み合わせである。既述のように巡礼者の年齢は五十歳代を中心として中高年が多いが、その年代の同行の組み合わせの多くは「夫婦二人で」である。子育てを終えた中高年層が、余暇時間の利用に夫婦でマイカーで巡礼に出かけるケースが増えてきた。戦後の民主教育下で育った人々が中高年の年齢に差し掛かり、その年代の夫婦の関係に変化が出始めていることである。即ち、親子の結びつきを重視する関係から夫婦関係重視の生活スタイルへと変化してきたことである。夫婦《めおと》巡礼は古くからみられ、かつては六、七十歳代の高老齢層にみられたが、現在は中高年でも豊かさと余暇時間が生まれたことから、巡礼が夫婦の共通のテーマとされるようになった。戦後生まれの人々が全人口の半分を超えるようになり、且つ核家族の少人数で暮らす家族関係が巡礼にも反映している。

それに加えて、割合はさほど多くないが、親子の関係を除く「二組の夫婦」も注目される。この組み合わせは、「夫婦二人で」の延長線上に位置づけられる。夫同士が友人であったり、妻同士が知り合いであったりと、互いに親しい間柄の夫婦同士のスタイルで、行楽を兼ねた巡礼である。

「夫婦二人で」が同行編成の中核にあり、その枠組を少し拡大すると、「家族三人で」と「家族四人で」の編成となる。「家族三人で」には二つのタイプがある。その一つは息子とその両親の組み合わせで、三、四十歳代の息子が運転する自家用車で老夫婦と巡礼するケースである。今一つは息子夫婦に父、母のどちらか一人の親が加わるケースである。「家族四人で」の組み合わせは親子二代の夫婦と、三、四十歳代の夫婦とその子供のケースである。いずれにしても家族を単位としての同行編成で、単位規模が少人数化しつつある。

他方、かつての巡礼の主流であった団体バスによる集団巡礼は急激に減少している。その原因は、既に指摘したように自家用車の著しい普及と集団巡礼に伴う不自由さである。不自由さの一例は集団移動と宿泊によく表われる。集団巡礼はガイドや先達に引率されての過密スケジュールになる。また集団巡礼では宿坊・寺院の会館などで相部屋になるが、戦後の個人主義思想を身につけた世代はそれを嫌い、個室を望む傾向が強い。その結果、集団巡礼を避け、割高でも豊かさの中で経済負担を気にせずに、家族単位でマイカーを利用し、ホテルなどに泊まるスタイルが増えてきた。

7　宗派別の巡礼

巡礼は聖地や寺院を巡る宗教的行為である。霊場の各寺院は仏教各派と結びついている。巡礼にも宗派的性格が関係するかを捉えるために、巡礼者に宗派を尋ねた[23]。図4－8はその結果を整理したものである。

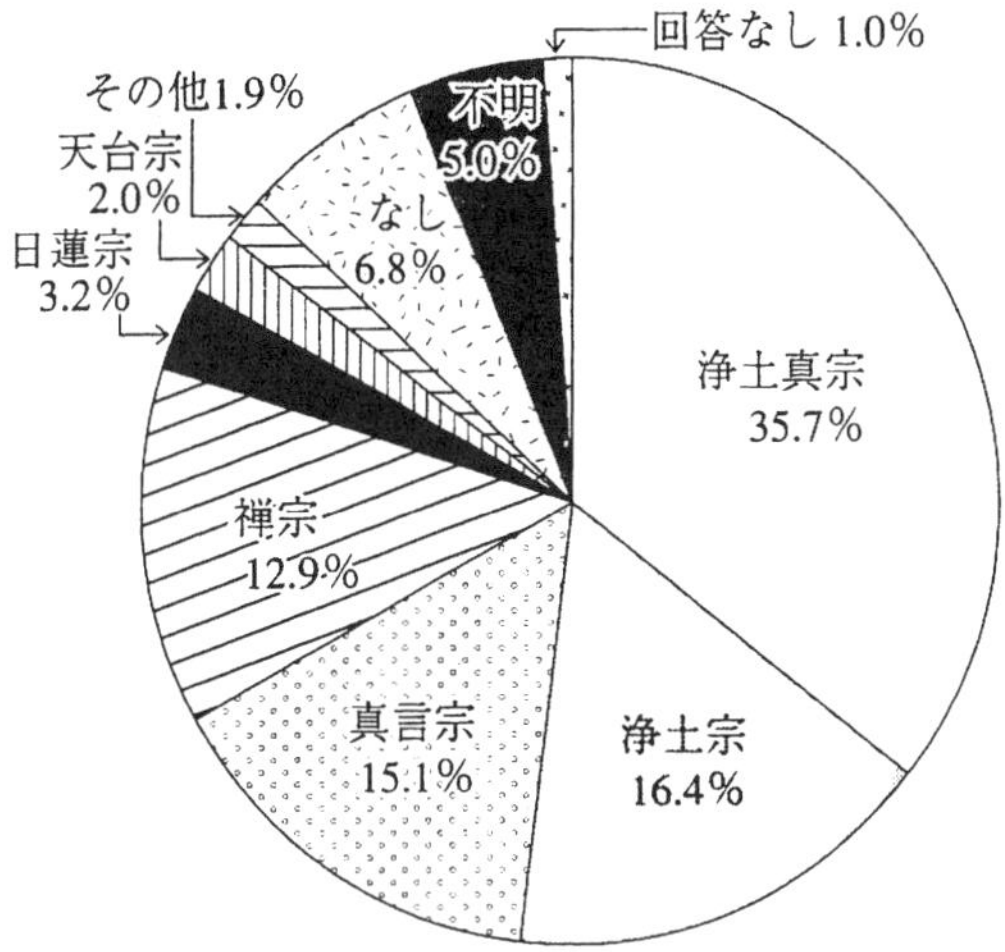

図4－8　宗派別巡礼者の割合

宗派別で最も多いのは浄土真宗で三五・七％を占めている。次いで浄土宗が一六・四％と続き、以下真言宗一五・一％、禅宗一二・九％の順になる。宗派別の割合については、過去二回の昭和期の調査結果でも同じ傾向を示している[24]。平成期で注目されることは、浄土真宗以下の既存の宗派の占める割合が減少し、その反面「不明」や「なし」などの割合が増え、両者で一割を超えている点である。その理由の一つに、憲法で信教の自由が保障されたにもかかわらず、本人自身が信念をもって特定の宗教・宗派を信仰する人が少なくなったことによる。この点は秩父巡礼や坂東巡礼の調査でも同じ傾向を示し、「不明」と「なし」と答えた割合は一、二割を占める[25]。特に行楽的要素の強い秩父巡礼では、「なし」が一五・六％、「不明」が五・一％[26]と宗派性が薄らいでいる。

巡礼の中でも宗派性が強く出てくるのは四国遍路である。四国霊場は真言宗の開祖弘法大師と縁の深い寺院が多い。大師信仰の発露の一つとして遍路が実践される。真言宗寺院は檀家・信者を教化の一端として遍路に導くことが多く、その影響も働き、遍路全体の半分が真言宗で占めている。

それに対して、本尊巡礼としての観音巡礼は特定の宗派との関わりを強調するものではない。従って、宗派性は薄れ、超宗派的な性格をもっている。西国巡礼では浄土真宗が全体の三分の一を占めて最も多いが、秩父巡礼では禅宗が最も多く、一九・一％を占めている。以下、真言宗一七・九％、浄土真宗一五％の順になって拮抗している。[27] 坂東巡礼では最も多いのが真言宗で二二・一％で、以下禅宗一九・一％、浄土真宗一四・二％の順である。[28] その結果、三つの巡礼には宗派別割合に相違が出てくる。その理由は、観音巡礼では超宗派性によって特定の宗派との結びつきをもたず、むしろ母集団としての宗教集団の規模の大小と、宗派の檀家・信者の地域分布に影響されているものと考えられる。西国巡礼の出身者は大阪府、兵庫県が多く、この地域は浄土真宗の檀信徒が多いことが影響している。

以上、西国巡礼の実態に関して項目別に考察してきた。その結果、過去の調査と比較して、共通な特徴と変化している側面との二つに要約できる。過去の調査と共通な特徴は、巡礼者の出身地、巡拝の回数と宗派性に現われている。巡礼者の出身地は地元近畿圏が圧倒的に多く、二府四県で八割を上回り、それに中部圏の愛知県、三重県、岐阜県を含めると全体の九割になる。巡礼の回数では八割の人が初めての巡礼で、二回、三回と回数を重ねる割合は少ない。宗派別では、浄土真宗、浄土宗、真言宗などの宗派が多いが、特定の宗派との強い結びつきはなく、宗教集団の規模や檀家・信者の地域分布などの影響が考えられる。

他方、昭和期と平成期の間に変化した側面は、巡礼者の年齢が若くなったことが挙げられる。昭和中期（同四十四年）では六十歳代が全体の四割を占めて中核を担っていたが、同後期（六十二年）には五十歳代が全体の四割を占めて中核になった。その傾向は平成期に入ってもみられる。その背景には、所得の上昇や労働時間の短縮により、中高年層に余暇利用として巡礼に出かける人が増えたことである。

最も大きな変化は巡礼の交通手段である。昭和四十年代は六割が団体バスによる巡拝であったが、平成期に入ると自家用車で廻る人が約半分となり、団体バスは急激に減少してきた。常時自家用車を利用する人以外に、電車や路線バス、団体バスなど場所に応じて交通手段を選択するケースも少なくない。交通手段が変化するにつれて、同行する人数の規模と同行者の間柄も変化した。以前は団体バスで大規模な集団巡礼で、夫婦や知人及び見知らぬ仲間の集まりであった。それがマイカーを利用することで家族二人連れが六割を占め、それに親や子供を加えた家族単位の小規模な編成スタイルが増加するようになった。その背景には車の普及と少子化による育児、家事の軽減化や夫婦関係重視の風潮も見逃せない。

第二節　秩父巡礼の実態

秩父巡礼の実態を捉えるために、西国巡礼の実態把握と同じく、アンケート調査を実施した。調査は平成三年九月から翌四年八月までの一年間に亘り、第十三番札所・慈眼寺で行ない、一一五〇名からの回答があった。それをもとに項目別に分析するとともに、昭和四十年代から五十年代に同じ札所に置かれた芳名帳の調査をも加えて考察する。

1　地域別巡礼者

最初に、巡礼者がどこからくるのか、その出身地について分析してみる。第一章で述べたように、秩父霊場が

表4-2　都道府県別の巡礼者

都道府県名	実数(%)	都道府県名	実数	都道府県名	実数
埼　玉	413(35.9)	静　岡	7	北海道	2
東　京	386(33.6)	三　重	6	新　潟	2
千　葉	88(7.7)	香　川	5	富　山	2
群　馬	51(4.4)	岐　阜	4	青　森	1
神奈川	51(4.4)	京　都	4	山　梨	1
愛　知	36(3.1)	兵　庫	4	長　野	1
茨　城	27(2.3)	奈　良	4	滋　賀	1
栃　木	25(2.2)	和歌山	4	徳　島	1
大　阪	10	愛　媛	3	鹿児島	1
宮　城	7	高　知	3	合　計	1,150

単なる一地方霊場にとどまらず、地方性を脱却し日本百観音霊場になったのは、歴史的に地元以外に幅広く巡礼者を吸収したことにあった。そこで、現在の秩父巡礼にはどの地方からの人々がきているのか、出身地を都道府県別に分類したのが表4-2である。

それによると、最も多いのは地元埼玉県で全体の三五・九％を占めている。次いで東京都の三三・六％となる。一都一県で全体の七割を占めることになる。いわば地元埼玉県と大都市・東京都が秩父巡礼の輩出ビック2に相当し、突出している。それ以外は激減するが、それに続くのは関東地方の近隣県である。それは千葉県（七・七％）、神奈川県、群馬県（四・四％）、愛知県（三・一％）茨城県（二・四％）、栃木県（二・二％）の順になる。その結果、関東地方の一都六県の巡礼者が占める割合は九割となる。残り一割が関東以外の中部、近畿地方などの遠隔地からの巡礼者となっている。これらの巡礼者の地域性を考える時、幾つかの点で注目される。

その第一は、埼玉県と東京都の巡礼者が飛び抜けて多いことである。この傾向は過去の芳名帳調査のデータでも指摘されている(1)。埼玉県は地元という立地条件や歴史的な背景を考慮すれば、その数が多いことは理解できる。秩父霊場は秩父盆地の狭い範囲に集中し、それを支えたのは地元住民であり、観音講を中心とした講中でもあった。また、明治期から昭和三十年代までの衰退期の秩父札所を護持してきたのも地域住民たちであった。しかし、近年の傾向としては、埼玉県でも霊場の位置する秩父市及び周辺の町村の人々の割合は少なくなり、埼玉県東部の熊谷市、大宮市、浦和市（後の「さいたま市」）、南部の所沢市などの地方都市からの巡礼者が多くなっている。巡礼の絶対数が増えるにつれて、地元秩父市及び周辺の人の割合が低下したものと言える。

東京都については、歴史的に江戸時代の秩父札所の隆盛を支えたのは江戸市民であった。その一つに、巡礼者を誘致するために巡拝経路を江戸市民向けに変更したことでもあった。それに、開帳時の人出は、寛延三年には五万人に上り、その多くは江戸市民が押し寄せたと考えられる。第四番札所・金昌寺に残る石仏の寄進者を調べても江戸市民が六八%と大半を占めている。[2] 第十六番札所・西光寺に残る江戸時代の納札でも、江戸近郊を加えると六割が江戸市民の納札であった。[3] 秩父札所と江戸市民を結びつけた大きな要因は、秩父札所の江戸での「総出開帳」であった。出開帳を開催した背景には、寺院再建などの経済的理由もあったが、札所の宣伝効果も大きかった。秩父札所は江戸市民にとっては片道一泊二日の行程で、巡拝日数を含めても七日の日程で出かけることができた。そこで日常生活に倦怠した市民の解放の場として、秩父は手軽に参詣できる巡礼であった。

現代でも江戸時代とよく似通っている。都市化に伴って密集した狭い空間に住む人々にとって、秩父は自然に親しむ恰好の場とされている。昭和四十三年には西武鉄道が秩父市まで延伸され、都心から二時間で行けるようになった。その沿線にはハイキングコースやキャンプ地が設置され、子供連れの若夫婦や、運動がてらの中高年層に人気となっている。また、農家が果樹園を開設するなど都市近郊の立地条件を有効に活用し、観光客の誘致をしている。このような地場産業の振興と観光客の誘致の努力が巡礼と無縁ではなく、むしろ相乗効果として働いている。

第二に、埼玉県、東京都以外の近隣県が二割を占めているが、千葉県が七・七%で第三位、群馬、神奈川両県がともに四・四%で第四位と続く。千葉県、神奈川県は東京都の周辺に位置し、人口のドーナツ化現象が進む中で都心からの移住者の影響を強く受けている。そのため、人々の意識は東京都民と同化していると言われる。従って、千葉県、神奈川県の巡礼者の多さは、立地条件の近さと東京都民に似た意識が働いていると捉えられる。

また、千葉県地方には通過儀礼として女性が四十歳までに秩父巡礼をする慣行が残っていた。また、寺院再建などに協力した「一万講」などの檀信徒も多かった。隣接する群馬県も第四位と比較的多い。秩父地方と群馬県とは古くから道が開け、織物業の結びつきが深く、人と物資の往来も盛んであった。秩父市の西に位置する小鹿野町は古くから行商人が集まり、定期市が開かれるなど一大商業地でもあった。秩父地方は山間部の寒冷地で稲作には不向きで、それに代わって絹織物の原材料である養蚕の産地であった。小鹿野町には蚕や絹が周辺の村から集められ、それを買い付ける仲買商人や上州からの行商人が訪れ、その人たちの宿泊旅館や料亭もみられ、活況を呈していた。戦後、札所連合会は復興のために開帳時に宣教活動を行なうが、その場所として選ばれたのが千葉県と群馬県であったのは、既述のように秩父と歴史的に深い関係があったからである。その関係が現在の巡礼者の多さにも影響している。

第三に、関東地方以外の巡礼者は約一割と少ないが、その中にあって、注目されるのは中部圏と近畿圏の巡礼者である。関東地方以外で最も多いのは愛知県で全体の三・一％に相当し、順位でも第六位に位置している。愛知県の巡礼者が多いのは芳名帳調査のデータでも指摘され[4]、その多くは寺院や宗教講などの信仰団体が主催する巡拝である。愛知県の巡礼者がなぜ多いのか、ということは今後の課題でもあるが、次の点に留意しておく必要があろう。愛知県の巡礼者が多いことは、秩父巡礼に限ったことではなく、西国巡礼、四国遍路においても指摘される。西国巡礼では愛知県は三・〇％で近畿圏以外で最も多い[5]。四国遍路でも昭和十年代の宿帳調査、及び納札調査及びアンケート調査でも多い[6]。それは愛知県に四国八十八ヵ所霊場を移植した知多四国霊場や三河新四国霊場などがあり、寺院や宗教講による教化の一環として各霊場を廻る慣行が培われていたことである。

近畿圏の巡礼者は人数的には少ないが、大阪、京都などからの巡礼者もみられる。芳名帳調査でも大阪府は遠隔地としては愛知県に次いで多い。近畿圏は西国巡礼の本場であり、西国巡礼の多さや四国遍路の多さを考えると、距離的な条件を超えた宗教的関心の強さが働いていると考えられる。その中には、西国巡礼を済ませ、百観音巡礼を達成するために関東の霊場を廻る人もある。

以上のように、関東地方の巡礼者が圧倒的に多いが、関東地方以外の巡礼者も少なからずみられ、巡礼者の分布は全国二九都道府県に及んでいる。そこに秩父巡礼の地方性を脱却して広範囲に巡礼者を呼び込んだ性格がみられる。しかしながら、他方、山陽、山陰地方や九州地方の巡礼者は非常に少なく、地域的格差が出ている。

2　年齢別巡礼者

男女の性別を問わないで、単純に年齢を十代別に分類したのが図4－9である。最も多い年代は五十歳代で全体の三七・六%を占めている。次いで四十歳代の二三・〇%、六十歳代の二二・四%と続く。その結果、四十歳代から六十歳代までの巡礼者は全体の八三%を占め、巡礼の中核となっている。それに対して、三十歳代までの若年層は一一・九%、七十歳代以上の高齢層は五・二%と少ない。

これを昭和五十二年の芳名帳をもとにした調査と比較すると、数値に多少の差はあるが同様な傾向を示している。昭和五十二年の場合は五十歳代が最も多く二七・一%、次いで四十歳代が二一・八%、六十歳代は一五・四%となり[7]、この年齢層が中核になる。

一般に、巡礼者の年齢については幾つかの調査によると、これまでは六十歳代が多いとされてきた。例えば、昭和四十四年の西国巡礼では六十歳代が四〇・六%、四国遍路では四三・一%を占めていた[8]。ところが、近年の調査では巡礼者の年齢層に少しずつ変化が出ている。平成期の調査では西国巡礼では五十歳代が四二・三%と最も多い。四国遍路は六十歳代が最も多いものの、三四・八%と減少している[9]。これらを比較すると秩父巡礼の年齢別割合は西国巡礼に似通っている。

次に、巡礼者を男女別に分け、各々を年代別に分類し、整理したのが図4－10である。年代的に二十歳代から五十歳代までは各年代とも女性が男性を上回る。ところが、十歳代と六十歳代及び七十歳以上では男性が上回る。

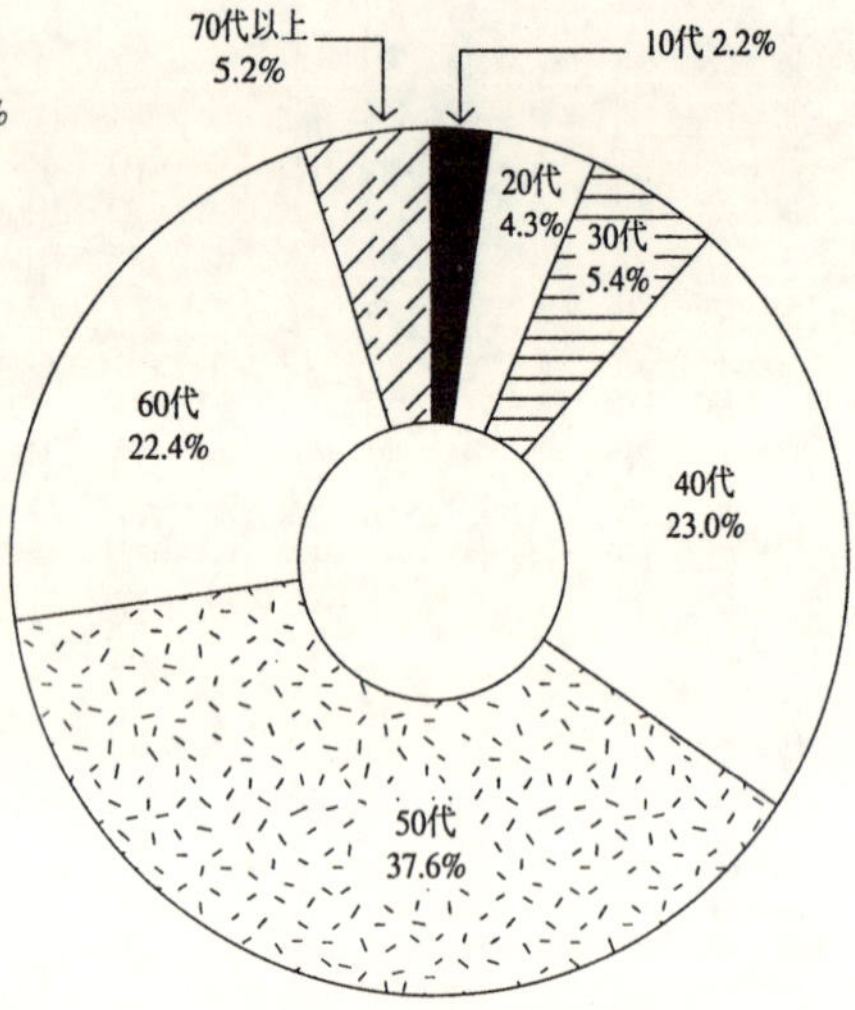

図4－9　年齢別の巡礼者の割合

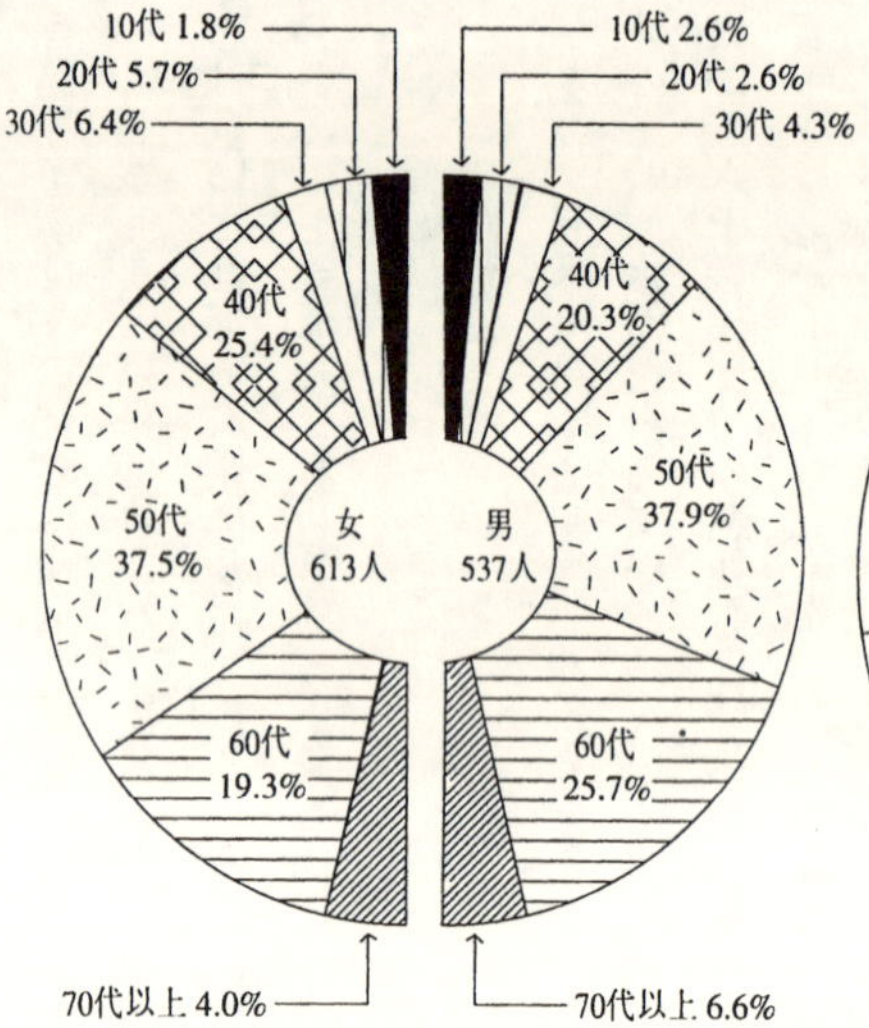

図４－10　男女別及び年代別巡礼者の割合

十歳代は絶対数が少ないので除外して、巡礼の中核を担っているのは四十歳代、五十歳代の女性と五十歳から六十歳代の男性である。このような年齢層の割合になった理由については幾つかの要因が挙げられる。その第一は、巡礼の目的の多様化である。巡礼を単に宗教的目的に限定するのではなく行楽を兼ねたものや、運動不足解消・健康維持、納経帳への集印などの目的が増えた。特に四十歳代から五十歳の女性に注目される。この年代の女性は子供が親の手を離れ、時間的な余裕も生まれる。それとともに張りつめていた緊張が途切れ、一息する年代でもある。また、将来に向けて生き甲斐を模索する時期でもある。そのような状況におかれている人々の関心の対象として巡礼が選ばれ、心の洗濯や充実になっている。リュックサックを背負った女性のグループが童心に帰ったように楽しく廻っている姿や、夫婦二人が若いときに帰った気分で巡拝するケースなどが多くみられる。

　第二に、所得の上昇と労働時間の短縮に伴う余暇利用の変化である。昭和三十年代後半から始まった高度経済成長で所得も大幅に伸び、それに伴って、レジャー、旅行などの外出に支出する金額も増え出した。その上、週休二日制などにより労働時間が短縮され、余暇時間の活用が叫ばれた。秩父巡礼の輩出地域は埼玉県と首都圏に集中し、その多くはサラリーマンで労働時間の短縮の恩恵を受けている。そこで、余暇利用の一つとして巡礼を選ぶ人も多い。余暇利用を金銭のかかる遊びに走るのではなく、雑然とした日常生活から離れ、精神的な落ち着きをもてるものへの志向が出てきた。特に五十歳代後半から六十歳代の男性は、定年を一つの転機に自由な時間がもて、しかも精神的緊張から解放され、巡礼に出かける人も少なくない。

第三に、昭和二十年代初期に生まれた、いわゆる第一次ベビーブームの「団塊の世代」が四十歳代に入り、その人々が巡礼に出かけるケースも多い。ちなみに平成三年(一九九一)の時点で、同世代にあたる四十歳から四十四歳の人口が総人口に占める割合は九・〇七%でどの世代よりも多い。母集団の多いこの世代が今後加齢するにつれ、将来の巡礼の年齢層に影響を与えることも予測される。

3　男女別巡礼者

図4-10によると、男女の割合は女性がが五三・三%、男性は四六・七%となり、女性が男性を上回る。歴史的に遡ったとき、女性が巡礼に出かけるには大きな制約、障害があった。その第一に、女性は遠隔地へ参詣するほどの経済基盤がなかったことである。第二に、長旅に耐えられる強靭な体力も必要とされ、治安上の不安も女性には不利な条件であった[10]。また、女人禁制で女性の参詣を断ることもあった[11]。そのような制約の状況にあって、夫に同伴する女性や、嫁入り前の娘たちが巡礼、遍路に出かけるといった共同体の通過儀礼もみられた。秩父巡礼においても男性中心ではあったが、西国、坂東巡礼に比べると秩父巡礼では女性が多かった。その理由は、他の巡礼は複数の藩にまたがり、関所を通らなければならなかった。幕府は「入り鉄砲と出女」を厳しく規制したため、女性が巡礼に出かけることには制約があった。しかし、秩父巡礼に出かける場合、江戸からの道中には関所がなく、往来が自由であったことから女性の巡礼が比較的多かった。今一つの理由は、江戸時代に多くの堕胎が行なわれ、その供養として観音霊場を廻ることが挙げられる[12]。江戸の女性が秩父に出向き、堕胎し、その霊を

弔い供養した後、消沈した気持ちを切り替え江戸に戻ることも少なくなかった。その一端を物語るのが、第四番札所・金昌寺境内には紀州家、越前家の奥女中たちが寄進した童形石仏が二十六体ある。秩父巡礼は女性に人気があり、安永年間の川柳に「ちゝぶからかえるのを娵づつう也」[13]と詠まれ、姑が秩父巡礼に出かけたものの、束の間に帰ってくるのを嫁が悩む様子をよく表している。信州長野県埴科郡坂城町の酒造家の未亡人沓掛なか子は、享保二年(一八〇二)に三男淵魚《えんぎょ》を連れて秩父巡礼に出かけ、その道中記『東路の日記』を著している。[14]また、江戸深川新大橋の東屋利助の妻が安永三年(一七七四)に納めた「納札」が第十六番札所・西光寺に残されている(図2-15参照)。更に、房州では「男は伊勢詣り、女は秩父詣り」と言われ、女性の秩父観音詣りが盛んであった。千葉市誉田町平山地区では四十歳以上になって秩父巡礼を済ませていないと一人前の主婦として扱われなかった、という習慣が残っていた。[15]同じく千葉県佐倉地方でも、女衆は秩父巡礼に一生に一度行かなければ一人前の女としてみなされなかった。この地方では女性だけの女人講が昭和四十年頃まで続き、巡礼に出かける時になると、人々は重箱に赤飯と煮しめを詰めて集まり、その上で五〇円ほど出し合い、先達の区長が近所の衆に振る舞いをした。巡礼を無事終えて帰ると、再び振る舞いをして、巡礼碑に年齢順に同行者の名前を刻む込む[16]、という習慣があった。

ところで、現在ではかつてのような女性に対する巡礼の制約は解消された。その結果、女性の巡礼が男性を上回っている。女性の巡礼者が男性を上回る現象は秩父巡礼だけではなく、西国巡礼、四国遍路にみられる現象である。

4　巡礼の目的

聖地を廻る巡礼は宗教的体験をすることが目的である。イスラム教徒が聖地メッカに詣るのはイスラム教徒としての証を示すものである。ヒマラヤ山中の聖地を五体投地を重ね何百、何千キロの道程を幾日もかけて巡礼するラマ教徒は、救済を願う一念からの行為である。我が国の巡礼も創設当時は僧侶の修行とされた。しかし、江戸時代になると、農民や商人などが巡礼に出かけるようになると、その目的にも変化が出てくる。宗教的目的に加え、異国の見聞や日常生活からの解放をもとめた娯楽性が出てきた(17)。そこには遠隔地への参詣のほかに旅の行楽的要素が加わってきた。現在の巡礼を考える時も、その目的を単に宗教心だけと捉えるには無理がある。そこで巡礼の目的はどのようになっているかを分析してみる。

図4－11は巡礼者に目的を尋ね、その内容を分類したものである。それによると、最も多いのは「信仰心にもとづいて」の巡礼が全体の二四・一％を占めている。次いで「信仰心と行楽を兼ねて」が二一・四％と続き、以下「納経帳や掛軸への集印に関心をもって」が一六・二％、「健康のために」が一六・一％、「精神修養のために」が一一・〇％となり、単に「行楽」と答えたのが八・六％となる。

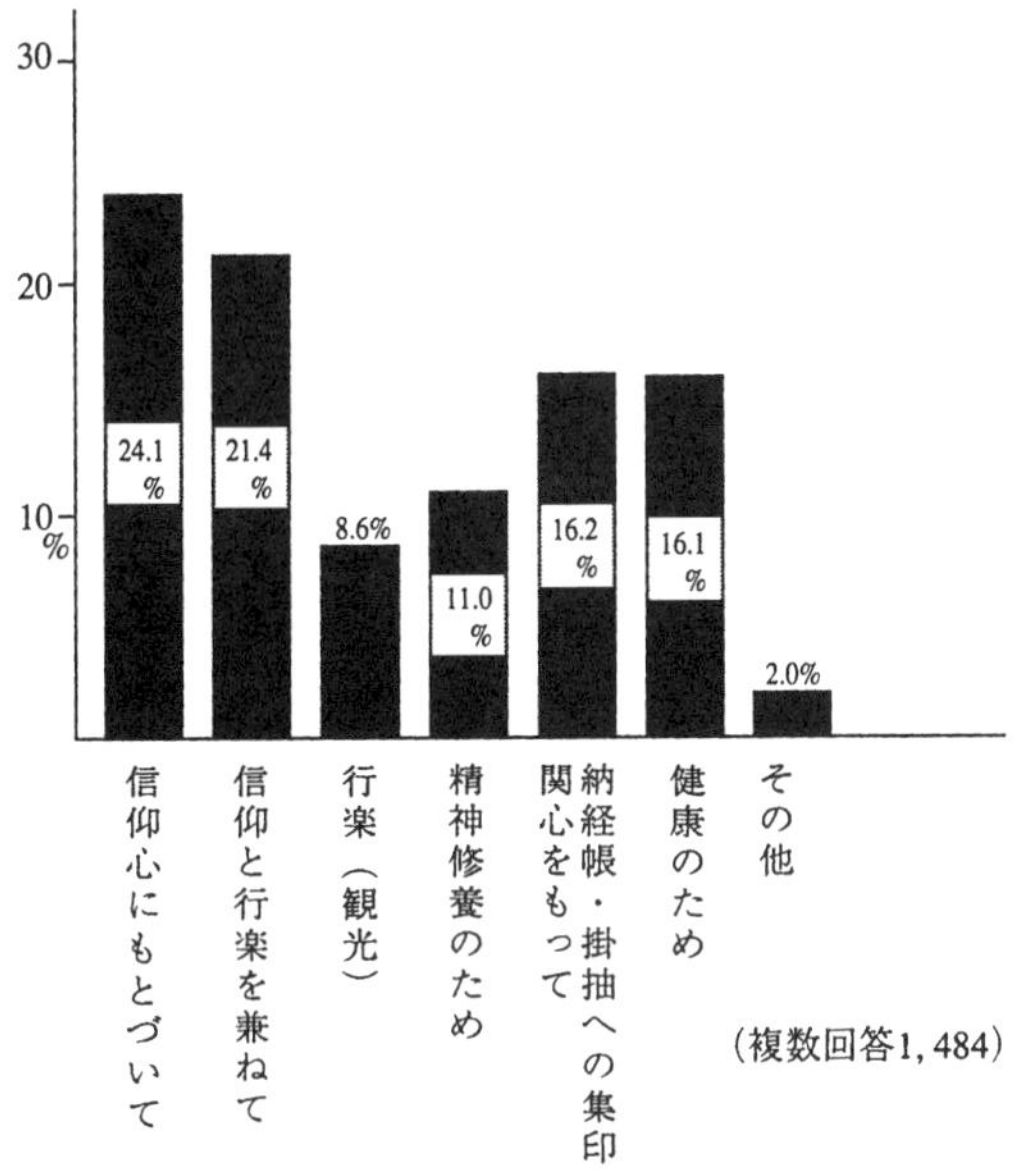

図4－11　巡礼の目的別割合

秩父巡礼の目的と西国巡礼や四国遍路とを簡単に比較すると(18)、互いに置かれた立地条件が異なるので、目的に微妙に違いがみられる。その第一は、巡礼の目的を「信仰心にもとづいて」と答える割合は、どの巡礼、遍路でも最も多いが、秩父巡礼の場合では他に比べて一割以上少なくなっている。その理由は秩父霊場の立地条件とも関係している。秩父霊場は都市近郊にあって、しかも一カ所に集中して全行程が九〇キロ余りと短い。そのため巡礼の苦行性は薄れ、しかも地理的に身近にあるために聖と俗との境界が不明確になり、宗教的体験をする空間に適さないと言える。「信仰心にもとづいて」と答える人は、遠隔地からの団体の巡礼や地元の講中、高老齢層などに多い。その反面、信仰心以外の目的を挙げる人が増える傾向にある。

第二に、「納経帳や掛軸への集印に関心をもって」と、「健康のため」と答える割合が他の巡礼、遍路に比べて増えている。「健康のため」が巡礼の目的とされるところに現代の社会世相が反映され、それが秩父巡礼の性格でもある。現在の日本は平均寿命が大幅に伸び、世界一の長寿国でもある。それは医学の進歩と食生活の向上によってもたらされたものである。その反面、交通機関の発達と飽食に伴った肥満や運動不足が叫ばれ出し、人々の関心は健康に向けられてきた。四十歳代以降の中壮年層は肉体的な転換期でもある。そこで、運動を兼ねて寺詣りをするケースが増えている。秩父巡礼は行程も短く、道も平坦で徒歩で廻るには最適である。例えば、朝八時に第一番札所・四万部寺を出発し、順番に廻っても一日で十五、六ヵ寺を巡ることができる。第三十番以降の札所は分散し距離も離れているために、一巡するには二、三日かかるが、比較的容易に徒歩巡拝ができる。早朝、東京を出発して風光明媚な秩父路をハイキングがてらに巡拝し、夕方帰路につくタイプの巡礼が増えている。

「納経帳や掛軸への集印に関心をもって」の目的も秩父巡礼では多い。集印への関心はその人によって意味は異なるが、秩父巡礼では宗教的意味合いは薄く、記念の印にスタンプを貰うといった傾向が強い。それは集印する対象が大半が納経帳であり、掛軸や笈摺に集印するケースは極めて少ないことでもわかる。それに対して、四国遍路では納経帳と笈摺への集印が多く、更に昭和五十年中頃から掛軸への集印が増えるようになった。西国巡礼では納経帳、笈摺よりも掛軸への集印に人気がある。(19) 笈摺は死者の装束とされたり、集印した掛軸は仏事の時に荘厳される。その意味で笈摺や掛軸へ集印する人が多い。従って、集印への関心といっても各巡礼、遍路によって意味合いが異なっている。

第三に、それ以外の目的に「信仰心と行楽を兼ねて」「精神修養」「行楽」といったものが挙げられる。このこ

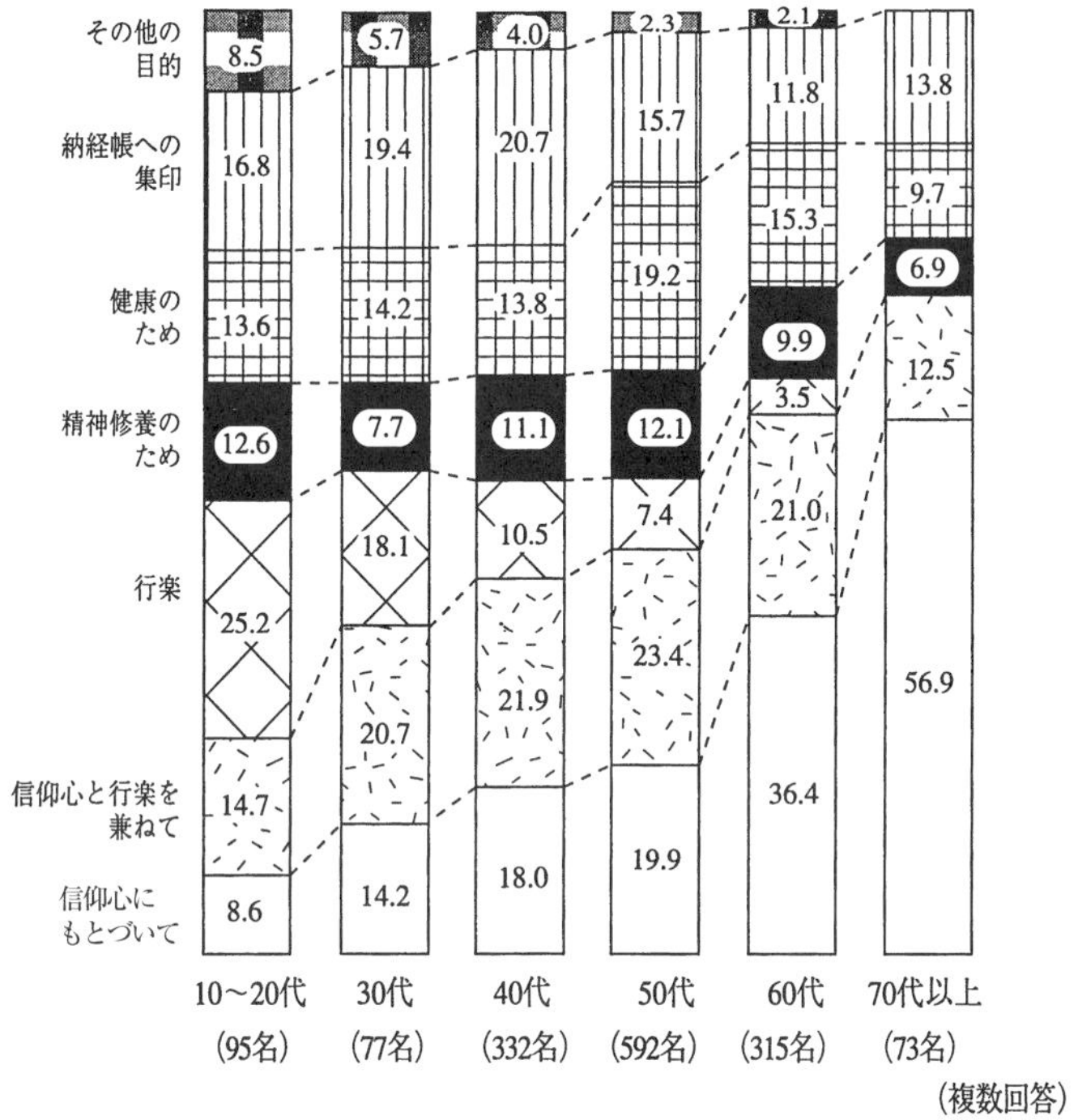

図４－12　年代別にみた目的の割合

とは既述の目的と合わせて巡礼の目的の多様性を示している。そして、各目的の割合には余り差がない。更に複数の目的を組み合わせるタイプもあり、一層の多様性がみられる。

次に、巡礼の目的と年齢との関係でみた時、どのような傾向が出てくるのかを検討してみる。図４－12は年齢別に巡礼の目的を図式化したものである。それによると、年齢別に目的に違いがあるのがわかる。

第一に、「信仰心にもとづいて」の巡礼は若い年代には少なく、年齢が高くなるにしたがって徐々に増加する傾向がある。若い年代でも信仰心を持ち、巡礼を通じて宗教的体験をすることもあるが、一般に青年期までは肉体的に強靭で、人生体験も浅く世俗的関心が優先し、宗教心は薄い。やがて、年齢が進むにつれて健康への不安や、親の死などを経験しながら、宗教心を感じる境遇へと入っていく。特に、六十歳代以上になると自らの老後に不安と心配が先立つようになる。そこで、心の支えを求めて宗教への関心が生まれてくる。「宗教心にもとづいて」と答えた人は五十歳代では二〇％であったものが、六十歳代以降では三六％～五六％と急速に高まる。老齢層にはこれまでの人生を振り返り、悔悟と感謝の念、そして今後の無事を願う気持ちが強く、それが信仰心と受けとめられている。

第二に、巡礼の目的を「行楽」と捉えている人は若い年代に多く、年齢が高くなるにつれて減少し、七十歳以上では殆どいない。若い世代には、巡礼を仏閣巡りやハイキング、あるいは目的を探す対象として捉えるケースも多い。その結果、「宗教心にもとづいて」と「行楽」との目的は年齢によって逆比例の傾向を示している。

第三に、巡礼の目的を「信仰心」かそれとも「行楽」か、と明確にできない場合がある。いわば両者を兼ねたケースである。「信仰心と行楽を兼ねて」を目的にする割合はどの年代にもコンスタントにみられる。特に五十歳代に多く、この年代の目的では最多の二三・四％を占めている。これは五十歳代までの世俗的目的と、それ以降からの宗教的目的とが複合してくる微妙な年代であることを示している。それはまた、五十歳代を境に行楽的な世俗的目的から宗教的目的へと力点を転換する時期であるとも言える。この年代には親の死や自身の病気などが起こりやすいこととも関係する。

第四に、「納経帳や掛軸への集印に関心をもって」という目的は三十歳代、四十歳代に多く、やがて五十歳以降になると減少する。既述のように記念の印やスタンプラリーのような集印が若い世代に多いことを示している。「健康のため」は年代を超えてコンスタントにみられ、現代日本の社会世相をよく表わしている。

以上のように、秩父巡礼の目的について検討してくると、そこには多様性がみられ、しかも年齢によって目的に変化が出てくる。その背景には秩父霊場の立地条件や現代社会に生きる人々のライフスタイルも大いに関係している。

5　巡礼の動機

人間が行動を起こすには何かの動機付けがあり、自らの発心や他者からの働きかけが考えられる。そこで、初めて巡礼に出かけようとした動機・契機はどのようなことがあったかを尋ね、整理したのが図4－13である。

それによると、最も多いのは「自分から進んで」というのが六五・八％である。次いで、「友人・知人に誘われて」が一九・五％、「親や親類の人が巡礼していた影響を受けて」が七・八％、「身内の不幸で」が三・七％と続く。「自分から進んで」という回答は一般的で抽象的な表現である。その中には、正しく宗教的発心が生まれ、その発露として自発的に巡礼に出かけるケースもある。また、観光寺院に参詣した時、巡礼者が掛軸や笈摺に集印しているのを見てそれに共感し、機会をみつけて出かけるケースもある。しかしながら、その中の多くは表面上は自発的行動とはいっても、それ以前に本人の心を動かす出来事や、見聞など他者の働きが作用している。例えば、友人の体験談を聞いたり、雑誌の特集や旅行雑誌、パンフレットを参考にヒントを得ている。

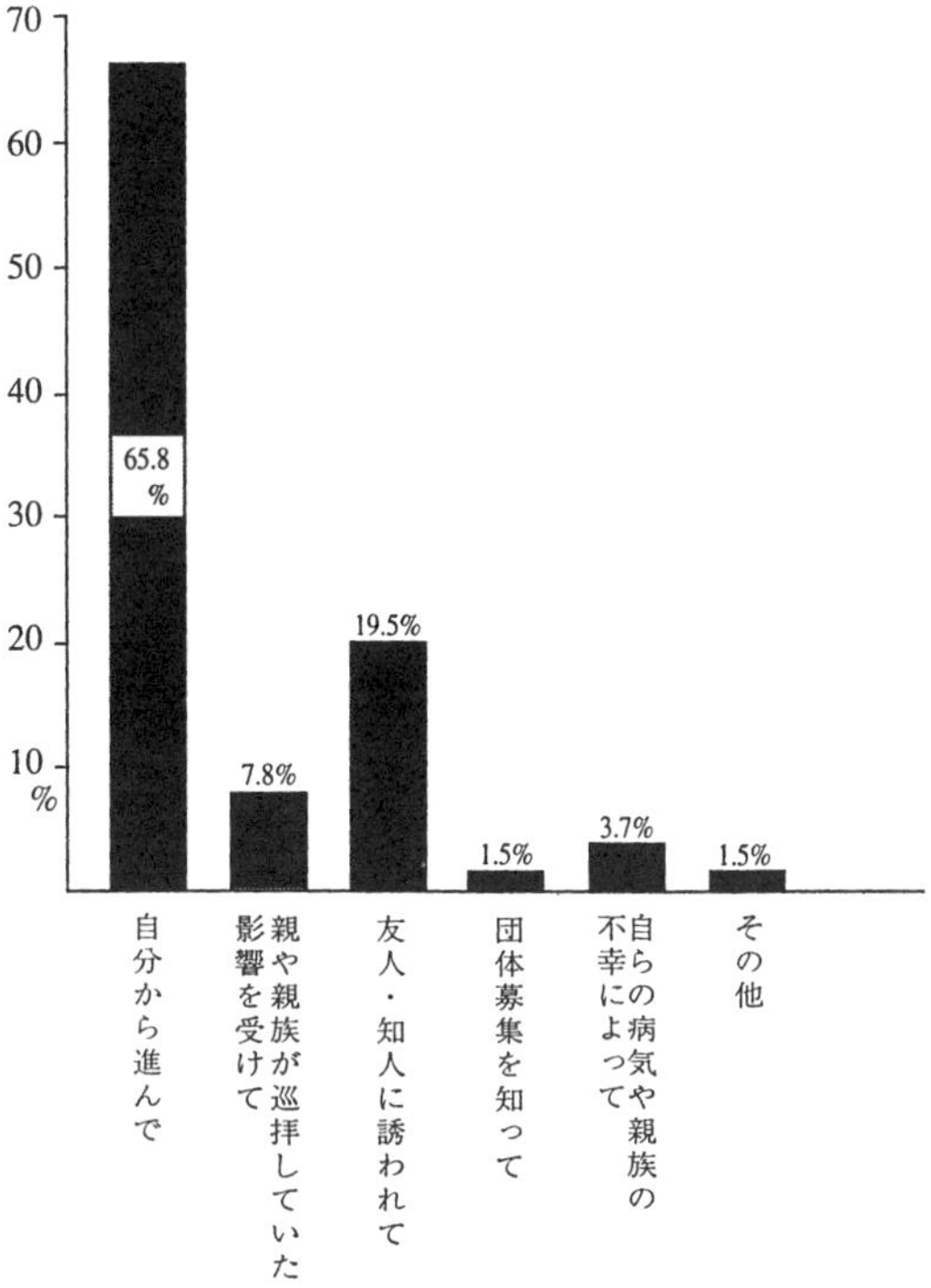

図4－13　巡礼の動機別割合

それに対して、「友人・知人に誘われて」「親や親類の人が巡拝していた影響を受けて」「身内の不幸で」などは、動機付けとして具体性がある。「友人・知人に誘われて」が二割近くを占めているのは注目される。初めての行為を行なうには不安が先立ち、決断が鈍りやすい。そこに経験者である先達があれば心強く、その人に頼って安心して巡拝できる。その点、四国遍路では熟練した先達が多数いる。先達は遍路のマナーを教え、世話をしてくれ、宗教的教化の役割を担っている。先達は初めての巡礼者の勧誘者であり、教化役でもある。秩父巡礼では団体や講中のグループの場合には先達が引率することはあるが、その数は少ない。秩父巡礼は霊場自体が狭く手頃な行程であるので、知り合い同士で行楽を兼ねての巡拝になりがちである。巡礼の目的が行楽的要素が強いことから、気心の知れた同士が誘いあって巡礼に出かけるケースは今後増えることが予想される。

「親や親類の人が巡拝していた影響を受けて」という動機は、親などの先人の行為が子供に影響し、それが受け継がれるものである。「身内の不幸で」は、広く宗教心や宗教的行為の動機付けとして知られるものであり、巡礼にもそれが当てはまる。明治期の日清・日露戦争の時、戦死者の追悼供養で秩父巡礼に出かけた人々で賑わったことはそのよい例である。

6　巡礼の交通手段

交通手段が未発達な時代には交通手段は徒歩が中心であった。それに馬や駕籠の乗り物が利用された。例えば、秩父巡礼が最も賑わった江戸時代には、徒歩に加えて馬や駕籠の利用がみられ、その駄賃の価格が遵守されずに過分に取るものがあり、それを戒める「請書」が出されている。正徳三年（一七一三）の請書には「（前略）駄賃人足賃大分望候由向後道法ニ応じ相応ニ取可申事―（中略）―駄賃馬之儀道法遠所を直近道ヲ通り過分之駄賃取候事向後其道法ニ可応事」[20]と述べられ、翌四年にはその価格が改定されている。この一例をみると、「四万部ゟ大宮迄札打廻り四里弐拾町　此駄賃百六拾四文十月ゟ三月迄弐百文四月ゟ九月迄大宮迄直駄賃壱里余七拾弐文前之通リ百文前之通リ駕籠駄賃三百文前之通リ四百文前之通リ」[21]と記されている。

現在では交通機関の発達がめざましく、鉄道を利用したり、マイカー、バスと自己の好みに合わせた選択ができるようになった。また、秩父霊場は首都圏の近郊にあって比較的便利な立地条件を備えている。そこで、実際にはどのような手段で巡拝しているのかをみてみよう。
図4－14によると、最も多いのは自家用車を利用した巡拝で四六・三％と約半分を占めている。次いで、徒歩による巡拝が二五・八％と四分の一に相当する。電車と路線バスを利用する人は一四・八％となり、残りはタクシーの利用者が六・四％、団体バスの利用者が五・五％となる。但し、徒歩巡拝には二つのタイプがあり、三十四カ所を完全に徒歩で廻るタイプと、徒歩を原則とするが、場所によって途中まで電車、バスを利用するタイプとがある。

自家用車の利用が半数近くを占めていることは、現代の交通手段をよく反映している。特に夫婦二人で廻る場合や子供を連れている時、更には年老いた親を連れているケースには自家用車の利用は有効的である。車を利用すると、三十四カ所を二日で廻れることから、手頃な巡礼になる。自家用車の利用を地域別にみると、近隣県からの人の割合が高い。例えば、群馬県、栃木県、茨城県などが高い比率を示している。この地域は鉄道などの利便性に恵まれず、車への依存度が高まるからである。その自家用車による巡礼の始まりは昭和四十年頃からで、以後徐々に盛んになっていった。

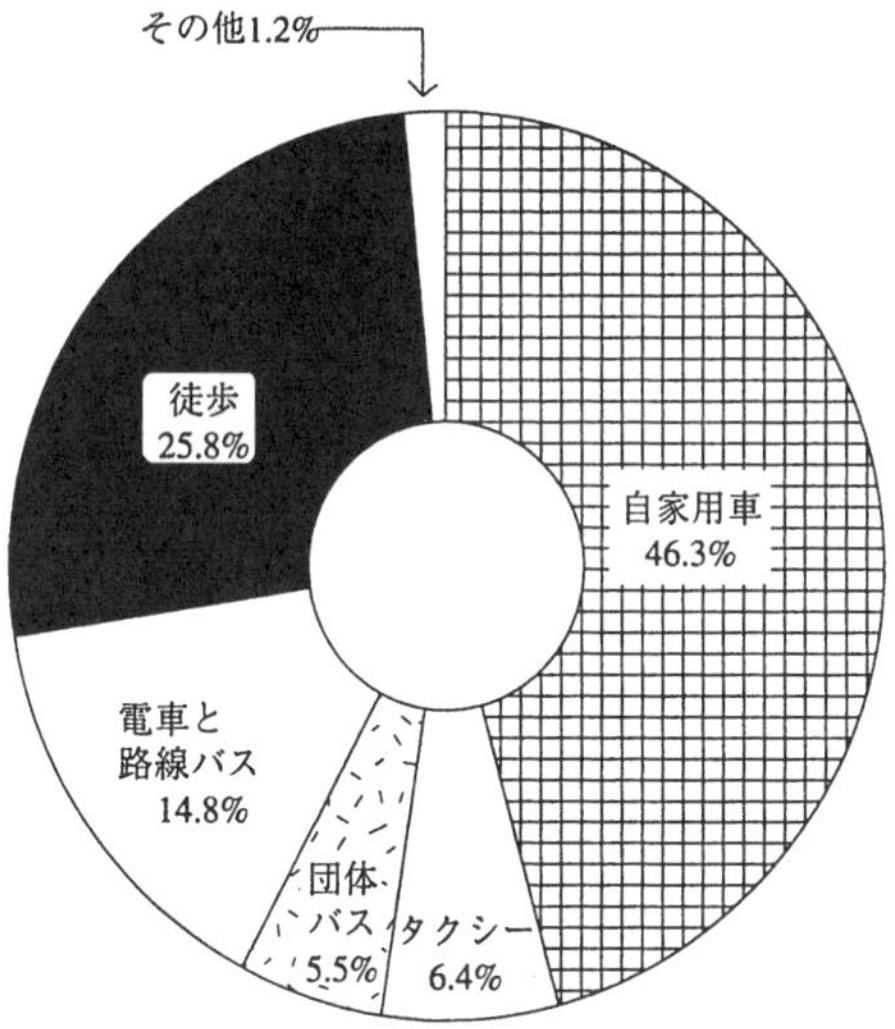

図4－14　巡拝の交通手段

その反面、徒歩で巡拝する人が四人に一人と多いことに注目される。徒歩巡拝は巡礼の原点であり、車社会に対する反省から近年見直されてきている。春、秋の行楽シーズンにはリュックサックを背負い、途中昼食の弁当を広げるグループを多く見かける。三十四カ所を徒歩で廻っても三、四日で一巡できる。徒歩巡礼には二つの効用の側面が含まれている。その一つは歩くことの肉体的な効用が挙げられる。歩くことは適度な運動になり、身体の新陳代謝を促す。それはやがて食欲増進にもつながり、快適な睡眠を誘う。今一つは精神的な効用である。歩くことは心を落ち着かせ、ストレスを解消させる。集団の場合には互いに語り合うことで心が和む効用もある。そして、霊場寺院で仏像を拝み、経文を唱えることによって、一層心の安らぎに浸ることができる。また、次の札所までの道のりで、日頃気付かなかったことの発見や様々な思索もできる。徒歩巡礼者を地域別にみると、東京都、千葉県、埼玉県、神奈川県などの都市住民が高い比率を示している。特に東京都の場合は三分の一（三三・二％）は徒歩巡礼であった。千葉県もその割合は高く、三一・八％を占めている。

電車と路線バスを利用した巡拝は、できるだけ車への依存を避け、公共交通機関を利用し、それに徒歩で廻るものである。タクシーの利用者は遠隔地からの巡礼者である。時間的な余裕がなく、しかも地理に不案内な人にとってはタクシーは便利で、合理的である。例えば、関東地方以外の中部圏や近畿圏などの遠隔地からの巡礼者はタクシーを利用する。団体バスの利用者は少ないが、バス利用は遠隔地からの高老齢層に多い。寺の檀信徒を集めた団体や、老人クラブが旅行を兼ねて巡拝するケースである。かつて団体バスは巡礼の交通手段としては人気があった。昭和四十一年の総開帳では、「秩父観音奉賛会」がマイクロバスの運行の広告を出している。この頃からバスを利用した巡礼が始まり、その後昭和五十年代に入り、バスによる巡礼が本格化していく。昭和五十三年の総開帳には、大型バスを利用した巡拝者が多かった、[22]と地元の『秩父新聞』が報じている。

それ以外の交通手段としては、バイクでツーリングしながら廻る人やレンタル自転車で巡拝する人もあり、現代の乗り物事情を反映している。

以上のように、巡拝の手段は自家用車の占める割合は多いが、徒歩巡拝も少なくなく、その上で電車、路線バス、団体バス、タクシーと多様な手段がみられる。

7 巡礼の同行編成

次に、巡礼者は一人で廻っているのか、それとも集団で廻っているのか、また同行する人は誰なのか、その間柄など巡拝時の同行編成を分析してみる。

図４－15は巡拝時の同行者の人数と間柄について整理し、図式化したものである。それによると、最も多いのは「家族二人で」と答える割合が全体の四一・五％を占めている。次いで「一人で」が約一割に相当する九・三％となっている。以下割合は少なくなるが、「友人と二人で」は七・九％、「家族三人で」が七・七％、「十人以上のグループで」は七・六％、「六人以上十人以下のグループ」が三・七％となる。

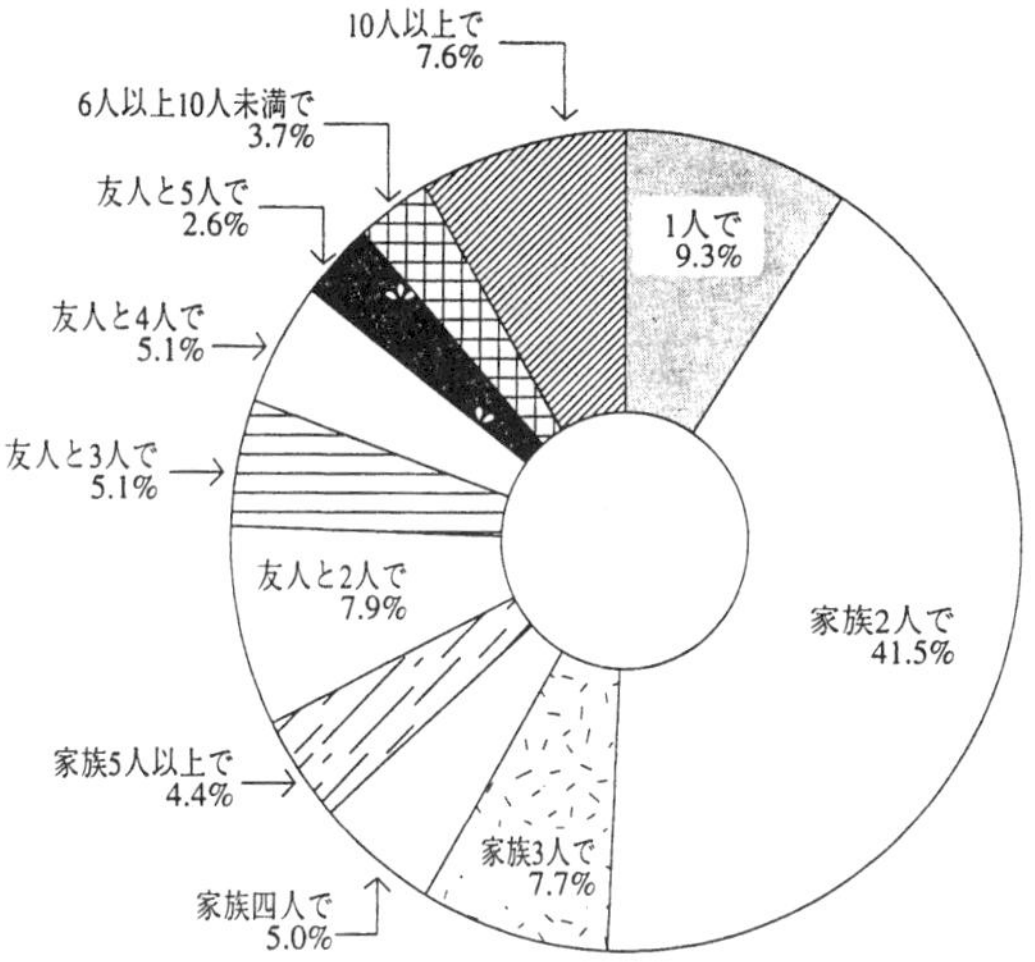

図４－15　巡拝時の編成人数

その結果、巡礼の同行者は少人数で、家族連れが多いことに注目される。その割合は約六割に達する。その中でも「家族二人で」という割合が特に多い。それを年齢別にみると五十歳代に多く、「家族二人で」と答えた全体の四二・二％を占める。その「二人」の間柄は妻、夫であり、いわゆる夫婦二人で巡拝していることになる。そして、家族が三人、四人と増える場合は夫婦に子供や親を同伴するケースになる。このように家族連れが多いというのは現代的傾向とも言える。それはマイホーム、ファミリーレストランに象徴されるように、現代社会は少人数化した家族の絆を大切にする現象がみられ、旅行を始めとして移動は家族単位になってきた。その背景には核家族の増加と少子化によって家族単位での移動がしやすくなったことがある。それに加え、自家用車の普及がある。夫婦二人で廻る割合が五十歳代に多いのは、子供が手を離れ、時間的に余裕が生まれ、夫婦共通の関心事として巡礼が選ばれていることである。家族連れ以外に多いのは、友人たちと同行するケースである。小規模な五人までの友人との同行者は全体の二〇・七％を占めている。その中でも二人連れが多い。最も気心の知れた親しい間柄とならば、スケジュールも立てやすく、臨機応変に対応できる利点がある。友人が三人、四人と増えると互いに一致点を見つけにくくなる。家族連れや友人二人の同行編成が多いのに対して、十人以上を超える、いわゆる団体の巡礼は少ない。かつて昭和五十年代には団体バスによる巡礼に人気があった。しかし、自家用車の普及でバスを利用する人は大幅に減少してきた。寺院が募集した遠隔地からの巡礼者や高齢者を対象とした巡礼はバスによる団体編成になりやすい。集団巡礼のメリットとは、互いの目的が共通していることである。顔見知りもあれば、初めての顔もあるが、巡礼を共に行なう一体感が生まれる。それを通じて親しい仲間にもなれる。その行程が長ければその効果は一層高まる。但し、秩父路は道路事情もよくないので、大型バスは不向きで、小型のマイクロバスが適している。同行者と廻る人が九割を占めるのに対して、約一割の人は一人で巡礼している。一人での巡拝は自己の都合に合わせ、自由に廻れる利点がある。秩父巡礼は行程も短く、道も平坦で一人で廻るにも支障はない。そこで他人との関わりを避けたい人や、何か目的を定めてその達成を目指す人には、一人での巡礼が適している。かつて僧侶の修行とされた時代には、巡礼は自己との戦いであり、自分だけが頼りであった。現代でも精神修行や自己内省として一人徒歩で巡拝するケースも少なくない。また、日常生活の繁忙や人間関係に悩む人が精神的解放を求めて巡拝する人も多い。オフィスオートメーションが進み、情報に追い廻される現代では精神的な安らぎを求める人が増えてきた。そのような人々には風光明媚な秩父路は癒しを与えてくる。それが一人巡礼につながっていると考えられる。

このように巡拝の同行者の編成をみると、一方では少家族化が進む中で、家族や親しい友人との巡拝が多くみられる。他方、心の安らぎを求めて一人で巡礼するタイプがみられる。それらは共に現代の世相を反映している。

8　巡礼の回数

イスラム教徒が一生涯に一度聖地メッカへの巡礼を実現したいと願い、費用を貯え、長期にわたって家を留守にして巡礼に出かける。また、江戸時代の巡礼でも庶民にとっては遠隔地への巡礼は生涯に一度のチャンスであった。しかし、その反面で修行や信仰の篤さから一度だけでなく、二度、三度と重ねることを重視する風潮もあった。そこで、秩父巡礼は初めてか、それとも二回、三回と重ねているのかを調べ、その結果を整理したのが図4－16である。

それによると、今回が初めてとする人の割合は全体の七二・五％で、巡礼者の四人に三人までに相当する。それに対して、二回以上の巡礼者は全体の三割弱である。その内訳は二回目の巡礼者は九・四％、三回目の巡礼者は九・七％、と比較的多いが、それ以上の回数を重ねる巡礼者の数は徐々に少なくなる。しかし、十回以上の巡拝を重ねる人もいることは注目される。平成八年に「日本百観音霊場報恩総開帳」を開いた時、札所連合会は多くの回数を重ねた人に「お守り記念徽章」を授与した。札所連合会によると五回以上が三七六人、十回以上が一九二人、二十回以上は一二五人あった。その中には四十五回、六十五回と続ける老人もあった(23)。

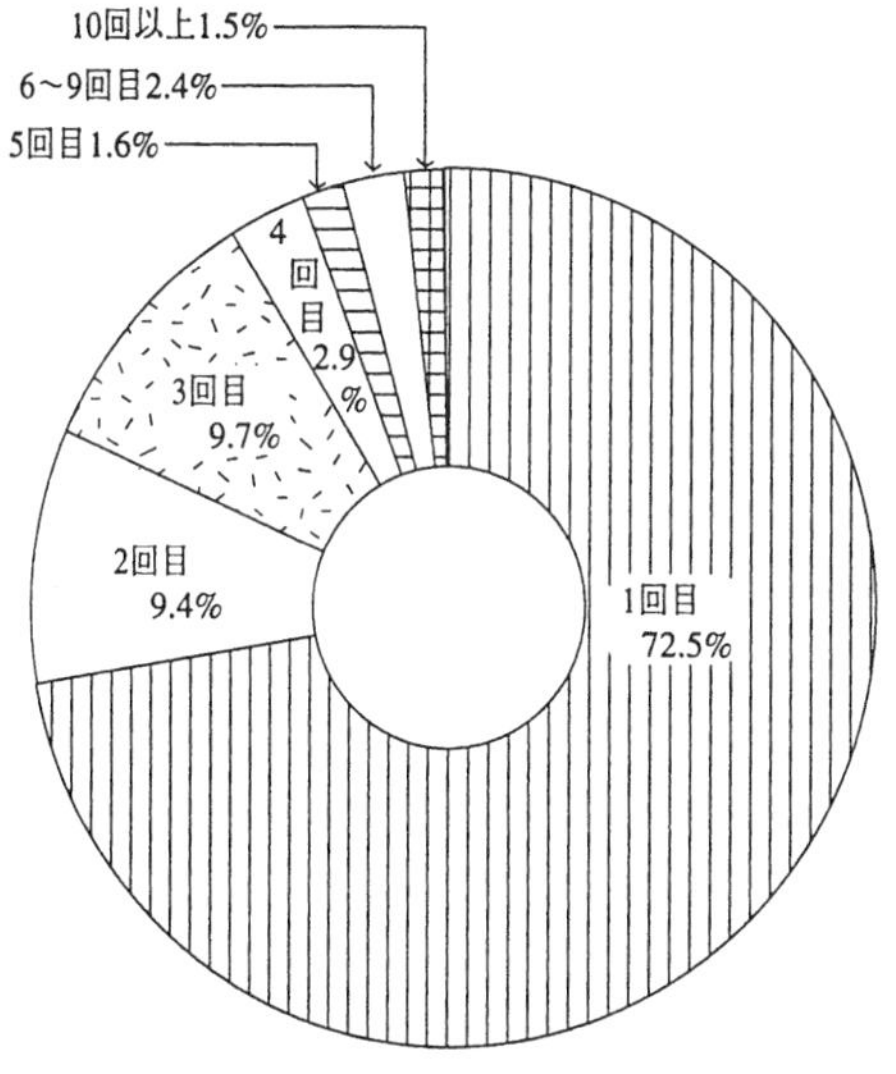

図4－16　回数別巡礼者の割合

巡礼の回数について、西国巡礼、四国遍路の場合をみると次のようになる。西国巡礼では初めての巡礼者は全体の八一％を占めている。二回目の巡礼者は一五％、三回目は一％という割合である(24)。それに対して、四国遍路では複数の回数を廻る人が多い。初めての遍路は五八％であり、残りの四割以上は二回以上を廻っている。その内訳は二回目は二〇％、三回目が八％、四日目から十回未満が七％、十回以上が五％となる。更に百回以上を廻る人もいる。(25)

その結果を単純に比較するならば、秩父巡礼の複数回数の巡拝者は四国遍路と西国巡礼のほぼ中間に相当すると言える。秩父霊場の立地条件は西国巡礼、四国遍路に比べてはるかに恵まれている。それは首都圏からの距離の近さや全行程の短さ、起伏のない道など、単純に回数を重ねるには容易な条件である。しかし、巡礼・遍路の回数は物理的な条件との関わりよりも、宗教的な要素が作用すると考えられる。その理由は、全行程が長く、険しい山間部や岬に札所が位置する四国遍路に複数巡拝が多いからである。

ところで、古くから信仰上で数多くの参拝を重ねることによって、功徳や利益があるという多拝多功徳の信仰がみられた。例えば、お百度詣りによって願いを叶えようとするのもその一つである。その考えが巡礼にもみられ、四国遍路では数多くの巡拝をした行者の記録が残されている。最も多く巡拝を重ねた人物に中務茂兵衛が挙げられる。彼は慶応二年（一八六六）に生まれ故郷の山口県大島郡椋野村を離れ、大正十一年に七十四歳で亡くなるまでに二七九回の巡拝をして、その度に標石を残した。(26)現在でも多数の回数を廻る人も少なくなく、百回以上を超えると納札が錦色となり、その札を持つ遍路も度々みられる。

秩父巡礼でも多くの巡拝を重ねた事例が残っている。第三十番札所・法雲寺には古い納札が六枚所蔵されている。その最も古い札は天文六年（一五三七）に秩父の住人が四国土佐出身の廻国聖に代参させたと思われるもので、そこには「三十三度」と記されている。(27)

巡礼者には巡礼を一度で止める人もあれば、二度、三度と続ける人もある。二度、三度と続ける人には巡礼に対する思いが込められているようである。一度目は初めての体験で道も不案内で不安な気持で廻ったが、二度目には慣れ、余裕をもって廻ることができるようになる。一回一回の思いは異なるはずである。四国遍路を二七九回重ねた中務茂兵衛でもその度毎に遍路の意味合いは異なったことであろう。多くの巡礼を重ねることは、僧侶や先達のような修行を目的とする人はもちろん、そうでない庶民でも宗教的雰囲気を体得できるようになる。特に全行程も長く、難所も多い四国遍路は苦行性が強く、自己鍛錬、精神修養の場でもあった。それだけに多度の巡礼を重ねることは意義深かった。その点、秩父巡礼は苦行性が少なく、逆に手軽な行楽、健康づくりの意味をもった多度巡拝になっている。

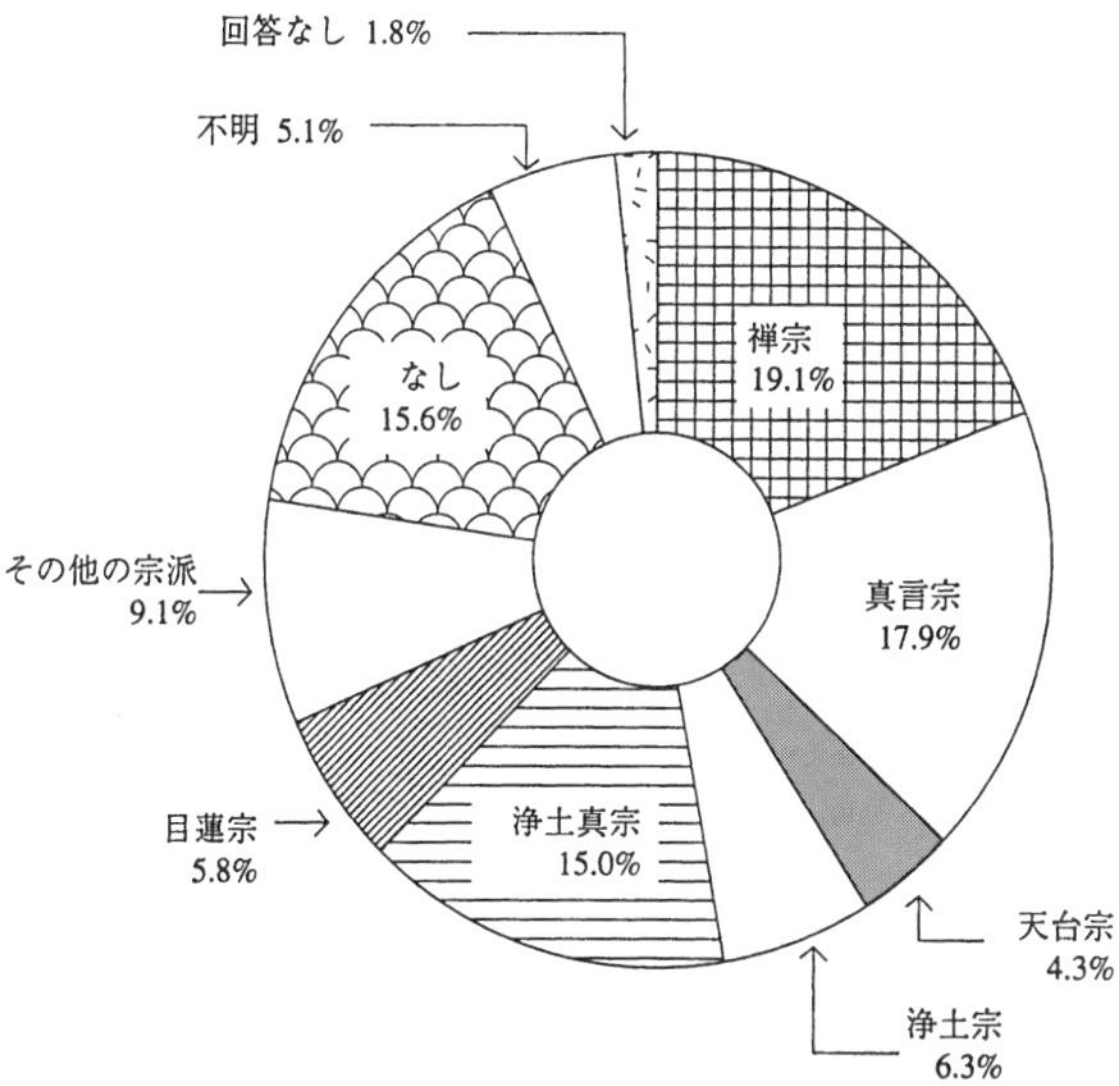

図4－17　宗派別巡礼者の割合

9　宗派別の巡礼

最後に、巡礼を宗教的行為とする時、宗派的にどの宗派の巡礼者が多いのかを捉えてみた。図4－17は巡礼者に信仰する宗教・宗派及び家の宗教・宗派を尋ね、その回答を整理し、図式化したものである。

それによると、最も多いのは禅宗で全体の二割に近い一九・一％である。次いで真言宗が一七・九％、浄土真宗一五・〇％と続き、それ以外の宗派は徐々に少なくなる。既存の宗派以外の新興宗教を信じる人も一割弱ある。また、信仰する宗教・宗派をもたない人が若い年齢層を中心に一五・六％もあり、信仰的な多様性が出ている。

このデータ結果をもとに二、三の点に触れてみる。

第一に、巡礼者の信仰別で禅宗が二割を占めているが、その理由の一つに霊場寺院の宗派との関係も指摘できる。秩父霊場の創設期の『長享番付』の頃は、殆どが修験系や天台、真言系寺院であった。その後十五世紀後半に禅宗が強力に勢力を伸ばし、江戸時代中期の秩父霊場の最盛期には曹洞宗寺院十六ヵ寺、臨済宗寺院七ヵ寺で合計二十三ヵ寺まで支配する。[28]明治期、昭和期の宗教政策の変革を経て、更に禅宗寺院の数は増え、現在の寺院の宗派別内訳は、曹洞宗二十ヵ寺、臨済宗十一ヵ寺で禅宗の合計は三十一ヵ寺と圧倒的に優勢で、残り三ヵ寺は真言宗である。札所寺院の宗派性が巡礼の宗派別に多少影響しているとも考えられる。それは禅宗寺院が檀信徒の教化の一環として巡礼に出かけるからである、また、観音講などの単位で巡礼する場合も、地域の寺院との結びつきで禅宗系の寺院が多いことが考えられる。それは地域別の宗派の勢力分布との関わりにつながる。巡礼者の多くは関東地方の人々であることから、関東地方の宗派別勢力をみると、禅宗はここを拠点とはしていないものの、平均以上の勢力をもっているのである。

第二に、真言宗と浄土真宗について触れてみる。真言宗については、秩父霊場寺院はかつて真言宗寺院が多かったが、現在では三ヵ寺に減少している。また、真言宗の勢力基盤は寺院数、檀信徒数とともに他宗に比べて大きくはない。しかしながら、関東地方には新義真言宗の智山派や豊山派などの寺院や信者が多く、一大拠点となっている。これが間接的ながらも巡礼者に影響を与えているものと考えられる。浄土真宗は西国巡礼や四国遍路でも多く、常に一定の割合を占めている。これは同宗派は既存宗派として大きな勢力を持っていることから巡礼に出る人の確率が高いことによる。

第三に、秩父巡礼の宗派性は特定の宗派に集中せず、分散する傾向が特徴である。禅宗、真言宗、浄土真宗の三宗派はほぼ拮抗する割合である。「その他の宗派」や信仰する宗教・宗派を持たない人も各々一割程度ある。これは現代の都市住民の信仰心の傾向にも似ている。即ち、今日の信仰形態は「無宗教」と新興宗教への傾注である。巡礼者は東京を中心とした首都圏からで占められている。いわば都市住民である。その中には地方から出てきて一家を構えた人も多い。従って、寺院との結びつきも薄く、また自ら進んで信仰するまでに到らないケースもある。その意味で、信仰する宗教が「ない」と回答する人が一六％にもなる。また、「その他の宗教」と答えた人など多様化する信仰形態がみられる。
観音巡礼は観世音菩薩の功徳を願うもので、特定の宗派との関わりはない。しかし、各宗派の寺院が檀信徒の教化の一環として巡礼を実践することで、その宗派の巡礼者は増えるが、特定の宗派に集中することはない。しかも、宗教心と切り離した目的を持つ人には宗派性は薄くなる。

以上、秩父巡礼の実態を項目別に考察した。そこには秩父霊場の置かれた立地条件を背景にした性格が浮かび上がる。それを要約すると次のようになる。秩父巡礼は地理的に関東の西の山間部に位置し、霊場が一ヵ所に集中し、且つ全行程も短く巡拝が容易である。そのため巡礼者は地元埼玉県を始めとした首都圏の人々が大半を占めている。その人々は家族単位や友人同士の小グループで自家用車や鉄道を利用し、行楽を兼ねながら巡拝する傾向が強い。従って、宗教的色彩が薄れ、大都市近郊にあって日帰りの手軽な巡礼の形態がとられる。そこには現代的な巡礼のスタイルがみられる。しかし、一見すれば現代的とみられるが、その深層には江戸時代の開帳時に多くの巡礼で賑わった状況と現代の巡礼と相通じるところもある。それは一方では社寺参詣という精神的志向をもち、他方では行楽や日常生活からの解放、健康のためなどの多様な目的を持ち合わせていることである。

第三節　四国遍路の実態

昭和期の四国遍路の実態は、昭和四十四年の前田卓博士の調査や、筆者による昭和六十三年の調査、及び納札調査で判明している。(1) それによって遍路の出身地、年齢層、遍路の目的、遍路の回数、宗派性などが把握することができた。平成期に入ってからの遍路の実態を捉えるために、これまでと同様にアンケート調査を実施した。

その結果を分析し、併せて過去の調査結果とを比較し、その間の変化を捉えることにする。調査は愛媛県今治市の第五十六番札所・泰山寺で平成八年四月から翌九年三月までの一年間に亘り、一二七二名に実施した。その結果をもとに項目別に考察する。

1　地域別遍路

遍路の出身地を都道府県別に分類したのが表4－3である。また、それらを地方別に整理したのが図4－18である。それらによると、遍路の出身地は全国三六都府県に分布しているが、その中で最も多いのは愛媛県である。次いで香川県と続き、徳島県、高知県の順になる。地元四国四県が上位を占め、全体の四九％に相当する。それに対して、四国以外の出身者では大阪府、兵庫県などの近畿地方が比較的多く、近畿二府四県で全体の二割を占めている。そして対岸の岡山県、広島県、山口県などの山陽地方を中心とした中国地方と、遠く首都圏を主体とした関東地方が共に九・二％となり、中部地方、九州地方は少なくなる。他方東北、北海道地方の遠隔地は極めて少ない。

このような出身別の遍路の割合は、昭和後期の調査でも指摘されている。当時も地元四国が全体の五七％を占めて最も多かった。以下、近畿地方が一八％、中国地方が六％、関東地方が四％の順であった。地元四国の出身者が多い理由の一つは立地条件である。地元の人々は四国以外の人に比べて時間と費用が軽減される利点がある。最寄りの札所から気軽に出発できる便利さもある。しかし、立地条件の有利さだけで地元の遍路が多いと捉えるだけでは十分ではなく、四国の人々の宗教的関心の高さが二つ目の大きな理由になる。四国八十八ヵ所霊場は弘法大師に縁の深い寺院が多い。大師は讃岐の国（香川県）・善通寺に生まれ、京の都に上り、勉学を志した。やがて唐に渡り、密教を学び、帰国後我が国の真言宗を開創した。また、四国各地には弘法大師にまつわる伝説が多く残されている。大師の教えに帰依する人々が四国には多く、その信仰の発露として古くから遍路に出かける慣行があった。また、道行く遍路を間近に見て、接待を施し、功徳を積む習慣が親から子へ、子から孫へと受け継がれてきた土壌が根付いている。この信仰と慣習が四国の人々の遍路の多さにつながっている。

四国以外では、近畿地方と中国地方が多かった。近畿地方の遍路が多い傾向は、例えば江戸時代の過去帳の調査や納札の調査でも指摘され(2)、昭和十年代の宿帳調査でも、大阪府、兵庫県、和歌山県が比較的多かった(3)。また、筆者の昭和後期の納札調査やアンケート調査でも同様の傾向を示している(4)。近畿地方から四国に渡るルートの一つに和歌山・加太浦から徳島・撫養港に着くコースが古くから開け、和歌山からは遍路を接待する接待講の講中も四国に渡った(5)。近畿地方と同様に岡山県、広島県などの山陽道筋からの遍路も歴史的に多く、例えば、備中浅口郡乙島村からは幕末には多くの遍路が出かけ、接待講も近年まで残っていた(6)。その結果、遍路の出身地で多いのは、地元四国四県と対岸の近畿地方、山陽地方であり、それらを併せると全体の八割を占めている。

ところで、四国遍路の出身地の傾向は、地元四国とそれ以外の地方との比率がほぼ半々の割合を占めている点にある。江戸時代の遍路の出身地を調べた喜代吉栄徳氏の一連の遍路札の調査では(7)、四国の遍路が占める割合は平均四一％で、多い場合でも五一％に留まっている。それに対して、近畿地方と中国地方が各々約二割を占め、

表4－3　都道府県別の遍路

都道府県名	実数(％)
愛　媛	201（15.8）
香　川	190（14.9）
徳　島	130（10.2）
高　知	107（ 8.4）
大　阪	81（ 6.3）
岡　山	75（ 5.8）
兵　庫	70（ 5.5）
京　都	41（ 3.2）
東　京	37（ 2.9）
千　葉	30（ 2.3）
和歌山	30
福　岡	30
三　重	28（ 2.2）
広　島	27
滋　賀	25
埼　玉	22
愛　知	17
奈　良	15
大　分	15
神奈川	12
熊　本	12
群　馬	11
長　野	8
岐　阜	7
静　岡	7
佐　賀	7
山　口	6
鳥　取	5
島　根	5
長　崎	5
茨　城	4
山　梨	4
岩　手	3
栃　木	2
富　山	2
宮　崎	1
合　計	1,272名

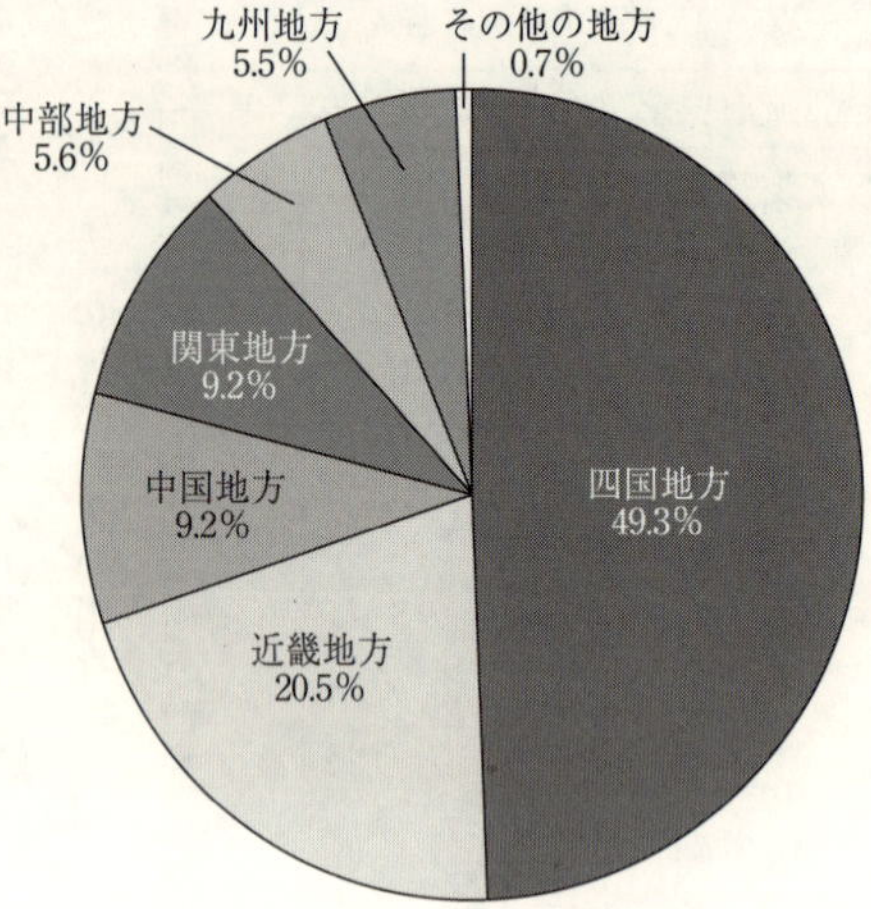

図4－18　地方別の遍路の割合

以下九州、中部地方と続き、その差は数パーセントに過ぎない。

遍路の出身者の半分が四国以外という傾向の背景には、霊場の所在地が西国巡礼や坂東巡礼のように広範囲ではなく、四国四県と狭い地域に限られていることにある。四国四県の人口は日本の三％余りにすぎない。従って、少ない地元の人口では遍路の大多数を占めるにいたらない。それに反して、周辺の人口密集地からの遍路が増加につながる。それが対岸の近畿地方と山陽地方である。この点は、日本百観音巡礼の一つである秩父巡礼でも指摘される。秩父盆地の一角に展開する秩父巡礼の出身者は、地元埼玉県が三・五割で、残りは周辺の人口密度の高い東京都、千葉県、神奈川県、群馬県などの巡礼者が五割を占めている。[8]地方に位置する霊場は地元だけではなく、その周辺との関わりが大きな比重を占めている。その反対に、札所寺院が広範囲に広がる西国巡礼や坂東巡礼では地元近畿各県や関東地方の占める割合が、八三％から八八％とその比率は高くなる。[9]

四国霊場は日本の中心地から遠く離れながらも、全国各地からの遍路を寄せ集めている。対岸の近畿、中国地方以外の遠隔地からは、時間と費用がかかり、交通機関が発達した現在でも負担が重い。それだけに一生のうちに一度遍路に出かけ、八十八ヵ所の霊場を巡拝したいと願う人が少なくない。その願いには重い病気の回復を願うものから懺悔の情、感謝の気持ち、精神鍛錬、煩わしさからの解放など様々の思いが含まれている。現在の日本社会は多くの問題を抱え、都市公害や自然破壊で生活環境が悪化し続ける中にあって、自然が残された四国路の風景は多くの人々に感銘を与えてくれる。また、接待のもてなしや地元住民の思いやり、遍路同士の交流などが印象として心に刻まれる。そのような魅力に惹かれて遠隔地から人々が集まってきている。四国遍路は俗に「お四国病院」と呼ばれたり、最近では「お四国大学」とも言われだした。「病院」に入院して心身の病いを治したり、「大学」に入って何かを学びとろうとする人々が全国各地から集まってくる。

平成期の調査では遍路の数が少なかったり、全く見られない道県があるが、過去の調査などを考慮すると留意しなくてはならない地域がある。その一つは愛知県、岐阜県、そして三重県を加えた中部地方からの遍路の多いことは既に指摘されている。[10] 愛知県は西国巡礼や秩父巡礼でも比較的多い地域である。今一つは北海道である。北海道は最も遠隔地にあるが、明治期に四国から渡った人も多く、先祖の地の霊場巡りを願うケースも少なくない。[11] また、外国人にも四国遍路は注目されている。その一つは四国から海外に移民した二世、三世が里帰りしたときに巡拝をする例である。今一つは日本文化に触れる外国人である。平成六年の夏には、オランダのライデン大学の九人の学生が来日し、徒歩で四国遍路を体験し、日本文化を学んでいる。[12]

なお、平成十年以降は急激に遍路が増加しているが、その理由は明石海峡大橋の開通で、近畿地方からの日帰り格安バスツアーによる大幅な増加である。従って、この現象を加味するならば、近畿地方の占める割合が大きく増加してきているものと考えられる。

以上のように、四国という一地方の限定された島に位置する四国霊場には、全国各地及び外国からの遍路が訪れていることが判明する。

2　男女別、年齢別遍路

遍路を男女別及び年齢別に分類して整理したのが図4－20である。まず、男女の比率についてみると、女性が五七・一％、男性は四二・九％で女性の遍路が多い。年齢別に男女の割合をみたときも、どの年齢でも女性が男性を上回っている。

図４－19※　世帯道具一式を抱えた老遍路（昭和40年代）

ところで、四国遍路で女性が比較的多いことは歴史的にも指摘されている。例えば、四国各地に嫁入り前に遍路を体験する習慣があり、「娘遍路」が盛んであった。それは一人前の大人になる試練として遍路に出たり、結婚後に遍路に出かけることが困難になることから嫁入り前の遍路になった。[13] また、四国遍路の特殊性が他の巡礼に比べて女性遍路の多さに関わっている。その一つは四国各地には道行く遍路をもてなす接待が盛んで、遍路自身の経済的負担は軽減されることで、女性も遍路に出かけやすかった。遍路には病を患い、死出の旅立ちの遍路や、人生に落伍し財産を失い国元を追われて四国に辿り着き、乞食《こつじき》で遍路を続けるケースも多かった。その中には女性の遍路も含まれていた。昭和四十年代に、母と二人の娘が家財道具一式をリヤカーに載せて曳き歩き、通夜堂で炊事する遍路もあった。[14] また、平成期に入っても人生に失敗した七十二歳の老婆が、乳母車に一式を積んで四十三回の遍路を重ねている。[15] その結果、他の巡礼に比べて四国遍路には女性が比較的多かった。

現在ではかつてのように女性が巡礼や遍路に出かける条件で障害になるものは少ない。その障害といえるものには家事労働や子育て、あるいはローン返済のパートタイムの労働などであるが、年齢的には二十歳代から四十歳代前半の女性がこれに該当する。従って、この年代の女性は少ない。しかし、この年代は男性でも少なく、多忙な日常生活に加え、遍路への関心が薄いことにある。女性が男性を上回るのはどの巡礼、遍路にも共通する傾向であるが、その両者の差は小さい。

女性遍路が多い背景には、団体バスを利用した遍路に女性が多いことである。例えば、寺院や旅行会社が募集する四、五〇人程度の団体の遍路は七、八割が女性で占められ、男性は極めて少ない。高齢者の女性は交通手段を他人に依存せざるをえないことと、一人での参加を嫌い仲間と連れあって参加することである。それに対して、男性は夫婦連れのケースが多く、次いで男性同士数人などの小規模なグループであったり、一人で廻るケースになる。

次に、年齢別に遍路をみると、最も多いのは六十歳代で三四・八％を占めている。次いで五十歳代が二六・五％、七十歳代が一八・七％と続く。その結果、五十歳以上が全体の八割を占めることになる。それに対して、四十歳以下の若い世代は極めて少ない。

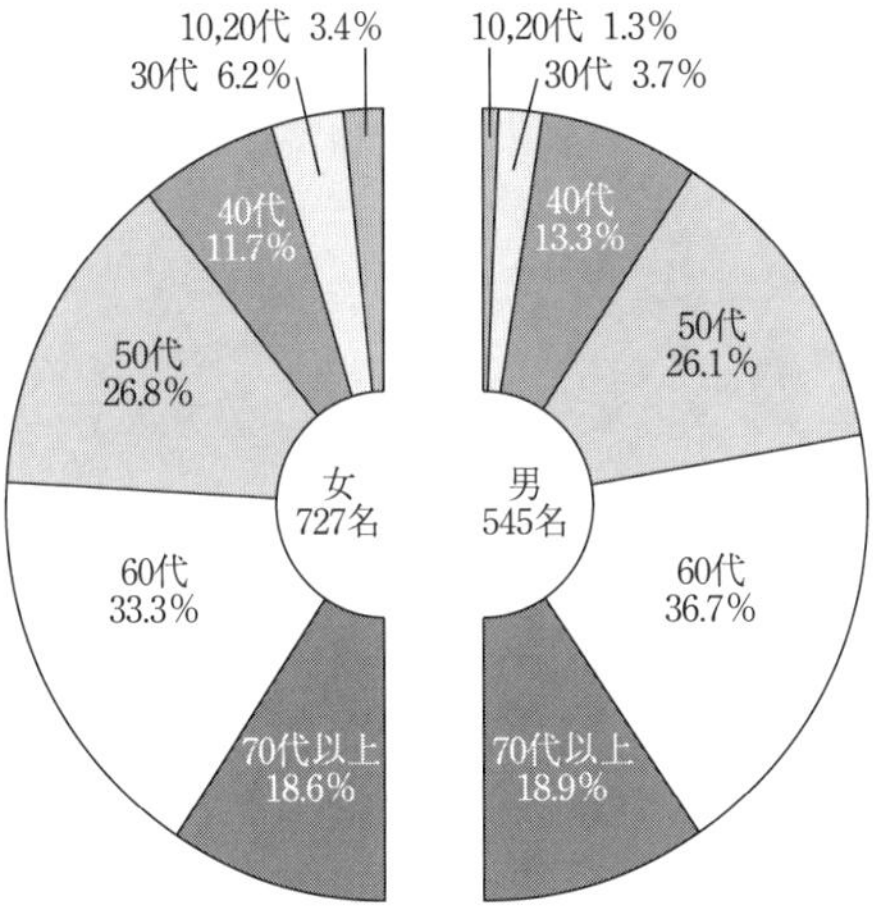

図4－20　男女別及び年齢別割合

年齢別の遍路の割合は、過去の調査結果と共通した傾向を示している。例えば、遍路が最も多い六十歳代は昭和四十四年の調査では四〇％以上を占め、同六十三年時では三三％となっている。多少の差はあるものの、六十歳代が全体の三分の一を占め、遍路の中核になっている。六十歳代に次いで多い五十歳代は近年増加する傾向にある。五十歳代の割合は昭和四十四年時では二四％であったが、同六十三年時では二七％に増え、平成期もほぼ同じ割合である。その結果、遍路の中核である六十歳代が多少減り、五十歳代が増えるようになった。それ以外の年齢層については調査時によって多少の差は出るが、七十歳代以上の高老齢層と四十歳代の中年層を併せて二・五割から三割を占めている。

ところで、四国遍路以外の各巡礼では、年齢層の若返りの傾向が出始め、かつての中核であった六十歳代が相対的に減少し、五十歳代が中核になってきた。例えば、西国巡礼では最も多いのは五十歳代で四二%を占め、次いで六十歳代の二二%、四十歳代の二〇%の順になる。[16] 秩父巡礼や坂東巡礼でも最も多いのは五十歳代で、各々三七%、三九%となっている。[17] その理由には、後に述べる巡礼の目的や交通手段、巡拝方法などと関わっている。

それに対して、四国遍路では六十歳代が一貫して中核になり、大きな変化はみられない。その理由として考えられる一つに、遍路の目的が挙げられる。四国遍路の目的を「信仰心にもとづいて」と答える人が最も多く、三・五割を占めている。宗教的発心や感謝の念、過去を振り返る気持ちなどが起こるのは、ある程度の年齢に達してからである。また、六十歳代になると老後に対する不安や孤独、そして死に対する懸念が湧いてくる年代でもある。五十歳代の後半から六十歳代の遍路の口からは、「そろそろ歳ですから」という言葉をよく聞く。その言葉の裏には宗教的雰囲気を理解し始めかけてきた様子が窺える。二つ目に、巡拝の交通手段や同行メンバーの間柄などが挙げられる。四国遍路では団体バスを利用する遍路がまだまだ残り、集団で巡拝するスタイルが多い。団体での巡拝の年齢は交通手段をもたない六十歳、七十歳代の老齢層の女性に多いことである。

3　遍路の目的

巡礼は本来、僧侶が修行を目的として創設された。特に四国霊場は険しい山岳地や人里離れた海辺の岬などに位置している。しかも遍路道には大小の河川が横たわり、降雨の時には人の往来を阻んできた。庶民が四国遍路に出かけるようになったのは江戸時代の中期頃からである。その背景には、人々が通れる道路の修復や渡し舟の整備が進んだことと、遍路道の案内書や手引き書が発行されるようになったことによる。[18] 全行程の長さと地形の険しさは遍路にとって苦行そのものであった。その苦行を乗り超えて遍路を続けるには、強靭な体力と強い信念が必要である。交通事情が改善された現在でも一巡するのに苦労が絶えない。そこで、どのような目的で遍路しているのかを分析してみる。

図4-21は、遍路の目的を尋ね、整理したものである。それによると、最も多いのは、「信仰心にもとづいて」が三五・四％を占めている。次いで「信仰心と行楽を兼ねて」が二六・五％、「精神修養のため」が一四・七％、「納経帳や掛軸への集印に関心をもって」が一二・六％などの順になる。それに対して、遍路の目的に「行楽」を挙げる人は極めて少ない。平成期の調査と昭和期の調査結果を比較すると、まず「信仰心にもとづいて」は昭和四十四年時では半数を占めていたが、同六十三年時では大きく減少して三三・三％となっている。平成期の調査でも全体の三分の一を占めている。「信仰心と行楽を兼ねて」の割合は変化が少なく、昭和四十四年時で二三・四％、昭和六十三年時でも二五・三％と一貫して約四分の一を占めている。「精神修養のため」は昭和四十四年時には五・二％と少なかったが、同六十三年時には一八・五％、平成期は一四・七％と大幅に増加した。「納経帳や掛軸への集印に関心をもって」は昭和四十四年時には独自の項目としては取り上げられず、「その他」（四・九％）の中に含まれるほど少なかった。それが同六十三年時は一三・九％に増え、平成期も同じような数値を示している。「行楽」を目的とする人はどの時点でも数パーセントと極めて少ない。

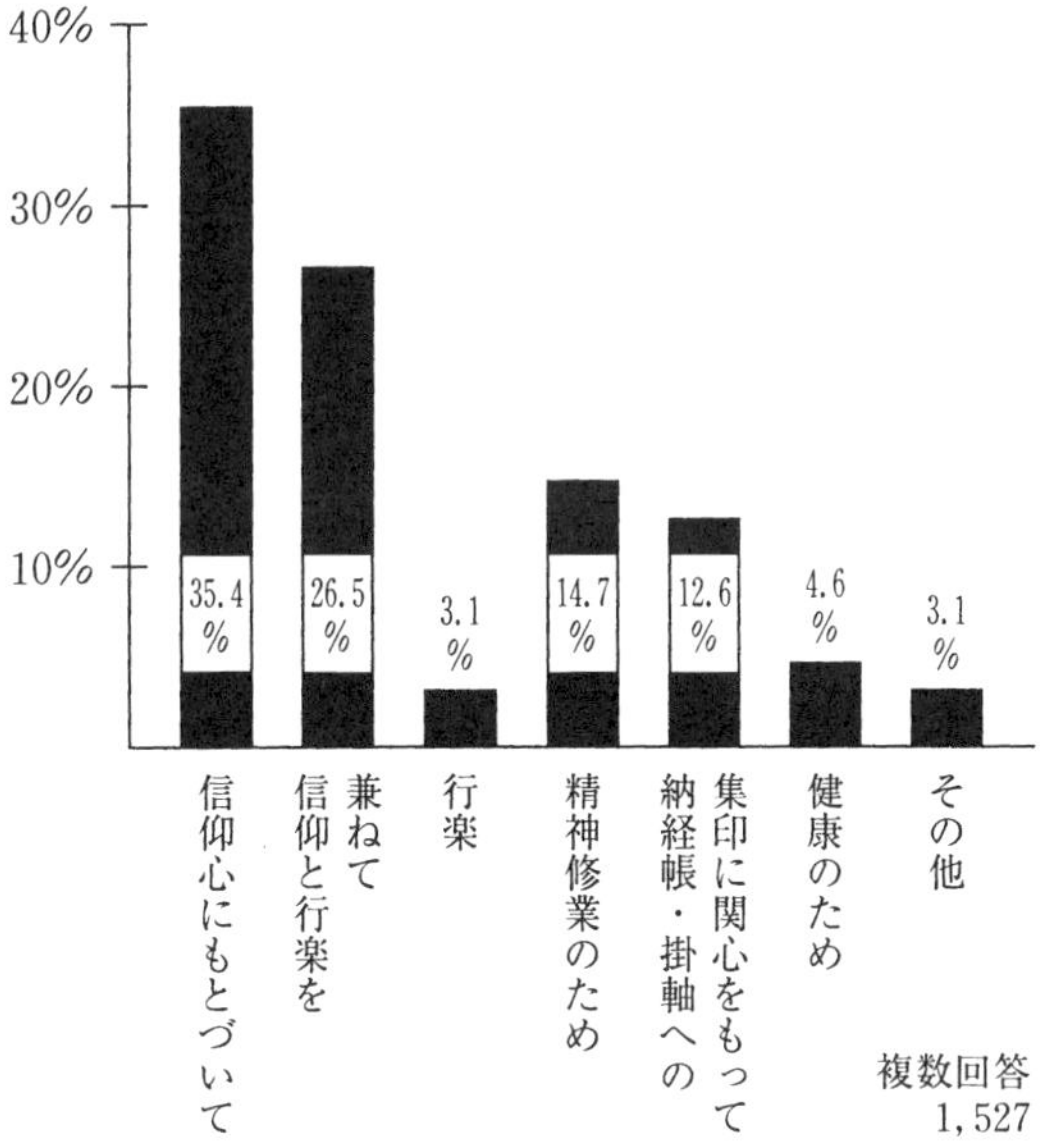

図4-21　遍路の目的別割合

　その結果、昭和四十四年時と同六十三年及び平成期のデータとを比較したのが図4-22である。それによると、「信仰心と行楽を兼ねて」と「行楽」の割合には変化が少ないが、「信仰心にもとづいて」の割合は昭和後期や平成期には減少した。それに代わって、「精神修養のため」と「納経帳や掛軸への集印に関心をもって」は増える傾向になった。変化のみられる目的についてその背景などを今少し触れてみる。

第一に、「信仰心にもとづいて」の割合が減少した点である。かつての遍路の中核を占めていたのは各地の大師講の講中や真言寺院の檀信徒であった。その講中たちが高齢化し、その遍路が減少していることが挙げられる。札所の話では、「重ね印」と呼ばれる納経帳を持参する巡拝者が少なくなったと言われる。それは純粋に宗教的行為の発露として毎年あるいは隔年に熱心に訪れる遍路が減少する側面が一部に出てきている。それ以外の理由に、遍路の絶対数が昭和四十年代に比べて四倍に増加し、それに伴って中高年層の目的に多様性が出始めたことが挙げられる。それが「信仰心と行楽を兼ねて」の割合の微増につながっている。例えば、平成二年から始まった「空海のみちウォーク」に集まった高老齢層たちは健康増進や、参加することの楽しみを兼ねた遍路の様相が強く、一途に信仰だけに主眼を置いた遍路とは趣を異にしている。そのため、単に「信仰心にもとづいて」を目的とする人は相対的に少なくなり、信仰心に他の目的を

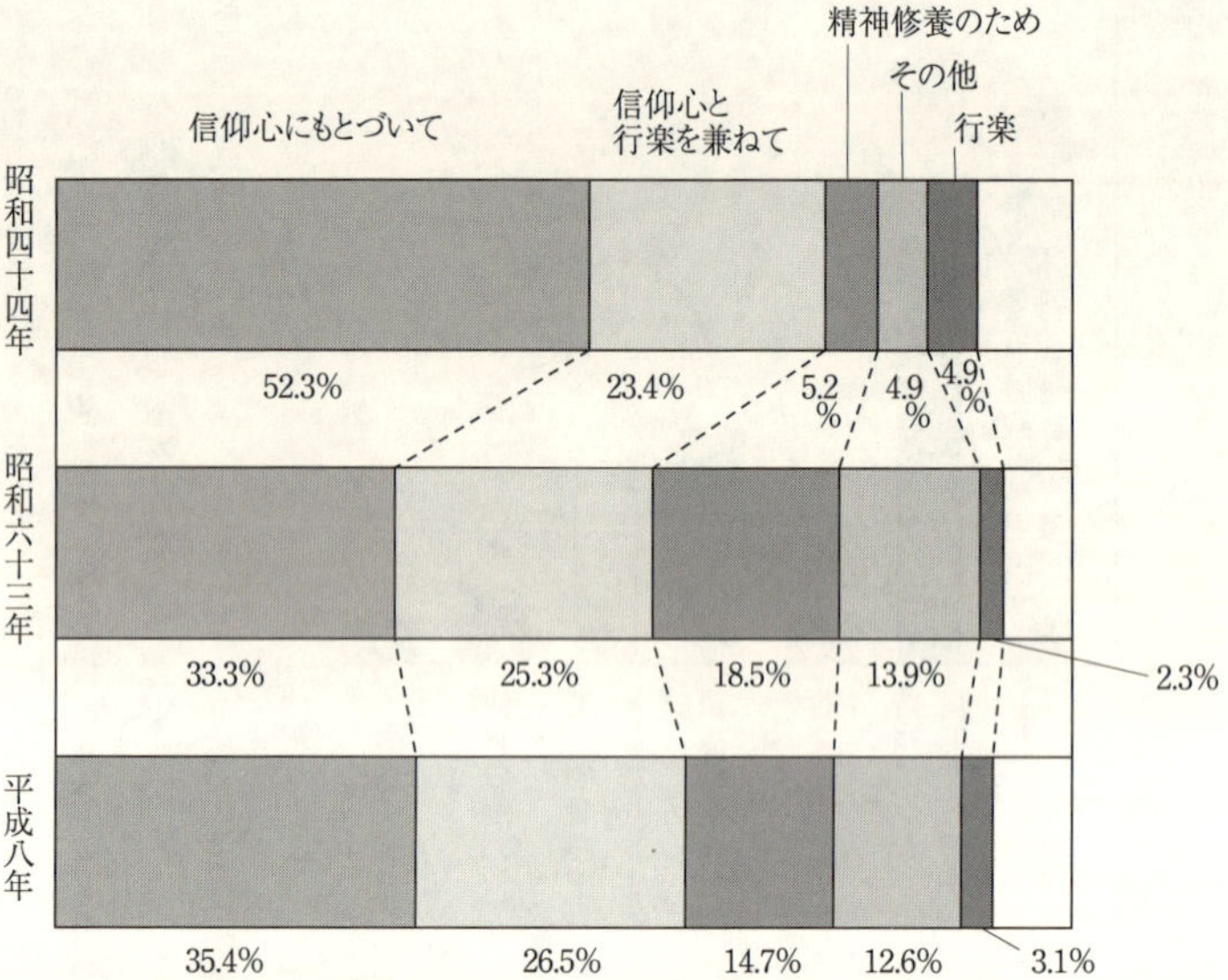

図4－22　遍路の目的の年代別比較
（昭和44年のデータは前田卓『巡礼の社会学』による）

組み合わせる多目的な遍路のタイプが少しずつ増えてきた。しかし、「信仰心にもとづいて」と「信仰心と行楽を兼ねて」を併せると六割を上回り、信仰心に裏付けられた遍路が多いことには変わりはない。

第二に、「精神修養のため」を目的とする人が増えている点である。その背景には現在の日本社会の状況との関わりが考えられる。戦後、飛躍的に経済発展を遂げた我が国は、豊かな暮らしを送り、物質的欲望も一通り満たされた。しかし、その間に精神的な心の問題が置き去りにされた。バブル経済に酔い、モラル低下を引き起こし、バブル崩壊後の混迷、殺伐たる社会での犯罪の増加にもなった。そこで、心の問題を解決する機会や場として遍路に出かける人が増え出した。日常生活の繁忙やストレス、雑踏などから逃れ、自然に接しながら自らを顧みるチャンスとして遍路に出る人が、中高年層や若者にみられる。

第三に、「納経帳や掛軸への集印に関心をもって」を目的とする人々も増加している。それが遍路増加の一因にもなっている。四国遍路では朱印、寺印は納経帳や笈摺に押すのが慣習とされてきた。いわば質素な集印であった。ところが、昭和五十二、三年頃から掛軸にも集印する人が少しずつ増え始めた。第五十六番札所・泰山寺先代住職（故大本祐章師）の話によると、掛軸に寺印を押すようになったのは昭和十二年が始まりであった。同年五月、南海鉄道の主催で高野線沿線と白浜温泉で四国八十八ヵ所霊場の出開帳が開催され、当時既に西国霊場で行なわれていた掛軸への集印の慣行を四国遍路にも導入しようと、この出開帳から実施された。しかし、当時の社会・経済状況では掛軸への集印は非常に少なかった。その後も

図４－23　昔ながらの版木の納経印
（平成11年末まで残っていた）

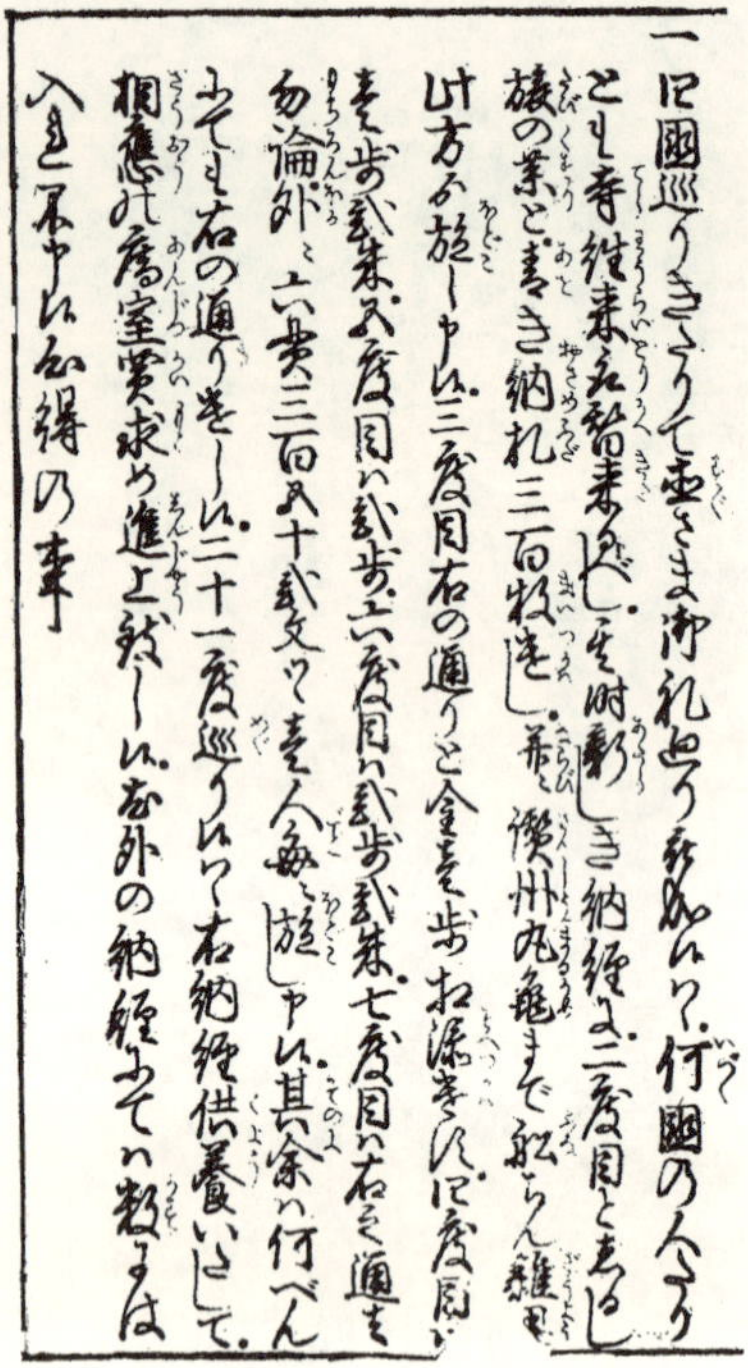

図4－24 『四国八拾八箇所納経一部』（享和2年，1802年刊）

掛軸への集印は費用も高く、質素を旨とする遍路には受け入れられなかった。掛軸への集印に関心が高まったのは昭和五十年代に入ってからで、その一つは昭和五十九年の弘法大師入定一一五〇年記念の時であった。集印は巡拝の印であるが、遍路の中には集印それ自体を目的として廻る人も少なくない。掛軸を制作するには掛軸代、納経料、表装代などを併せると高額な費用がかかる。しかし、費用がかかっても苦労して得た結果に本人自身が満足し、その上周囲からの評価を受けることで、人気を呼んでいる。地元四国のバス会社の団体参拝の添乗員が、風呂敷に納経帳と及摺、掛軸を包み、バスに先行して朱印を貰う光景が見られる。

以上のように、遍路の目的にも時代によって多少変化は出ているが、遍路以外の巡礼が総じて行楽的要素や信仰以外の要素が強いのに比べ、四国遍路には未だ信仰心や精神的な志向が強い傾向は変わっていない。各札所では先達に導かれた遍路の集団が白装束に身を包み、菅笠をかぶり、金剛杖をつき、本堂でお経をあげる伝統的な光景は今も後を絶たない。

4 遍路の回数

四国八十八ヵ所の霊場を一巡するには、自家用車で八、九日、団体バスでは十二、三日、徒歩では四、五十日と長期になる。その間、雨に濡れ風に吹かれ、肉体の疲労も重なり、思わぬ事故にも遭遇する。とりわけ徒歩巡拝は心身ともに苛酷である。マイカーが増えた現代の問題は交通事故である。道中でバッテリーの故障や、細い路地で車をぶつけたり、あるいは路肩にタイヤを落とすなど、不慣れな土地での事故もある。徒歩や自動車の利用にせよ、一巡するには苦労が絶えない。様々な体験を重ねて結願した人には、再度遍路に出かける人も多い。そこで、何度目の遍路かを尋ね、図式化したのが図4－25である。

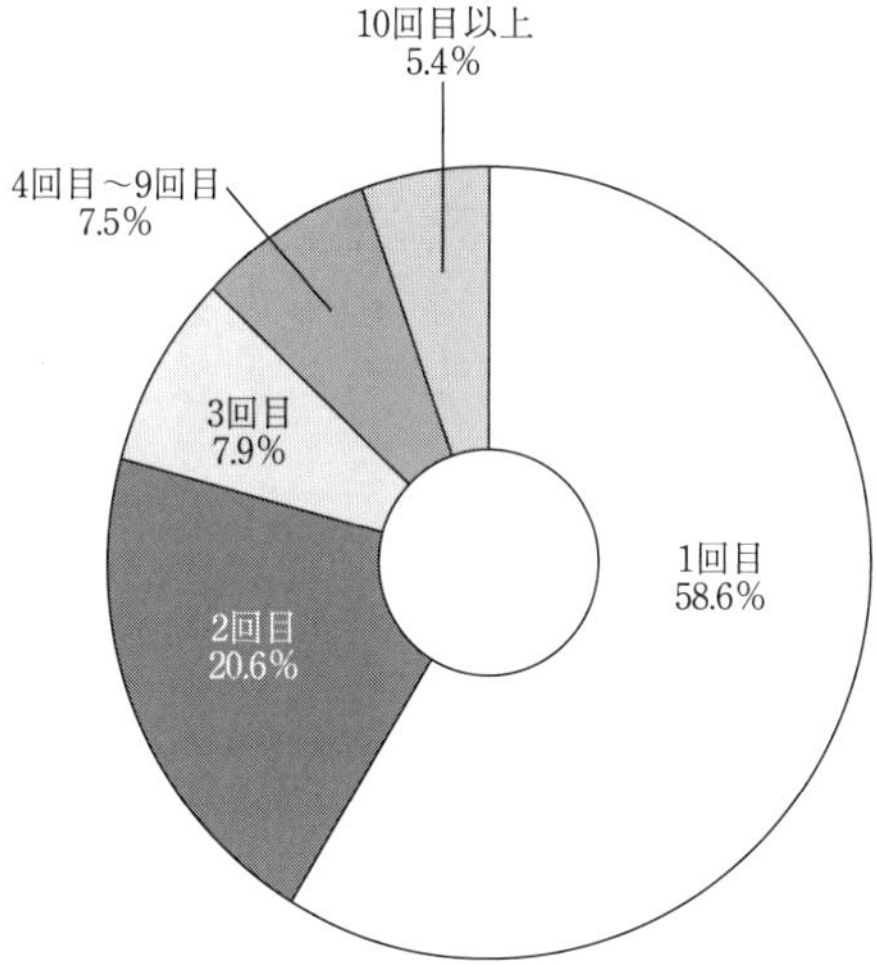

図4－25　回数別遍路の割合

それによると、初回の遍路は五八・六％で最も多く、次いで二回目が二〇・六％と続き、三回目は七・九％、四回以上一〇回未満は七・五％などの割合になる。そして一〇回以上を数える人も少なくない。この傾向は昭和四十四年、同六十三年の調査とも一貫している。四国遍路では古くから多度巡拝が盛んで、その中には驚異的な記録を残した遍路もいる。その最も古い例に、江戸時代の貞享年間に僧真念が二十余回の遍路を行ない、遍路の道案内の書『四国邊路道指南』を著わしている。また、享和年間に摂州の法眼菱垣元道橘義陳が書いた『四国八拾八箇所納経一部』には、納経帖に印を貰った回数に応じて船賃やその他の費用を施すことの内容が書かれ、しかも二回目の遍路の納札に青色が使用されていることがわかる。[19] 幕末から明治・大正期にかけては中務茂兵衛が二七九回の巡拝を数えている。茂兵衛は生まれ故郷の山口の大島郡椋野村を慶応二年（一八六六）に出奔し、大正十一年に信者宅で死亡するまでに終生遍路に没頭し、その都度、日程の日記を残している。[20] それ以外にも信州戸隠の行者・光春（一九九回）、備中の五弓吉五郎（一六二回）といった人物が多くの遍路を重ねている。[21] これらのケースは行者や先達などの希な例かもしれないが、現在でも百回を超える回数の遍路も珍しくない。

四国遍路では回数別に納札が色分けされ、一回～四回は白色、五回以上は青（緑）色、七回以上は赤色、二十五回以上は銀色、五十回以上は金色、百回以上は錦色となっている。百回以上を廻る人の錦色の納札は貴重であり、それを分け与えられて大切に保存する信者もいる。そこに多度多拝の功徳にあずかる信仰が根付いている。既述のように多度の巡拝は江戸時代から続く習俗ではあったが、回数に応じた納札の色には多少変化があったようである。松浦武四郎は天保七年（一八三六）に四国遍路をした時には、「七度廻りしものは赤紙札を納む。十四度よりは青紙納、十八度より黄紙札、廿一度より上は皆文字なしの白札を納む」[22]と記している。

多度巡拝は四国遍路の一つの特徴であるが、多度の巡拝を重ねる理由については幾つか挙げられる。その第一は遍路の目的にある。純粋に宗教的行為として修行と位置付けたり、祈願を叶えるとすれば、その達成まで度数を重ねることになる。その例が既述の行者や先達たちが多くの回数を重ねたことである。

その第二は、四国遍路が醸し出す環境、雰囲気が遍路の心に強く焼き付けられている点である。霊場寺院は険しい山岳地や海辺の岬など僻地に多く、質素で素朴な伽藍が遍路の心を和らげてくれる。そこには日常の喧騒から離れた信仰の場と認識することができる。また、四国路の自然が遍路をする人の胸に感動を与えてくれる。大正期に娘遍路を体験した高群逸枝女史は、四国路の光景とその思いを次のように述べている。[23]

足摺岬から室戸岬に到る土佐海道では、旅の苦しさを味わい、魂の昂奮を感じたが、宍喰から八坂八浜を経て日和佐に到る阿波海道では旅のわびしさを感じ、内省的、瞑想的な気分に沈んだことをおぼえている。……大坂越えから一歩讃岐に入ると、一種輝かな印象を得たが、……いわゆる備讃瀬戸の沿岸地帯では、季節も仲秋の物寂しさに加えて、この辺特有の乾燥寡雨の気候ゆえか、目に映る物象は、透明を通り越して、洞然たる観がある。

この一節は、高群逸枝女史が逆打ちで廻る途上で、四国の多様な自然が遍路の心にどのように映ったかをよく表現している。時代を超えた現在でもその光景の原点は変わってはいない。

第三は遍路のスタイルにある。遍路は一定期間日常の世俗を離れ、白装束に身を包み、菅笠をかぶり、金剛杖をつき、読経をし、札を納めて札所を廻る。それは一種の自己変身であり、日常からの離脱した非日常の「聖なる体験」である。宿坊に泊まると早朝からの勤行に参加し、法話に耳を傾けることもある。これらの体験は最初は苦痛であっても徐々に慣れる。この「聖なる体験」は人々の心の緊張を高め、心をリフレッシュする働きをする。ここに弛緩した日常の惰性、習性とは異なった新鮮な感動を呼び起こし、心に強い印象を残す。

図4－26　満願を記念した証明

第四に、遍路の途上における人と人の触れ合いが心を打ち、思い出として残ることである。徒歩巡拝では肉体的に疲労困憊して苦しいが、住民の温かい接待に心が和らげられ、勇気をかきたてられる。また、宿泊先での洗濯の世話や握り飯の手配など温かい心遣いも忘れられない。四国の人々は遍路に接待することは功徳を積む行為とし、道行く遍路を大切に扱う。接待に限らず、見知らぬ遍路同士が助け合い、触れ合うことにも心打たれるものがある。一人で歩き遍路を体験した手記には[24]、この点に感動したことが述べられている。

初回の遍路は想像を超える数々の体験を重ね、その苦労は絶えないが、一度結願すると自信になる。第八十八番札所・大窪寺は「結願寺」でもある。そこでは申請すると一巡した証の証書を発行してくれる。その証書を手にした喜びは計り知れないものがあるだろう。やがて、かつての苦しい体験や人との触れ合い、遍路途上の発見などが感動、余韻となって深く心に残る。結願の心境は「通し打ち」と「区切打ち」の遍路形態で異なる。「通し打ち」を体験した人は、「着いたらこの旅が終わりになると思うと、なにか名残惜しくなるのだ[25]」とか、「帰国して十日も経つと、また四国遍路したいという気持になってくる。不思議なものだ[26]」、更には「もう一度八十八ヵ所を巡り歩きたい衝動にかられるのである[27]」などと述べている。遍路の感動、余韻が多度巡拝へとかりたてる要因となっている。

5　遍路の交通手段

交通手段が発達する以前の遍路は、札所から札所へ自らの足を頼りに歩いて廻った。道中で足を痛め、杖にすがる遍路もあった。特に「遍路転がし」と呼ばれる険しい山道は遍路泣かせで、命がけでもあった。しかし、現在では交通機関の発達と、道路の整備やドライブウェーの設置などで便利になった。遍路の交通手段を尋ね、整理したのが図4－27である。

交通手段として最も多いのが自家用車の利用であり、全体の六割を超えている。次いで、団体バスの利用で三割弱を占めている。この二つで全体の九割に相当する。その他の手段としては、徒歩やタクシーの利用、電車と路線バスに徒歩を組み合わせた方法が取られている。それらの割合は現代社会の交通事情をよく反映している。

遍路に車が利用され始めたのは昭和期に入ってからであった。当初は路線バスを乗継ぐ形式で、徒歩と路線バスの組み合せであった。『札所と名所　四国遍路』の著者島浪男は昭和三年に観光本位の遍路をめざして交通機関を利用して極力日数を少なく巡拝している。しかも、当時相乗りのタクシーも利用され、自身も相乗りしたことを記している[28]。多木伸氏は昭和十年に遍路した記録『四国遍路の手記』の中で、途中日和佐に着く前に、「乗《のり》合《あい》自動車」に乗り、「客はお遍路はんばかりで八人だった[29]」と記している。昭和十一年に伯母と二人で遍路した白石トメ子の日記には、二十三番薬王寺から二十四番室戸寺の間は距離が長く、タクシーに乗る遍路もいた[30]、と触れている。昭和期に入り鉄道、乗合自動車、タクシーなどを利用した遍路が出始めるが、高額でありその数は多かったとは考えられない。その多くは徒歩巡拝であった。そして、団体バスを利用した遍路が始まるのは昭和二十年代の後半で、同二十八年に愛媛県の伊予鉄バスによる団体遍路である。以後昭和三十年代から五十年頃まではバス利用の遍路が増加し、昭和四十四年時では七割がバスを利用した遍路となった(31)。その間、一部の豊かな人には自家用車が普及し、マイカーによる遍路も出始め、団体バスを嫌う人にはタクシーの利用がみられた。タクシー費用は高額であったが、四、五人で利用すると割安となり、期間も短縮されるので、その分宿泊費は安くなる。しかし、当時の主流は団体バスであり、遍路の交通手段が徒歩から団体バスへと変わった第一期の変革期である。やがて自家用車が急速に普及した昭和五十年後半から六十年代になると団体バスに代わって、自家用車を利用した遍路が中心になっていく。この時期が第二の変革期に当たる。自家用車の利用が遍路の肉体的な負担を軽減し、総数の増加を促した。そして、平成十年には、高額な費用を出してのヘリコプターを利用した上空からの巡拝まで登場するようになった。

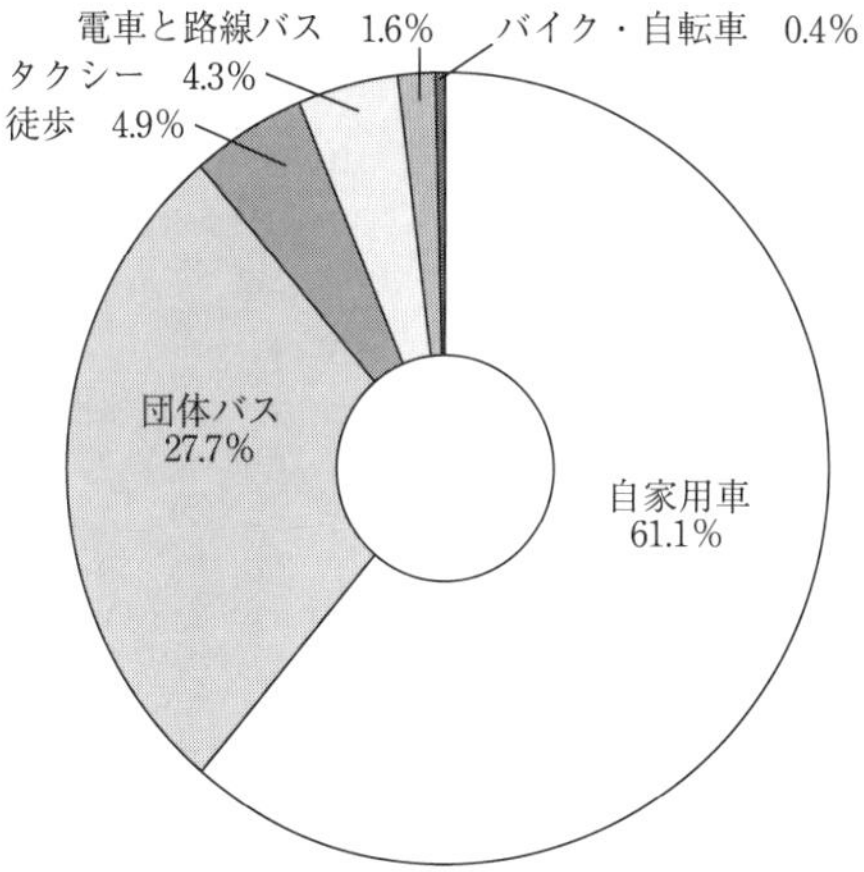

図4－27　交通手段の割合

現在では自家用車を利用した巡礼、遍路が主流になったが、四国遍路には独自の特徴も残されている。その一つが徒歩による伝統的な遍路である。徒歩巡拝は遍路の基本であるが、バスや自家用車の利用に押され極端に少なくなった。しかし、平成期に入ると徒歩巡拝が健康面などで注目され出した。例えば、平成二年に始まった「空海のみちウォーク」と題する集団遍路が徒歩による遍路の見直しともなった（一部区間はバス利用）。しかしながら、その間、昔ながらの一人遍路や数人が徒歩で廻り、宿坊や遍路宿に泊まりながらの遍路は細々と続けられてきた。西国巡礼では徒歩による巡拝は殆ど姿を消す中、四国遍路では未だに堅持されている。歩いて全行程を廻るには時間と費用がかかる上に、肉体的負担が大きい。歩きづめで足の裏にマメをつくったり、膝や腰の痛みが起きる。現代の歩き遍路の体験記には必ずこのことが記されている。それに加えて、精神的な孤独感、不安感などに襲われ、それを乗り切る強い精神力も必要とされる。それらの障害を克服した時、精神的な安らぎと宗教的雰囲気が徐々に湧いてくる。そこには肉体的・精神的な癒しが生まれ、歩き遍路の良さが評価される。(32) ところが、交通手段の変化によって「歩き遍路」に新たなる影響が出始めている。それはこれまで遍路を泊めていた遍路宿や民宿などが廃業、休止になり、宿捜しに苦労することや、かつての遍路道は使用されず、国道沿いに歩くことで排気ガスやトンネル内の風圧、騒音の危険が遍路を襲うことである。

今一つの特徴は、団体バスによる遍路が三割弱を占めていることである。自家用車の利用が増える傾向の中で、団体バスによる集団巡拝が未だに根強い。団体バスの利用には、既存の宗派の寺院や新興宗教団体が檀信徒の教化の一環として霊場巡りをするタイプと、旅行会社やバス会社が企画・募集するツアー形式のタイプに分かれる。寺院が檀信徒の教化に霊場巡りをするのは古くから行なわれ、引率には最も効率的である。バス会社などの一般の募集は、交通手段をもたない老齢層や女性に人気がある。集団による巡拝は日程や行動に制約があり、多少不自由さはあるものの、費用も安く、志を同じくする仲間との一体感が生まれ、それが喜びにもなる。

タクシーを利用した遍路は、既述のように一部では古くからみられた。例えば、四国以外の遠隔地からの人には、限られた時間内で効率よく廻る手段として利用された。タクシー会社も客としての遍路は安定した収益につながり、積極的に遍路の募集を行なってきた。運転手は単に運転だけではなく、納経帳、掛軸の集印の手伝いを行ない、遍路の手足となってサービスに努めた。それが遍路に好評を得ている。

以上のように、遍路の交通手段は時代とともに大きく変化してきたが、伝統的な四国遍路の特徴も未だに残され、その独自性が注目されている。

6　遍路の同行編成

遍路は「同行《どうぎょう》二人」と言われ、たとえ一人で廻っていても、弘法大師が同行し、見守っていることを意味している。大師との同行は信仰上のものであるが、実際に同行する人数やその間柄は誰であるのか。それを尋ねて整理したのが図4-28である。

それによると、「一〇以上の団体」のグループで廻る遍路が最も多く、全体の三〇・三%を占めている。次いで「家族二人で」が二八・八%と続き、その差は僅かである。それ以外では「友人たちと五人以上一〇人未満」が一〇・二%、「家族三人で」が八・三%、「二組の夫婦で」が六・九%と続く。それに対して、「一人で」や「友人二人で」、「友人三人で」などの組み合わせは少ない。

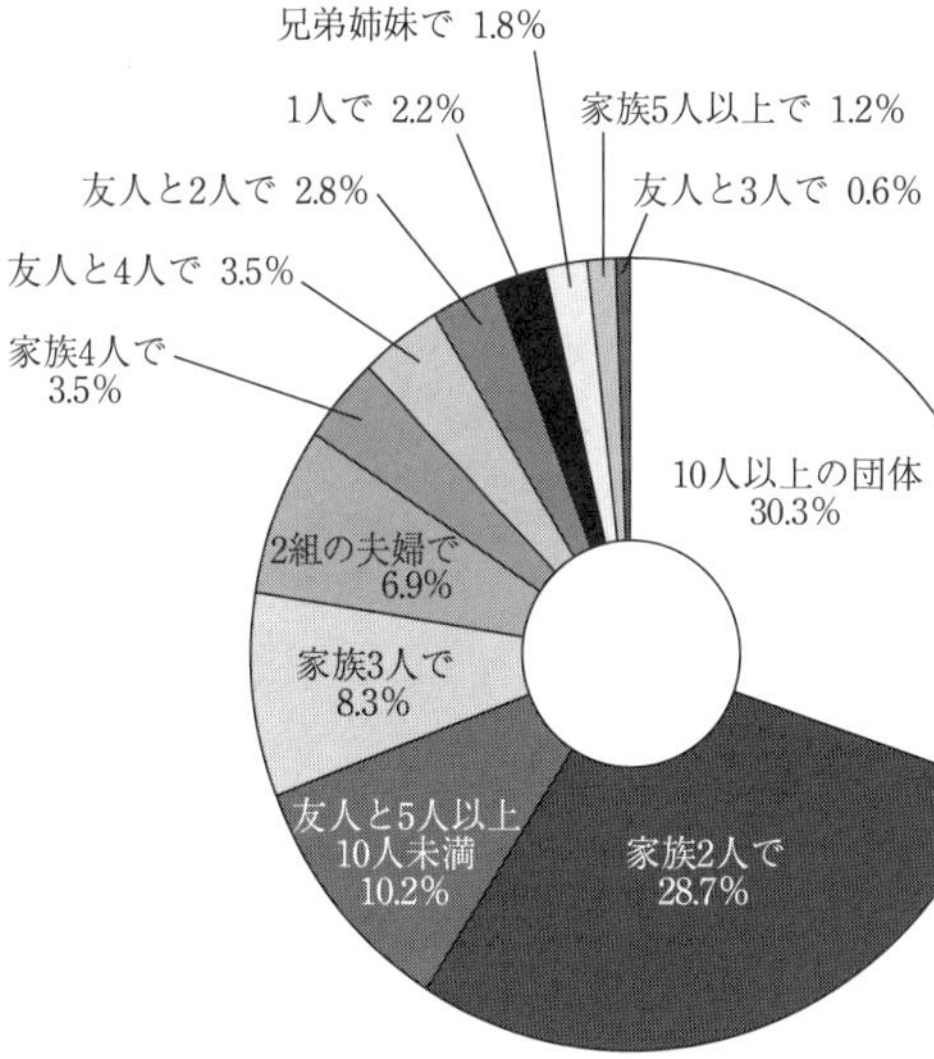

図4-28　遍路の同行編成の割合

その結果、同行の編成には二つの傾向がみられる。その一つは多人数による集団巡拝である。集団巡拝でも宗教団体や寺院が檀信徒を連れて廻ったり、旅行会社の募集による四、五〇人から八〇人の大型のグループタイプと、地域社会の老人クラブ、大師講の人々がワゴン形式の車やマイクロバスを利用した比較的小規模なグループのタイプとがある。かつての遍路の交通手段は団体バスで、乗員四、五〇人の大型バスであった。それが減少し、一〇人を超える程度の小規模な集団が増える傾向にある。その背景には、小規模な集団の利点がある。大規模な集団は団体行動の制約が厳しく、自由を求める現在では敬遠される。例えば、白装束に和袈裟を身につけて本堂や大師堂で全員で読経し、

図4－29　笈摺を着て親に連れられた幼児

図4－30　老婆の一人遍路

札を納めて足早にバスに戻り、次の札所に移動する。集印は添乗員が先回りして一括で済ませ、遍路は時間に追われるように廻る。宿坊での入浴、食事でも団体行動を強いられる。それは宗教的行為の体験としてそれなりの意義はあるが、今日では敬遠される。それに代わって、仲間同士でスケジュールに余裕をもたせ、行楽を加味した小規模のグループ編成が好まれる。長期間の旅や移動には宿泊や人間関係の面で多人数は不向きで、小グループが適している。経済性よりも、自由やゆとりが見直され、同行の人数は小規模になりつつある。

　他方、今一つの編成の特徴は、家族単位による遍路である。その中で最も多いのは「家族二人で」が三割弱を占めている。それに「家族三人で」や「家族四人で」を加えると、全体の四割に相当する。家族単位の遍路が増えた大きな理由は、自家用車を利用する遍路が増えたことにある。同行の家族の間柄をみると、「家族二人で」は殆どが夫婦の間柄である。「家族三人で」は息子と両親のタイプと、中年の夫婦にその父か母の組み合わせである。自家用車では普段着で気軽に廻れることができ、中高年の余暇利用や行楽、集印を兼ねた巡拝になることが多い。それに加えて、親子関係を除く中高年には「二組の夫婦」が少しずつ増えるようになった。

集団による遍路と家族単位の遍路の二分極化にあって、一人で廻る遍路も少なくない。一人徒歩で廻ったり、バイクや自転車を利用するケースがある。同行者がいないことは、道に迷ったり、宿泊の心配が常に付きまとい、その上病気やトラブルに巻き込まれる危険性も高く、精神的不安も大きい。しかし、確固とした目的をもち、自らの精神修養を課する場合には、人に頼らない一人での遍路は価値あるものになる。他人にいえぬ思いを抱き廻る遍路もある。例えば、我が子を亡くし、その追悼に遍路に出かける親や、不治の病に冒された人、人生に挫折しながら再起を願う人、倒産やリストラで失業した人など、様々な思いをもって霊場を廻る人は後を絶たない。そのような思いを抱く人には一人での遍路が適している。

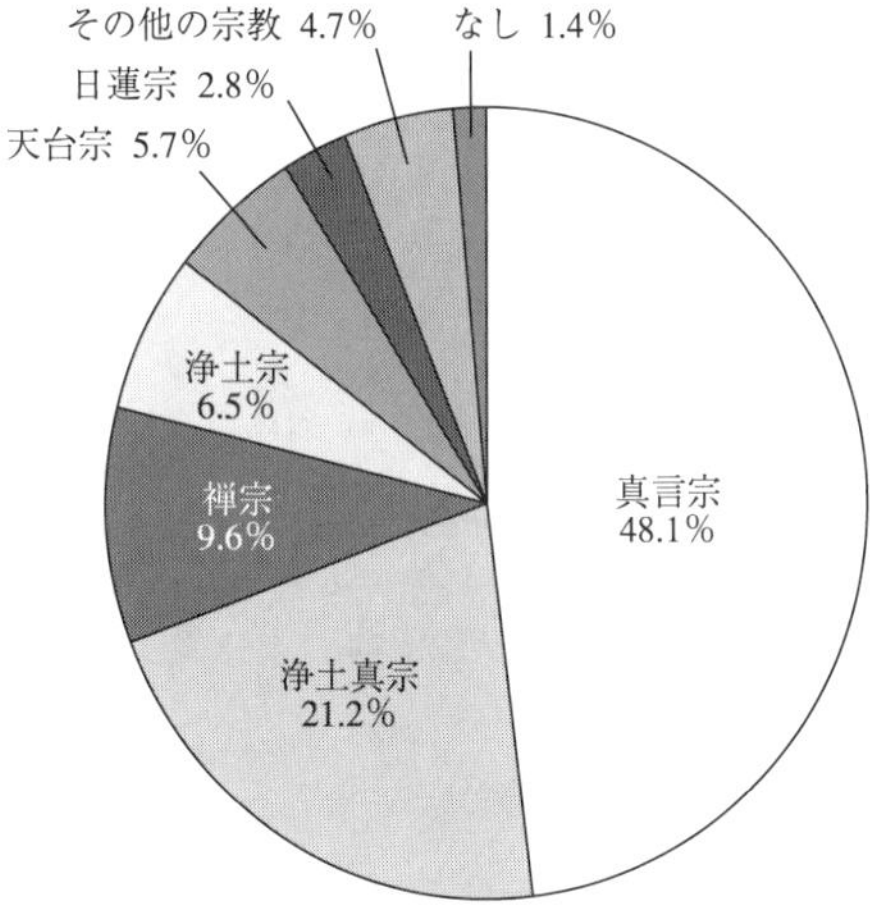

図4－31　宗派別の遍路の割合

7　宗派別の遍路

四国八十八ヵ所霊場は、我が国の真言密教の開祖・弘法大師と縁の深い寺院が多い。既述のように遍路の目的は信仰心にもとづくものが多く、単なる拝観や寺院巡りとは異なる。長期間の遍路や徒歩遍路は苦行でもあり、宗教に裏付けられた信念が求められる。遍路を宗派別に分類し、図式化したのが図4－31である。最も多いのは真言宗で四八・一％で全体の約半数を占めている。次いで浄土真宗が二一・二％と続き、以下禅宗が九・六％、浄土宗六・五％、天台宗五・七％、日蓮宗二・八％などの順になる。平成期と昭和期の調査結果とを比較すると、多少の数値に違いはあるものの変化は少なく、一貫した傾向を示している。

宗派別の特徴は、真言宗の遍路が多いことである。その理由には、弘法大師の遺徳を慕い遍路に出かける真言宗の信者が多いことが挙げられる。また、真言宗の寺院では教化の一環として団体で遍路に出かけるのも大きな要因である。一般に、各宗派では信仰の発露として本山詣りを奨励する。例えば、開祖や中興の祖の御遠忌など多くの檀信徒が本山に参拝する。その参拝は檀信徒にとっては一時の勤行や法話、拝観に留まることが多く、それに観光が兼ねられることもある。しかし、遍路では趣を異にする。分割巡拝の平均的な二泊三日の日程の遍路は宗教的行為の実践であり、生きた教化にもなり、大師の遺徳を感得できる。高野山奥の院の御詠歌に、

ありがたや高野の山の岩かげに　大師はいまもおわしますなる

と詠われ、入定信仰が根強く残っている。真言宗の遍路が多いのは、地元四国出身の遍路が多いことにも関係する。四国霊場寺院は圧倒的に真言宗寺院が多く、その上、四国は真言宗の檀信徒が多く分布する地域でもある。真言宗は宗教集団としての母集団は必ずしも大きくはないが、四国や関東地方に比較的多くの信者を有し、対岸の岡山、広島地方にも多くの信者がみられる。

真言宗以外では、母集団の大きい浄土真宗の遍路が多い。浄土真宗は大阪府、兵庫県などの近畿地方や岡山県、広島県などに多くの檀信徒が分布し、この地域は地元四国に次いで遍路を輩出する地域でもある。真言宗以外の宗派では、他宗派の開祖に有縁な四国遍路を教化に用いることはなく、寺院による引率はない。それは本人自身が自主的に遍路に出かけているものである。但し、修行を目的とした僧侶には禅宗の僧侶が多いことは指摘されている。東福寺派の管長を務めた尾関行応師は、明治三十四年と昭和九年の二回の遍路を行なった。尾関師は、「我が禅門では雲水修行中に、真に願心あるものは、大抵一度は西国四国の霊場を巡拝して、魔障なく、大事了畢する様、祈願すると同時に、旅行の艱難辛苦をも体験し、一方霊山勝域に触て、一層願心を堅固にするもの」

と遍路を評価している。[33]また、真言宗以外の遍路は古くからみられ、享和年間の『四国道中手引案内』には次のような記述がある。

尤法華と門徒ハ外方参詣往来ハ出不申候、然バ関所通る事成がたく依之法華宗ハ千ヶ所参并ニ日本順拝、門徒宗ハ二十四拝并ニ日本順拝と記シ候得バ法義も立、何国へも通られ申候、此段寺々え御頼の事

これは日蓮宗や浄土真宗では四国遍路に赴くことを嫌い、往来手形の発行を拒むことからの便法がとられていることを記している。[34]そこに宗派を超えた信仰が四国遍路にみられる。周知のように大師は庶民の救済に尽力した。例えば、旱魃に悩む民衆を救うために神泉苑で雨乞いの修法をしたり、梅雨期に決壊する讃岐の満濃池《まんのういけ》を修築した。更に各地に「弘法井戸」や大師講にまつわる伝説が残り、それが大師信仰のモチーフとされてきた。このような大師信仰は真言宗の信者はもとより、多くの人々の心に焼き付いて、それが伝承されてきた。大師のカリスマ的性格は宗派を超えて高い人気があり、そこに救いを求める遍路も少なくない。逆打ちで巡拝すると、弘法大師に出会えるという信仰が今もなお信じられている。

以上、四国遍路の実態を捉えるためにアンケート調査を実施し、その結果をもとに考察してきた。その結果、時代とともに変化した側面と変わらない側面とがみられる。変化している側面には交通手段がある。昭和四十年代は徒歩か団体バスが主流であったが、現在では自家用車の普及でマイカーによる遍路が増加した。今一つは、同行する人数やその間柄に変化が出ている。団体バスによる集団巡拝は残っているが、その割合は減少する傾向にあり、それに代わって家族二人の遍路が増え、それに加えて「家族三人で」や「家族四人で」などの家族単位の編成が増加する傾向にある。

他方、伝統的な遍路の側面も残されている。その第一は、遍路の出身地は全体の半分が地元四国で占められ、残りの半分は四国以外の対岸の近畿、山陽地方と遠隔地の中部地方や関東地方からの人々である。第二に、遍路

の性別や年齢層では女性の遍路が男性を上回り、六十歳代の人々が中核を占めている。第三に、遍路の目的において、信仰心や精神修養を目的とする割合が多く、弘法大師に対する信仰が強く、真言宗の檀信徒が多い。第四に、八十八カ所を一巡した後に、二回、三回と廻る多度巡拝が半数近く占めている点である。

四国遍路には変容する側面の中にも伝統的な姿が多く残され、それが人々に感動を与えてくれている。バブル崩壊後の社会・経済的混乱や、加速する国際化の状況で混迷の時代を迎えている。そのような中で遍路は自己を見直す場として注目されている。四国遍路は人々の心に何かを訴える魅力を備えている。

註

第一章　研究の課題と各霊場の成立

第一節

（1）　例えば、佐和隆研『西国巡礼』（社会思想社、一九七〇年）や平幡良雄『西国観音巡礼』『坂東観音巡礼』『秩父観音巡礼』『四国八十八ヵ所』上・下（満願寺教化部）、三浦美佐子・小川光三『巡礼の寺』（保育社、一九六七年）、西村望『四国遍路―八十八ヵ所めぐり』（保育社、一九六八年）、首藤一『四国遍路八十八ヵ所』（創元社、一九七八年）、各札所会編集の『観音巡礼』シリーズ、及び宮崎忍勝・原田是宏共著『四国八十八所遍路』シリーズ（共に朱鷺書房）などがある。

（2）　例えば、大正七年に新聞に掲載された高群逸枝『娘巡礼記』（堀場清子校訂、朝日新聞社、一九七九年）や続編で昭和十三年に発表された『お遍路』（厚生閣、一九八七年に中央公論社より再版、二〇〇四年、岩波文庫に収録）、西端さかえ『四国八十八札所遍路記』（大法輪閣、一九六四年）、白洲正子『巡礼の旅』（淡交新社、一九六五年）、土佐文雄『同行二人―四国霊場へんろ記』（高知新聞社、一九七二年）、松原哲明『巡礼・遍路』（集英社、一九八七年）、クレイグ・マクラクラン（訳／橋本恵）『四国八十八ヵ所、ガイジン夏遍路』（小学館、二〇〇〇年）、辰野和男『四国遍路』（岩波書店、二〇〇一年）、岡月祐紀子『平成娘巡礼記』（文藝春秋、二〇〇二年）、藤田裕子『ちびっこお遍路・よっくんが行く』（新潮社、二〇〇三年）などである。

（3）　岡田希雄「西国三十三所観音巡拝攷続貂」（『歴史と地理』第二十一巻第四号、五号、六号、第二十二巻第三号、四号、六号、一九二八―九年）。浅野清編『西国三十三所霊場寺院の総合的研究』中央公論美術出版社、一九九〇年、速水侑『観音信仰』塙書房、一九七〇年、鶴岡静夫『増訂版 関東古代寺院の研究』弘文堂、一九八八年、清水谷孝尚『観音巡礼―坂東札所めぐり』文一出版、一九七一年、同『巡礼と御詠歌』朱鷺書房、一九九二年、近藤喜博『四国遍路』桜楓社、一九七一年、同『四国遍路研究』三弥井書房、一九八二年、武田明『巡礼の民俗』岩崎美術社、一九七七年、同『巡礼と遍路』三省堂、一九七九年、矢崎浩『秩父観音霊場研究序説』豊昭学園、一九六六年、秩父札所の今昔刊行会編『秩父札所の今昔』同刊行会、一九六八年、河野善太郎『秩

父三十四札所考』埼玉新聞社、一九八四年、聖心女子大学キリスト教文化研究所編『巡礼と文明』春秋社、一九八七年、山折哲雄「巡礼の構造」(『伝統と現代』59、一九七九年)、同『宗教民俗誌―聖と俗のトポロジー』人文書院、一九八四年、『巡礼の構図』NTT出版、一九九一年、巡礼研究会編『巡礼論集1―巡礼研究の可能性』岩田書院、二〇〇一年、頼富本宏・白木利幸『四国遍路の研究』国際日本文化研究センター、二〇〇一年、星野英紀『四国遍路の宗教学的研究―その構造と近現代の展開』法藏館、二〇〇一年。

(4) Joachim Wach, *Sociology of Religion*, University of Chicago Press, 1944, p. 42

(5) 新城常三『社寺参詣の社会経済史的研究』塙書房、一九六四年、同『新稿 社寺参詣の社会経済史的研究』塙書房、一九八二年、同『庶民と旅の歴史』日本放送出版協会、一九七一年。

(6) 前田卓『巡礼の社会学』ミネルヴァ書房、一九七一年。

(7) 星野英紀『巡礼―聖と俗の現象学』講談社、一九八一年、同『四国遍路の宗教学的研究―その構造と近現代の展開』法藏館、二〇〇一年、長田功一・坂田正顕監修『現代に生きる四国遍路道 四国遍路の社会学的研究』日本図書センター、一九九八年、長田攻一・坂田正顕・関三雄編『現代の四国遍路―道の社会学の視点から』学文社、二〇〇三年。

(8) 江戸時代の納札を手懸かりにした研究としては前田卓博士の他に、稲城信子「順礼札からみた西国三十三所信仰」(浅野清編『西国三十三所霊場寺院の総合的研究』)、喜代吉栄徳「納札について」(『四国辺路研究』第二号、一九九三年)、近年、一乗寺の納札の再調査を加西市編纂委員会が行ない、前田、稲城両氏の調査で見つからなかった札が発見されている報告(幡鎌一弘「巡礼札から見る近世の西国巡礼―一乗寺の巡礼札調査中間報告」『宗教研究』第七七巻、第四輯、二〇〇四年)がある。

(9) 田中智彦「昭和三十・四十年代の秩父巡礼―関東地方からの巡礼者」『大阪女子短期大学研究紀要』第一五号、一九九〇年、同「昭和三十・四十年代の秩父巡礼(二)―全国からの巡礼者」『大阪女子短期大学研究紀要』第一六号、一九九一年、佐藤久光「昭和後期の秩父巡礼」種智院大学学舎竣工記念論文集『佛教万華』永田文昌堂、一九九三年。

(10) 佐藤久光「納札にみる四国遍路」仲尾俊博先生古希記念論集『佛教と社会』永田文昌堂、一九九〇年。

(11) 詳しくは佐藤久光「巡拝者実態の調査方法について」関西大学経済・政治研究所『研究所報』No.18(一九九一年)を参照。

第二節

一

（1）速水侑『観音信仰』（塙書房、一九七〇年）二六四頁。
（2）『梁塵秘抄』（『日本古典文学全集』二五、小学館、一九七六年）二八〇頁。
（3）大日本古記録『御堂関白記』上（岩波書店、一九五四年）二六―二七頁、一〇八頁。
（4）『蜻蛉日記』（『日本古典文学大系』二〇、岩波書店、一九五七年）一二〇―一二四頁。
（5）『更級日記』（『日本古典文学大系』二〇、岩波書店、一九五七年）四一七頁。
（6）大日本古記録『御堂関白記』中、一四三頁。
（7）『栄華物語』下（『日本古典文学大系』七六、岩波書店、一九六五年）一六七頁。
（8）『源氏物語』三（『日本古典文学全集』一四、小学館、一九七二年）九九頁。
（9）『源氏物語』三、一〇四―一〇五頁。
（10）『枕草子』（『日本古典文学大系』一九、岩波書店、一九五八年）三二九頁。
（11）『枕草子』二四八頁。
（12）速水侑、前掲書、二三八頁。
（13）『今昔物語集』三（『新日本古典文学大系』三五、岩波書店、一九九三年）一七三頁。
（14）・（15）『今昔物語集』三、一七五頁。
（16）速水侑、前掲書、二五四頁。
（17）・（18）『梁塵秘抄』二七六頁。
（19）速水侑、前掲書、二五九頁。
（20）『中山寺縁起』（『続群書類従』第二十七輯下、釈家部、続群書類従刊行会、一九七八年）三四五頁。
（21）岡田希雄「西国三十三所観音巡拝攷続貂」（第五回）『歴史と地理』第二十二巻第四号、五三頁。
（22）『寺門高僧記』巻四（『続群書類従』第二十八輯上、釈家部、一九五九年）四九頁。
（23）岡田希雄「西国三十三所観音巡拝攷続貂」（第一回）『地理と歴史』第二十一巻第四号、四一頁。
（24）速水侑、前掲書、二七〇頁、二九四頁。
（25）速水侑、前掲書、二七〇頁―二七八頁。
（26）『寺門高僧記』巻六、七二頁。

(27)『千載和歌集』(『新日本古典文学大系』一〇、岩波書店、一九九三年)三六八頁。
(28)『壒嚢鈔』(『日本古典全集』一〇七巻、日本古典全集刊行会、一九三六年)四四八頁。
(29)岡田希雄「西国三十三所観音巡拝攷続貂」(第一回)『地理と歴史』四二―四五頁。
(30)『壒嚢鈔』四四八頁。
(31)小池長久「観音三十三所順礼の起源に関する考察」『東京学芸大学研究報告』第七集、一九五六年、三頁。
(32)『閑田次筆』(『日本随筆大成』第九巻、日本随筆大成刊行会、一九二七年)六九六頁。
(33)『嬉遊笑覧』(『日本随筆大成』別巻下、一九二九年)一九八頁。
(34)『竹居清事』(『続群書類侍従』第十二輯上、文筆部)四八六頁。
(35)鶴岡静夫『増訂版 関東古代寺院の研究』(弘文堂、一九八八年)四九九頁。
(36)この札の銘文をこれまでは「西国三拾三所順礼霊」と解されてきたが、前田卓博士は「霊」を「聖」と解すべきである、と述べている(前田卓「西国巡礼と四国遍路の再考察と現在の巡礼者の動き(その一)」『関西大学社会学部紀要』第二十二巻第一号、一九九〇年、五九―六〇頁)。
(37)速水侑、前掲書、三一六頁、三三三頁。
(38)岩崎小弥太「寺門高僧記について」『仏教研究』第五巻第二号、一九二四年、一二三頁。
(39)『竹居清事』四八七頁。
(40)『天陰語録』(『続群書類従』第十三輯上、一九三三年)二二頁。
(41)『壒嚢鈔』四四八頁。
(42)『撮壌集』(『続群書類従』第三十輯下、雑部、一九五九年)二七七―二七八頁。
(43)『天陰語録』二二頁。
(44)『東勝寺鼠物語』(『室町ごころ中世文学資料集』角川書店、一九七八年)四三頁。
(45)岡田希雄「西国三十三所観音巡拝攷続貂」(第四回)『歴史と地理』第二十二巻第三号、一八頁。

二

(1)鶴岡静夫『増訂版 関東古代寺院の研究』四八一頁。
(2)法性寺に保存されているこの古文書は、先代住職荒谷憲宗師が昭和六年に同寺に晋山してまもなく発見された。古文書には標題がなく、記載された年号をもって『長享番付二年秩父観音札所番付』と名付けられ、通称『長享番付』と呼ばれている。

(3)『武州秩父郡御札所之縁起』(『大日本地誌大系』第十二巻、雄山閣、一九七一年)二八四頁。

(4)『新編武蔵風土記稿』(『大日本地誌大系』第二巻、雄山閣、一九七一年)七〇頁。

(5)『武州秩父札所第一番法華山四万部寺大施餓鬼縁起』(『新訂増補埼玉叢書』第六巻)一一六頁。

(6)『武州秩父郡寺尾村矢之堂観世音縁起并序』(『新訂増補埼玉叢書』第六巻)一二〇頁。

(7)河野善太郎『秩父三十四札所考』(埼玉新聞社、一九八四年)四六頁。

(8)『秩父三十四観音霊験円通伝』(『新訂増補埼玉叢書』第三巻)一一頁。

(9)『新編武蔵風土記稿』一八〇頁。

(10)『新編武蔵風土記稿』一八一頁。

(11)『秩父三十四観音霊験円通伝』二一一―二一二頁。

(12)河野善太郎、前掲書。

(13)四方田稔「秩父札所の成り立ち」『秩父札所の今昔』秩父札所の今昔刊行会、一九六八年、三六頁。

(14)『新編武蔵風土記稿』二九九頁。

(15)『岩手県金石志』(岩手県教育委員会編、一九八五年)五一頁。

(16)四方田稔、前掲論文、三三―三五頁。

(17)清水武甲『秩父浄土』(春秋社、一九七六年)一八三頁。

(18)清水武甲、前掲書、一七六頁。

(19)清水武甲、前掲書、一七八頁。

(20)河野善太郎、前掲書、二七二―二七四頁。

(21)四方田稔氏は三十四ヵ所への移行は、「百熊野」に対応して「百観音」になったと指摘し、その時期は長享二年から天文五年の四十八年間としている(四方田稔、前掲書、三六頁)。河野善太郎氏は長享二年から大永五年の間の変更を示唆している(河野善太郎、前掲書、二七四―二七五頁)。

(22)『秋田藩家蔵文書』五八、社寺文書上(秋田県立図書館蔵)。吉祥院の墳墓所であった久昌寺の住職の話によると、吉祥院は戊辰戦争で焼失し、その時にその札もなくなったといわれる。

(23) この陰刻銘は『紀伊国金石集成』(南紀考古学同好会、一九七四年)や『和歌山県文化財』第三巻(清水堂、一九八二年)に紹介されているが、銘文は正確ではない。熊野速玉大社の上野元宮司のご厚意で確認し、教示によれば本文中の通りである。
(24) 『紀伊続風土記』三(歴史図書社、一九七〇年)二〇九頁。
(25) 新城常三『新稿 社寺参詣の社会経済史的研究』一〇四七頁。
(26) 清水谷孝尚『巡礼と御詠歌』(朱鷺書房、一九九二年)一一八頁。
(27) 『新編埼玉県史』資料編九、二二二頁。高橋稔『薬師堂』(さいたま出版会、一九九一年)二七頁。
(28) 清水武甲、前掲書、一七五頁。栗原仲道『秩父路の信仰と霊場』(国書刊行会、一九七六年)一六七頁。
(29) 『東勝寺鼠物語』四三三頁。
(30) 『今昔物語集』三、五〇四頁。
(31) 新城常三、前掲書、四七三頁。
(32) 河野善太郎、前掲書、二五九―二六〇頁。
(33) 『秩父回覧記』(国立公文書館蔵)
(34) 河野善太郎、前掲書、二四九―二六四頁。
(35) 河野善太郎、前掲書、二五八頁。
(36) 『新編武蔵風土記稿』一六七頁。
(37) 釈氏松寿『秩父順礼記』(秩父市立図書館蔵)。
(38) 十返舎一九『金草鞋』十一輯「秩父順礼」(関西大学図書館所蔵)鶴岡節雄校注『十返舎一九の坂東秩父道中記』(千秋社、一九八三年)一九頁。
(39) 千嶋寿「秩父の観音信仰」清水武甲編『秩父坂東観音霊場』(人物往来社、一九八四年)一〇頁。
(40) 新井佐次郎「近代の秩父札所」『秩父札所の今昔』一二一―一二二頁。
(41) 荒井貢次郎「秩父観音霊場の法権力の変容―明治期の神仏判然令の痕跡と問題点」『印度学仏教学研究』第二十巻一号、一九七一年、二四四頁。

三

(1) 真念・寂本『四国徧礼功徳記』(関西大学図書館蔵)。近藤喜博編著『四国霊場記集』上(勉誠社、一九七三年)四三五頁及び釈文、五頁に翻刻。
（2）景浦直孝『伊予史精義』（伊予史籍刊行出版部、一九二四年）一三五頁。
（3）宮崎忍勝『四国遍路 歴史とこころ』（朱鷺書房、一九八五年）一六〇頁。
（4）高橋始「四国八十八箇所展相」『松山高商論集』第五号、（松山高等商業学校商経研究会、一九四二年）八九頁。
（5）右衛門三郎の伝説は澄禅『四国遍路日記』を始め、寂本『四国徧礼霊場記』、真念・寂本『四国徧礼功徳記』に詳しく述べられている。
（6）『今昔物語集』二七三頁。
（7）『梁塵秘抄』二七七頁。
（8）新城常三『新稿 社寺参詣の社会経済史的研究』四八一頁。
（9）『南無阿弥陀仏作善集』（『美術研究』第三号、一九三四年）四七頁。
（10）『蝉丸』（『新日本古典文学大系』五七、岩波書店、一九九八年）五八四―五八六頁。尚、底本の「旅人」は「旅閭」に改正されている。
（11）高橋始、前掲論文、一一七頁。
（12）『醍醐寺文書』（『大日本古文書』家わけ十九ノ二に所収、東京大学出版会、一九七一年）二九二頁。
（13）新城常三、前掲書、四八五頁。
（14）『勝尾寺文書』（『箕面市史』資料編二、一九七二年）三七六頁。
（15）西園寺源透「四国霊場考」『伊予史談』第二十三巻第四号（伊予史談会、一九三七年）二三―二四頁。
（16）新城常三、前掲書、四八四頁。
（17）『川内市史』石塔篇（川内市史編集委員会、一九七四年）九〇頁。
（18）『東勝寺鼠物語』四三三頁。
（19）前田卓、前掲書、三七頁。
（20）景浦直孝「円明寺と四国遍路」『伊予史談』第三巻第二号、伊予史談会、一九一七年、一一頁。
（21）『本川村史』第二巻、社寺・信仰編（一九八九年）六二三頁。
（22）『本川村史』一九七九年、三三頁。

(23) 西園寺源透、前掲論文、二五頁、近藤喜博『四国遍路』(桜楓社、一九七一年)一三二―一三三頁、新城常三、前掲書、四八六頁。
(24) 『本川村史』四〇頁。
(25) 新城常三、前掲書、四九一頁。
(26) 西園寺源透、前掲書、二五頁。
(27) 三好昭一郎『阿波の仏教史』(徳島県教育会出版部、一九六五年)九三頁。
(28) 宮崎忍勝、前掲書、一六八―一六九頁。
(29) 『空性法親王四国霊場御巡行記』『国文東方仏教叢書』第七巻、東方書院、一九二五年。
(30) 小西可春『玉藻集』(『香川叢書』第三 一九四三年)五四―六七頁。
(31) 澄禅『四国遍路日記』(近藤喜博『四国遍路研究』三弥井書房、一九八二年、三一三頁に翻刻所収)。同書は宮崎忍勝解説校注『澄禅四国遍路日記』大東出版、一九七七年、伊予史談会編『四国遍路記集』(『伊予史談会双書』第三集、一九八一年)などに収録。
(32)・(33) 澄禅、前掲書、三六二頁。
(34) 真念『四国邊路道指南』(近藤喜博編著『四国霊場記別冊』勉誠社、一九七四年)二九―三〇頁及び四五三頁。
(35) 真念、前掲書、三一八―二二頁及び四八九―四九〇頁。
(36) 真念、前掲書、三二〇―三二一頁及び四九三頁、四九六頁。
(37) 近藤喜博『四国霊場集 別冊 解説』『四国霊場記別冊』四九六頁。
(38) 寂本『四国徧礼霊場記』巻一(近藤喜博編著『四国霊場記集』勉誠社、一九七三年)二三頁。
(39) 寂本『四国徧礼霊場集』巻三(近藤喜博編著『四国霊場記集』)一六〇頁。
(40) 真念・寂本『四国徧礼功徳記』(近藤喜博編著『四国霊場記集』)釈文六頁。
(41) 宮崎忍勝、前掲書、三八―四三頁。
(42) 近藤喜博『四国遍路』一六六頁。
(43) 景浦直孝、前掲書、一四〇―一四一頁、松尾剛次「四国遍路八十八札所の成立」『宗教研究』第七六巻、第二輯、二〇〇二年、一三〇頁。

（44）前田卓、前掲書、三九頁。
（45）高橋始、前掲論文、九四頁。
（46）高群逸枝『娘巡礼記』、「巡礼行」（『高群逸枝全集』第九巻、理想社、一九六六年）、及び『お遍路』中央公論社、一九八七年。

第二章　江戸時代の巡礼・遍路の動向

第一節

（1）『勝尾寺文書』（『箕面市史』史料編一、一九六八年）三二八頁。
（2）『竹居清事』四八七頁。
（3）『補庵京華新集』下（玉村竹二編『五山文学新集』第一巻、東京大学出版会、一九六七年）六七五頁。
（4）『天陰語録』二二頁。
（5）『幻雲稿』（『続群書類従』第十三輯上）一五一頁。
（6）前田卓『巡礼の社会学』七六―七九頁。
（7）前田卓、前掲書、八一頁。
（8）『増補高島郡誌』（弘文堂書店、一九七二年）九二七―九二八頁。
（9）新城常三『新稿　社寺参詣の社会経済史的研究』一〇〇六頁。
（10）『田辺町大帳』（後に『紀州田辺町大帳』第一巻、田辺市教育委員会、一九八七年に翻刻）二三七頁。
（11）『田辺町大帳』（『紀州田辺町大帳』第二巻）一九六―一九七頁。
（12）新城常三、前掲書、八五九頁。
（13）『田辺町大帳』（『紀州田辺町大帳』第二巻）二二八頁。
（14）前田卓博士の一乗寺の納札調査では飛驒の札は一枚もみられない。稲城信子氏の調査では飛驒の巡礼者の札は、当麻寺では二枚、吉峰寺では三枚、一乗寺では二枚と極めて少ない。稲城信子「順礼札からみた西国三十三所信仰」浅野清編『西国三十三所霊場寺院の総合的研究』一七六頁、一八二頁、一八四頁。
（15）『熊野年代記』熊野三山協議会・みくまの総合資料館研究委員会、一九八九年に翻刻。
（16）・（17）新城常三、前掲書、一〇〇七―一〇〇八頁。

(18)『長崎建立并諸記挙要』（『日本都市生活史料集成』六、港町篇一、学習研究社、一九七五年）一九六頁。
(19)『長崎市史』風俗編、一九二五年、一〇九頁。
(20)新城常三、前掲書、一二六一頁。
(21)『越谷市史』第三巻、資料編、一九七三年、七七〇頁。
(22)新城常三、前掲書、一〇〇六頁。
(23)「見聞録」『枚方市史』第九巻、一九七四年、五〇四頁。
(24)正司考棋『経済問答秘録』第十四（『日本経済大典』第三十四巻、明治文献、一九七〇年）四二六頁。
(25)『金谷上人行状記』（平凡社、一九六五年）七八頁。
(26)『磐城誌料 歳時民俗記』（『日本庶民生活史料集成』第九巻、三一書房、一九六九年）二一八頁。
(27)『越谷市史』第三巻、資料編、七六九頁。
(28)『日次記事』（『新修京都叢書』第四巻、臨川書店、一九六八年）三二一―三二二頁。
(29)滝沢馬琴『羇旅漫録』（『日本随筆大成』巻一、吉川弘文館、一九二七年）一九五頁。
(30)『西遊草―清河八郎旅中記』（平凡社、一九六九年）四二頁。
(31)『西遊草―清河八郎旅中記』七六頁。
(32)新城常三、前掲書、一二六六頁。
(33)前田卓、前掲書、一二八―一三六頁。
(34)『広島県史』近世資料編Ⅲ、一九七三年、四三一頁。
(35)『広島県史』近世資料編Ⅲ、五五八頁。
(36)前田卓、前掲書、一五六―一五七頁。
(37)『地下万定書上帳』（『福島県史』第二十三巻、民俗篇一、一九六四年）一二五二頁。
(38)『磐城誌料 歳時民俗記』二一八頁。
(39)『岩手県金石志』（岩手県教育委員会、一九六一年）五〇―五一頁。
(40)『宮古市の石碑』（宮古市教育委員会、一九八四年）一六六頁。
(41)前田卓、前掲書、一四二頁。

(42)『長崎建立并諸記挙要』九六頁。
(43) 正司考棋、前掲書、四二六頁。

第二節

(1) 新城常三『新稿 社寺参詣の社会経済史的研究』一一〇四頁。
(2) 円宗『秩父三十四所観音霊験円通伝』(慈眼寺蔵)(『新訂増補埼玉叢書』第三) 七三頁。
(3) 亮盛『坂東観音霊場記』(国立公文書館蔵) 及び『続豊山全書』第二十巻 (続豊山全書刊行会、一九七〇年) 一一頁。
(4) 亮盛『坂東観音霊場記』八五―八六頁。
(5) 倉岡捷郎「三山参りと札所巡礼」『あしなか』第百九拾壱輯、山村民俗の会、一九八五年、一二頁、一五頁。
(6) 松本家『御用日記帳』『松本家御用日記類抄』第二分冊の一七八項に翻刻 (秩父市立図書館蔵)。
(7)『松本家御用日記類抄』第二分冊の一七九項。
(8) 新城常三、前掲書、一一〇七頁。
(9)『松本家日記類抄』第二分冊の三〇八項。
(10) 新城常三、前掲書、一一〇七頁。
(11) 高野家『御用日記帳』『高野家御用日記類抄』一一一項に翻刻 (秩父市立図書館蔵)。
(12) 巡礼宿「ふじや」の七代目にあたる斉藤繁氏からの聴き取りによる。
(13) 昭和期から平成期にかけてのデータでは、開帳時の巡礼者は平年の二、三倍に相当する。詳しくは第三章第二節を参照。
(14)・(15) 新城常三、前掲書、一一〇六頁。
(16) 河野善太郎『秩父三十四札所考』三四七頁。
(17) 田島忠雄「秩父札所出開帳考」上、『埼玉史談』一九六〇年、七―三、七―八頁。
(18)『松本家御用日記類抄』第二分冊の三一四項。
(19)『松本家御用日記類抄』第三分冊の四〇〇項。
(20)『松本家御用日記類抄』第三分冊の五〇二項。
(21) 池上廣正「出羽三山の信仰―千葉県平山に於ける」『社会と伝承』第二巻三号、一九五八年、六頁。

(22) 清水武甲『秩父幻想行』(木耳社、一九六八年)二六頁。
(23) 四方田稔「繁栄期の秩父札所」『秩父札所の今昔』九八頁。
(24) 四方田稔、前掲書、九八頁。
(25) 沓掛なか子『東路の日記』(秩父市立図書館に複写が所蔵)。その内容については永井路子「札所めぐり・母子抒情」(『旅する女人』文藝春秋、一九九三年)に述べられている。

第三節
(1) 澄禅『四国遍路日記』(近藤喜博『四国遍路研究』)三一三—三一四頁、三一八頁、三六一—三六二頁。
(2) 澄禅、前掲書、三三三頁、三三七—三四四頁。
(3) 澄禅、前掲書、三二一—三二五頁。
(4) 寂本『四国偏礼霊場記』(近藤喜博編著『四国霊場記集』)三一二頁。
(5) 澄禅、前掲書、三二五頁。
(6) 澄禅、前掲書、三六〇頁。
(7) 新城常三、前掲書、一〇二二頁。
(8) 新城常三、前掲書、一〇二三頁。
(9) 澄禅、前掲書、三一七頁。
(10) 澄禅、前掲書、三三二—三三三頁。
(11) 澄禅、前掲書、三二七頁。
(12) 真念・寂本『四国偏礼功徳記』(近藤喜博編著『四国霊場記集』)五〇九頁、釈文一七頁。
(13) 前田卓『巡礼の社会学』一〇五—一一一頁。
(14) 新城常三、前掲書、一〇二二頁。
(15) 前田卓、前掲書、一〇六—一〇八頁。
(16) 『山内家史料』(高知県立図書館蔵)
(17) 新城常三、前掲書、一〇二八頁。

(18) 新城常三、前掲書、一〇二九―一〇三〇頁。
(19) 新城常三、前掲書、一〇三一頁、一〇四五頁、一〇四八頁。
(20) 『寛政十三年改亨和元年酉春西郷浦山分廻見日記』(明治大学警事博物館蔵)。
(21) 土佐藩の遍路取締りについては、広江清編『近世土佐遍路史料』(土佐民俗学会、一九六六年)に詳しい。
(22) 前田卓、前掲書、一五九頁。
(23) 山本明子氏(関西大学)が平成四年度の卒業論文を提出した資料による。
(24) 喜代吉栄徳「辺路札について」『四国辺路研究』第二号、一九九三年、九―一一頁。
(25) 新城常三、前掲書、一〇三二―三頁。
(26) 『新修広島市史』第四巻、文化風俗編、一九五八年、三四一頁。
(27) 「弘化二年巳月渡海船一件留」『和歌山県史』近世史料一(和歌山県史編纂委員会、一九七七年)八九六頁。
(28) 『小梅日記』(『和歌山県史』近世史料二、一九八〇年)八二四頁。
(29) 『歳番日記』(『日本都市生活史料集成』七、港町篇Ⅱ、一九七六年)五三五頁。
(30) 広江清編『近世土佐遍路史料』四五頁。
(31) 『名古屋叢書』第三巻、法制編(二)名古屋市教育委員会、一九六一年、四〇二頁。
(32) 新城常三、前掲書、一〇三八―一〇三九頁。
(33) 『福島県史』八、一九六五年、一〇三七頁。
(34)・(35)・(36) 新城常三、前掲書、一〇四九―一〇五〇頁。
(37) 『小梅日記』八二四頁。
(38) 鶴村松一『四国遍路―二百八十回中務茂衛義教』松山郷土史文学研究会、一九七八年、喜代吉栄徳『四国遍路道しるべ―付茂兵衛日記』海王舎、一九八四年。
(39) 新城常三、前掲書、一〇六六頁。
(40) 「辺路御境目出入改方之事(一)」『高知県史』民俗資料篇、一九七七年、九八三―九八四頁。
(41) 高群逸枝『娘遍路記』(朝日新聞社、一九七九年)二一八―二一九頁。
(42) 新城常三、前掲書、一二六七頁。

（43）新城常三、前掲書、一二六一頁。

第三章　現代の巡礼・遍路の動向

第一節

一

（1）西園寺源透「四国霊場考」一〇頁。
（2）荒木哲信『遍路秋色』（金剛寺、一九五五年）六三―六四頁。
（3）この決着は新聞紙上にも載せられた。『毎日新聞』一九九三年十月一日夕刊（大阪本社版）。
（4）宮崎忍勝『四国遍路　歴史とこころ』二一一頁。
（5）前田卓『巡礼の社会学』一二六頁。
（6）平井玄恭「山本玄峰の四国遍路」『大法輪』昭和五十四年四月号、一二〇頁。
（7）星野英紀「近代の四国遍路（一）―遍路宿々帳記録分析」『大正大学紀要』第六十一輯、一九七五年、二八八頁、後に『四国遍路の宗教学的研究　その構造と近現代の展開』に収録。また、喜代吉栄徳氏の調べでは、明治元年から十三年までの遍路札一三一枚で同七年以降著しく少なくなる。「四国辺路研究」第二十一号、二〇〇三年、四五頁。
（8）星野英紀『四国遍路の宗教学的研究　その構造と近現代の展開』一九三頁。
（9）島浪男『札所と名所　四国遍路』（宝文館、一九三〇年）八〇頁。
（10）島浪男、前掲書、二頁。
（11）島浪男、前掲書、四二五頁。
（12）島浪男、前掲書、八〇頁。
（13）安達忠一『同行二人四国遍路たより』はしがき（欽英堂書店、一九三四年）一頁。
（14）吉田卯之吉編『四国八十八ヶ所霊場出開帳誌』（四国八十八ヶ所霊場会　二〇〇一年）八五頁。これは昭和十三年に南海鉄道から発行されたものを復刻したものである。
（15）『四国八十八ヶ所霊場出開帳誌』三頁。
（16）『四国八十八ヶ所霊場出開帳誌』三八頁。

（17）『四国八十八ヶ所霊場出開帳誌』四頁。

（18）喜代吉栄徳「バス及びタクシー巡拝について」『四国辺路研究』第十九号、二〇〇二年、三〇―三八頁。なお、伊予鉄バスの第一回の巡拝バスに乗車した人の手記が、伊予鉄観光開発発行の月刊『へんろ』に昭和六十二年四月から九月まで五回にわたって掲載されている。それによると、男性一四人、女性一四人の一行は昭和二十八年四月二十六日伊予鉄本社を出発し、最初の第五十二番札所・太山寺から廻り、結願は一日遅れの五月八日に第五十一番札所・石手寺になっている。その費用は一万三五〇〇円で、米は持参して各座席の下に入れて運んでいる。試運転なしのぶっつけ本番で、しかも道路事情も悪く、立ち往生するなどハプニングが続出していた。

二

（1）新井佐次郎「近代の秩父札所」『秩父札所の今昔』一二一―一二三頁。

（2）新井佐次郎、前掲論文、一二五頁。

（3）『増補松浦武四郎』（松浦武四郎伝刊行会、一九六六年）三〇九頁。

（4）新井佐次郎、前掲論文、一三九頁。

（5）栗原仲道『秩父路の信仰と霊場』（図書刊行会、一九七六年）一七〇頁。

（6）野島泰一「秩父札所巡拝案内」『秩父札所の今昔』二四三―三〇五頁。

三

（1）総持寺住職中西隆英師からの聴き取り。

（2）『観音信仰』（『観音全集』第七巻、歴史図書社、一九七六年）三二七―三四三頁。

第二節

（1）前田卓『巡礼の社会学』一二七頁。

（2）「西国三十三観音」『大法輪』一九九七年六月号、九七頁。

（3）第四章第一節（一八三頁）を参照。

（4）平成四年から納経料金の改訂が行なわれ、掛軸が三〇〇円から五〇〇円、納経帳は二〇〇円から三〇〇円、笈摺は一〇〇円から二〇〇円に値上げされた。

（5）第三章第四節（一七〇―一七二頁）参照。

第三節

（1）詳しくは佐藤久光「復興期の秩父札所」『神戸常盤短期大学紀要』第二五号、二〇〇四年を参照。
（2）『秩父新聞』昭和二十九年二月九日付、二十六日付、三月二日付、九日付、及び四月六日付。
（3）『秩父新聞』昭和四十一年二月十五日付
（4）田中智彦「昭和三十・四十年代の秩父巡礼―関東地方からの巡礼者」『大阪女子短期大学紀要』第十五号、一九九〇年、一六頁。
（5）『秩父新聞』昭和五十三年八月十日付
（6）第三章第二節の図3-17参照。
（7）第三章第四節の図3-30参照。

第四節

（1）前田卓『巡礼の社会学』一二七頁。
（2）関西圏からの団体バスの料金は、平成元年には十泊十一日で十八万円であった。それが分割巡拝の一回が三九八〇円（霊場位置により値段は異なる）で、十二回で一巡できるとすればトータルで大幅な格安となる。
（3）『大法輪』昭和五十四年四月号、一六四頁。
（4）前田卓、前掲書、一二七頁。
（5）『朝日新聞』一九九〇年二月三日付。

第四章　巡礼と遍路の実態

第一節

（1）佐藤久光「現代の巡礼―西国巡礼について」前田卓編著『家族社会学ノート』関西大学出版部、一九八九年、一九二頁。
（2）前田卓・佐藤久光「百観音巡礼（西国、坂東、秩父）の社会学的考察―坂東巡礼と秩父巡礼を中心として」関西大学経済・政

治研究所研究双書第九三号『現代社会の断面』一九九五年、五八頁。
（3）第三節（二一四―二一五頁）参照。
（4）第二節（一八四頁）参照。
（5）喜代吉栄徳「辺路札」『四国辺路研究』第二号、海王舎、一九九三年、九頁。
（6）『名古屋叢書』第三巻、法制編（二）四〇二頁。
（7）前田卓『巡礼の社会学』一九一頁。
（8）佐藤久光「現代の巡礼―西国巡礼について」一九四―一九五頁。
（9）前田卓、前掲書、一七七頁。
（10）佐藤久光「現代の巡礼―西国巡礼について」一九五頁。
（11）前田卓、前掲書、二〇六頁。
（12）『磐城誌料 歳時民俗記』二一八頁。
（13）小嶋博巳「聖の末裔―西国巡礼三十三度行者」『歴史手帖』第十八巻七号、一九九〇年、六頁。
（14）前田卓、前掲書、二一一頁。
（15）佐藤久光「現代の巡礼―西国巡礼について」二〇四―二〇七頁。
（16）第三節（二二五頁）参照。
（17）第二節（二〇九頁）参照。
（18）前田卓・佐藤久光、前掲論文、七九頁。
（19）前田卓、前掲書、六六頁。
（20）自家用車の普及率については、経済企画庁編『家計消費動向』平成八・九年版による。
（21）前田卓、前掲書、一七九頁。
（22）『越谷市史』第三巻、越谷市役所、一九七三年、七六九頁。
（23）「あなたの信仰する宗教は何ですか」という質問に対し、自己の信じる宗教・宗派を明確に答える人は少なく、家の宗旨を答える人が多かった。
（24）前田卓、前掲書、一九九頁、佐藤久光「現代の巡礼―西国巡礼について」二〇八頁。

(25) 第二節及び前田卓・佐藤久光、前掲論文、八二頁。
(26)・(27) 第二節(二一一頁)参照。
(28) 前田卓・佐藤久光、前掲論文、八二頁。

第三節

(1) 田中智彦「昭和三十・四十年代の秩父巡礼—関東地方からの巡礼者」『大阪女子短期大学紀要』第十五号、一九九〇年、一八—二一頁。佐藤久光「昭和後期の秩父巡礼」『佛教万華』永田文昌堂、一九九三年、二二一—二二二頁。
(2)・(3) 新城常三『新稿 社寺参詣の社会経済史的研究』一一〇六頁。
(4) 田中智彦「昭和三十・四十年代の秩父巡礼—全国からの巡礼者」『大阪女子短期大学紀要』第一六号、一九九一年、二六—二九頁。佐藤久光「昭和後期の秩父巡礼」二二二頁。
(5) 第四章第一節(一七五頁)を参照。
(6) 星野英紀「近代の四国遍路(一)遍路宿々帳記録の分析」『大正大学研究紀要』第六十一輯、五頁、後に『四国遍路の宗教学的研究』に収録。佐藤久光「納札にみる四国遍路」『仏教と社会』四四七頁。「四国遍路の社会学的考察」(下)『密教学』第二七号、四五—四六頁。
(7) 佐藤久光「昭和後期の秩父巡礼」二二三頁。
(8) 前田卓『巡礼の社会学』一七七頁。
(9) 第一節(一七八頁)及び第三節(二一九頁)参照。
(10) 新城常三、前掲書、七九九—八〇〇頁。
(11) 新城常三、前掲書、七二一—七二二頁。
(12) 四方田稔「繁栄期の秩父札所」『秩父札所の今昔』九八頁。
(13) 山沢英雄校訂『俳風柳多留』(四)、(岩波書店、一九五四年)一五三頁。
(14) 第二章第二節注(25)参照。
(15) 池上廣正「出羽三山の信仰—千葉県平山に於ける」『社会と伝承』第二巻三号、六頁。
(16) 清水武甲『秩父幻想行』二六頁。

(17) 新城常三、前掲書、七二一―七四一頁。
(18) 第一節(一八〇頁)及び第三節(二二一頁)参照。
(19) 佐藤久光「巡拝者実態の調査方法について」『研究所報』No.18、関西大学経済・政治研究所、一九九二年。
(20) 『松本家御用日記類抄』第一分冊の一三項、秩父市誌編集委員会、一九六〇年。
(21) 『松本家御用日記類抄』第一分冊の四三項。
(22) 『秩父新聞』昭和五十三年八月十日付。
(23) 柴原保教「秩父三十四観音」『大法輪』平成九年六月号、一〇五頁。
(24) 第一節(一八三頁)参照。
(25) 第三節(二二五頁)参照。
(26) 喜代吉栄徳『四国遍路道しるべ―付・茂兵衛日記』(海王舎、一九八四年)二二一頁。
(27) 河野善太郎『秩父三十四札所考』二七〇頁。
(28) 河野善太郎、前掲書、三三〇頁。

第三節

(1) 昭和四十四年の調査は前田卓『巡礼の社会学』を、同六十三年の調査は佐藤久光「四国遍路の社会学的考察」(下)『密教学』第二十七号を参照。
(2) 前田卓、前掲書。喜代吉栄徳「辺路札について」『四国辺路研究』第二〇号。
(3) 星野英紀「近代の四国遍路―遍路宿々帳記録の分析」(一)『大正大学紀要』第六十一輯、二九一頁、後に『四国遍路の宗教学的研究　その構造と近現代の展開』に収録。
(4) 佐藤久光「納札にみる四国遍路」仲尾俊博先生古希記念論集『佛教と社会』四四三頁、「四国遍路の社会学的考察」(下)『密教学』第二十七号、四三頁。
(5) 前田卓、前掲書、二三四―二四五頁。
(6) 新城常三『新稿　社寺参詣の社会経済史的研究』一〇三二頁。前田卓、前掲書、二四五―二四六頁。
(7) 喜代吉栄徳「辺路札について」『四国辺路研究』第二号、一一頁。

(8) 第二節(一九二頁)参照。
(9) 第一節(一七五頁)及び前田卓・佐藤久光「百観音巡礼(西国、坂東、秩父巡礼)の社会学的考察—坂東巡礼、秩父巡礼を中心に」『現代社会の断面』、五八頁。
(10) 佐藤久光「四国遍路の社会学的考察」(下)四五—四六頁。「納札にみる四国遍路」四四七頁、星野英紀「近代の四国遍路—遍路宿々記録の分析」(一)、二九一頁、後に『四国遍路の宗教学的研究 その構造と近現代の展開』に収録。
(11) 前田卓、前掲書、一七四頁。
(12) 『朝日新聞』一九九四年六月二十八日付。
(13) 前田卓、前掲書、一八二—一八三頁。
(14) 伊藤延一『四国へんろ記』(古川書房、一九八五年)三四頁、八二頁。
(15) 辰濃和男『四国遍路』(岩波書店、二〇〇一年)一五二頁。
(16) 第一節(一七八頁)参照。
(17) 第二節(一九六頁)参照及び前田卓・佐藤久光、前掲論文、六一頁。
(18) 新城常三、前掲書、一〇二五—一〇二六頁。前田卓、前掲書、一〇六—一〇七頁。
(19) 前田卓、前掲書、一一四—一一六頁。
(20)・(21) 中務茂兵衛に関しては喜代吉栄徳氏の研究がある。『四国遍路道しるべ—付・茂兵衛日記』一二五頁、『中務茂兵衛と真念法師のへんろ標石並に金昌寺中司文書』(海王舎、一九八五年)八七頁。
(22) 松浦武四郎『四国遍路道中雑誌(巻之一)』(吉田武三編『松浦武四郎紀行集』中、冨山房、一九七五年)一五一頁。
(23) 高群逸枝『娘遍路』(中央公論社、一九八七年)一八八頁。
(24) 例えば、小林淳広『定年からは同行二人 四国遍路に何を見たか』PHP出版、一九九〇年、月岡祐紀子『平成娘巡礼記』文藝春秋、二〇〇二年。
(25) 佐藤孝子『四国遍路を歩く—もう一人の自分に出会う心の旅』(日本文芸社、二〇〇二年)一八四頁。
(26) 鍵田忠三郎『四国遍路 乞食行脚三百里』(協同出版、一九六二年)二一八頁。
(27) 笹原茂朱『巡礼記—四国から津軽へ』(日本放送出版協会、一九七六年)一二四頁。
(28) 島浪男『札所と名所 四国遍路』(宝文館、一九三〇年)一六六頁、四二五頁。

（29）多木伸『碧空―多木伸遺作集』（みるめ書房、一九九〇年）六二頁。
（30）印南敏秀「戦前の女四国遍路」『技と形と心の伝承文化』（慶友社、二〇〇二年）二八七頁。
（31）前田卓、前掲書、六六頁。
（32）歩くことの肉体的、精神的効用については、吉田敏治「『歩き』と『癒し』の不思議な関係」（『文藝春秋』平成九年三月号）、田中慶秀『癒された遍路』朝日カルチャーセンター制作、二〇〇二年などを参照。
（33）尾関行応『四国霊場巡拝日誌』（立命館出版、一九三七年）一四―一五頁。
（34）『四国道中手引案内』（泰山寺蔵）、翻刻は喜代吉栄徳「四国辺路研究」第十八号、海王舎、二〇〇一年、二六頁。

あとがき

本稿はこれまでに既に研究雑誌などに掲載した論文を修正、加筆したが、できるだけ初出時での分析を基本とした。それに今回新たに書き下ろした部分を追加した。その一覧は次のようになる。

初出一覧

第一章　書き下ろし

第二章　書き下ろし

第三章　第一節　書き下ろし

第二節　現代の巡礼—西国巡礼について—　前田卓編著『家族社会学ノート』関西大学出版部、一九八九年

平成期における西国巡礼の動向と実態　『巡礼論集1』、岩田書院、二〇〇〇年

第三節　秩父巡礼の動向・推移　『密教学』第二十九号、種智院大学密教学会、一九九三年

第四節　四国遍路の社会学的考察（上）『密教学』第二十六号、種智院大学密教学会、一九九〇年

平成期における四国遍路の動向と実態　『神戸常盤短期大学紀要』第二十二号、二〇〇一年

第四章　第一節　平成期における西国巡礼の動向と実態

第二節　百観音巡礼（西国、坂東、秩父）の社会学的考察―坂東巡礼と秩父巡礼を中心として―『現代社会の断面』関西大学経済・政治研究所研究双書第九三冊、一九九五年（前田卓との共著）

第三節　平成期における四国遍路の動向と実態

なお、本稿で取り上げられなかった側面も幾つかある。巡礼者がどのような契機で巡礼・遍路に出かけ、道中で体験した苦労話や、結願・満願した時の心境などの事例研究もその一つである。このような事例研究は体験記や手記などで多く取り上げられているので参考になる。体験記は古くから発行されてきたが、平成十年以降は急激に増加している。その中には著名人以外の一般庶民が歩き遍路を体験し、その思いを素直に表現したものが目立つようになった。また、観音巡礼のもう一つである坂東巡礼（「百観音（西国、坂東、秩父）の社会学的考察―坂東巡礼と秩父巡礼を中心として」を除き）や戦後の復興期の考察も不十分であった。これらは今後の研究課題としたい。

この研究にご協力を賜った多くの人々に感謝を申し上げるとともに、研究を見守り、陰ながら支援を賜った京都大学名誉教授・故池田義祐先生、元智積院能化・故高井隆秀先生、若くして研究途上で亡くなられた故志水宏行・龍谷大学教授の墓前に本書を捧げたく存じます。併せて、学生時代に薄給ながら学資を提供し、学問に理解を示してくれた亡き父・久之助の墓前にも捧げたい。

最後に、出版にあたっては人文書院のお力添えを戴いた。特に編集部長の谷誠二氏には二十年ぶりの御縁で一

方ならぬお世話を頂いた。また、編集部の小林ひろ子氏には口絵写真やカバーの装幀などにご協力を賜わった。
ここに両氏に対し厚く御礼と感謝を申し上げます。

合掌

平成十六年夏

洛西にて

著者

索　引

（本索引には人名・書名・事項が含まれる）

サ　行

タ　行

ナ　行

ハ　行

マ　行

ヤ　行

ラ　行

ワ　行

著者略歴

佐藤久光（さとう・ひさみつ）

1948年秋田県に生まれる。大谷大学大学院哲学科博士課程修了。種智院大学専任講師、助教授、教授。その間91年から95年まで関西大学経済・政治研究所嘱託研究員。現在、関西大学、龍谷大学非常勤講師。

著書に『チベット密教の研究』（共著　永田文昌堂）、『密教の文化』（共著　人文書院）、『巡礼論集１』（共著　岩田書院）など。

JIMBUN SHOIN Printed in Japan.
ISBN4-409-54067-X C3039

遍路《へんろ》と巡礼《じゅんれい》の社会学《しゃかいがく》

二〇〇四年　八月二〇日　初版第一刷印刷
二〇〇四年　八月三〇日　初版第一刷発行

著　者　佐藤久光
発行者　渡辺睦久
発行所　人文書院
〒六一二-八四四七
京都市伏見区竹田西内畑町九
電話〇七五(六〇三)一三四四
振替〇一〇〇〇-八-一一〇三
印刷　創栄図書印刷株式会社
製本　坂井製本所

http://www.jimbunshoin.co.jp/